KB159576

개헌
전쟁

개헌전쟁
–민주주의가 헌법에게 묻다

2017년 1월 13일 초판 1쇄

지은이 | 김욱

편　집 | 김희중, 이민재
디자인 | 가필드
제　작 | 영신사

펴낸이 | 장의덕
펴낸곳 | 도서출판 개마고원
등　록 | 1989년 9월 4일 제2-877호
주　소 | 경기도 고양시 일산동구 호수로 662 삼성라끄빌 1018호
전　화 | (031) 907-1012, 1018
팩　스 | (031) 907-1044
이메일 | webmaster@kaema.co.kr

ISBN 978-89-5769-380-3 (03340)
ⓒ 김욱, 2017. Printed in Korea

• 책값은 뒤표지에 표기되어 있습니다.
• 파본은 구입하신 서점에서 교환해 드립니다.

개헌 전쟁

민주주의가 헌법에게 묻다

김욱 지음

개마고원

자산이 정鄭나라의 정사를 다스릴 적에 자기가 타는 수레를 가지고
진수溱水와 유수洧水에서 사람들을 건네주었다. 맹자께서 말씀하셨다.
"은혜로우나 정치를 하는 법을 알지 못하였도다.
11월에 도강徒杠(사람이 다닐 다리)이 이루어지며
12월에 여량輿梁(수레가 다닐 다리)이 이루어지면
백성들이 물 건너는 것을 괴롭게 여기지 않는다."
— 맹자, 『현토완역 맹자집주』(전통문화연구회, 2011) 중에서

'개헌전쟁', 우리의 민주적 삶을 위한 전쟁

2016년 10월 24일, 수십 년 동안 지속돼온 대한민국 흑역사의 둑이 마침내 무너졌다. 그 둑이 결정적으로 무너진 시간은 종편 JTBC가 최순실의 태블릿PC를 입수해 대통령 박근혜의 취임 후 연설문들이 저장된 파일 내역을 보도한 순간이었다. 물론 이 보도는 낙타가 등짐의 무게를 못 이겨 쓰러지는 데 결정타 역할을 한 마지막 지푸라기였을 뿐이다. 이후 박근혜의 탄핵소추까지는 어쩌면 외길 수순이었다고 봐도 무방할 것이다.

자, 이제 무엇을 할 것인가? 나는 '박근혜 사태'의 종착점이 결국 개헌 논의로 귀결하는 것은 당연하다고 생각한다. 헌법은 법이면서 동시에 정치다. 입헌정치(헌정)라는 용어 자체가 이미 그 복합적 의미를 함축한다. 역사적 경험으로 봐도 그렇다. 1960년의 4·19혁명과 1987년의 6월항쟁이 개헌으로 귀결된 것은 자연스러운 결과였다. 우리는 다시 한 번 혁명적 계기를 맞았다. 수십 년 만에 찾아온 혁명적 계기가 고작 대통령선거를 조금 일찍 앞당기는 것으로 끝난다면 허망한 일이다.

우리가 박근혜 사태를 제대로 이해하려면 우리나라 흑역사의 근원까지 사고해야만 한다. 그렇게 하지 않으면 절대 이 사태를 궁극적으로 이해할 수 없다. 나는 그런 관점에서 이 책을 쓰고자 한다. 나는 이 책을 '개헌'이라는 주제로 쓰고 있지만, 불가피하게 근원에서 제기되고 있는 개헌의 정치적 맥락을 설명하는 데 많은 노력을 기울일 것이다. 특별히 우리나라 정치의 파란만장함과 그 위선적 행태의 교묘함을 감안한다면 나의 이런 정치적 맥락 강조에 충분히 공감할 수 있으리라 본다.

이런 목적을 위해 나는 실제로 우리 현실 속에서 벌어졌던 '개헌전쟁'의 원인과 그 결과를 한 치의 망설임도 없이 역사적 경험 그대로 서술해 갈 것이다. 물론 이 말은 내 서술이 진공상태의 객관성을 띠고 있을 것이란 뜻이 결코 아니다. 오히려 세상을 보는 나의 관점이 강하게 반영돼 있을 것이다. 하지만 내가 지금 강조하고 싶은 건 현실의 치부와 문제의 핵심을 교과서적 탁상공론으로 적당히 비켜가지 않겠다는 말이다. 그렇게 나는 두려움 없이 그저 있는 그대로의 현실로 독자를 안내할 것이다. 수없이 반복되는 일이지만, 나의 '영남패권주의'나 '노무현 이데올로기' 주장으로부터 야기될 수 있는 논쟁과 극복은 우선 독자로서 내 주장의 논리적 인과관계를 인내심을 갖고 검증하고 이해한 다음 순서로 생각해주기 바란다.

그런데 이 책의 목차를 읽는 독자는 한 가지 특이한 점을 발견할 것이다. 이 책은 서술 순서가 역사를 거슬러 올라가는 방식으로 돼 있다. 제1부는 현 정국에서 개헌에 대한 정치적 대립전선이 어떻게 형성되고 있는지를 설명하고, 각 정부형태에 대한 구조적 특성을 기술했다. 제2부는 지나온 개헌사를 각 시대별로 일괄해 총람할 수 있도록 했다. 그리고 제3부는 제헌에 대한 이야기다. 제헌은 개헌과는 또 다른 근원적 이데올로기 문제가 있다는 것을 전제로, 해방기의 역사와 헌정을 다뤘다. 약간의 망설임도 있었지만, 결국 이런 서술 방식을 택한 것은 우선 독자가 가장 관심을 갖는 이슈는 아마도 과거보다는 현재 벌어지고 있는 개헌전쟁일 것이라는 점 때문이었다. 말하자면 '미래를 위해 과거를 현재의 시점으로 이해하기 위한 목적'으로 이런 서술 방식을 택한 것이다.

그리고 거슬러 올라가며 서술하는 방식이 역사적 맥락을 이해하기 위한 차선책이 아니라 오히려 최선책일 수도 있겠다 싶은 생각도 있었다. 우리가 부부싸움을 할 때도 시간 순서대로 옛날 옛적 처음 만났을 때부터 시작해 마지막에 가서야 최종적으로 오늘의 사건을 의제로 올려놓고 싸우지는 않는다. 그보다는 오늘 일을 두고 어제 일 때문에 화를 내고, 그러다 급기야는 결혼 전 연애시절까지 거슬러 올라가며 싸우는 것이 더 통상적이다. 사실 그 부부싸움을 말리는 입장에서도 그렇게 거슬러 올라가며 사연을 듣는 것이 당면한 '오늘의 싸움'을 이해하는 데 더 도움이 될 수도 있다고 본다. 내가 택한 다소 모험적인 방식의 서술이 독자의 흥미와 이해를 돕는 데 도움이 됐으면 한다.

나는 현 사태에 대해서 TV토론, 강연, 블로그 등을 통해 많은 주장을 해왔다. 이 책에는 그 주장들이 부분적으로 중복해서 나올 것이다. 나로서는 그런 중복적 발언이 부담스럽기도 하지만, 독자로서는 오히려 당장의 개헌 문제에 치중해 보다 상세하게 논해주기를 원할 수도 있을 것이다. 그런 심정은 충분히 이해하나 현재의 개헌 정국이 아무리 중요해도 개헌 역사 속에서는 그저 하나의 개헌 국면이라고 볼 수도 있다. 그러니 단편적인 칼럼이 아닌 장문의 책을 읽는 독자의 특권이라 생각하고, 천천히 전체 역사적 맥락 속에서 시대적 과업을 살피는 느긋함도 있었으면 한다.

　이 책은 '개헌전쟁'이라는 불같은 제목을 달고 있지만, 나는 독자가 이 책을 가능하면 냉정하고 차분하게, 여러모로 따지고 생각하며 읽었으면 한다. 그래야 개헌전쟁의 현상 너머 본질이 보일 것이기 때문이다. 그래서 이 책을 다 읽은 다음엔 헌법 얘기가 곧 우리들 삶의 얘기고, '개헌전쟁'이 곧 우리의 민주적 삶을 위한 전쟁이라는 것을 이해하게 됐으면 하는 바람이다.

2017년 1월

김욱

02 지나온 개헌전쟁

⚖️

03 제헌, 전쟁의 시작

제1부

활화산이 된
개헌전쟁

헌법의 근본정신은 민주주의다.

길을 잃고 좌표를 찾고 싶다면

민주주의 정신을 생각하면 된다.

이는 모든 개헌/호헌 이슈에서의 공통 지표다.

1장

다시 불붙는 개헌과 정략

1

헌법엔
죄가 없는가?

현행 헌법은 1987년에 개정된 헌법이다. 이후 30년째 개정 없이 지속되고 있으니 우리 헌법사에서 가장 장수하는 헌법이다. 주지하듯이 이 현행 헌법은 전두환정권과의 투쟁을 통해 쟁취했다. 당시의 투쟁 구호는 '전두환 타도!'가 아니라 '직선제로 독재타도!'였다. 물론 전두환이야 이미 임기를 얼마 남겨놓지 않은 상황이었기 때문에 자연스런 일이기도 했다. 한데 왜 꼭 '대통령 직선제'였을까? '내각제로 독재타도'를 할 수도 있지 않은가?

아마도 세 가지 정도의 큰 이유가 있을 것이다. 하나는, 우리 국민이 (어쩌면 지금까지도) 1961년 박정희 쿠데타의 원인을 1960년 4·19 이후의 내각제적 혼란이라고 생각하는 편견이 있다는 점이다. 다른하나는, 당시 민주화를 이끈 김대중·김영삼이 오직 대통령 권력에만 관심을 가졌다는 것이다. 여기에 추가하자면, 정치인에 대한 불신으로 인해 '내 손으로 직접 최고권력자를 뽑겠다'는 국민적 여망이 강렬하다는 것도 빠질 수 없다.

위 첫번째, 세번째 이유와 관련해서는 뒤에서 다시 논의할 것이다. 여기선 두번째 이유에 대해 주안점을 두고 말하겠다. 이 두번째 이유는 현재 벌어지고 있는 현상과도 상당히 유사한 측면이 있기 때문이다. 나는 위에서 "김대중·김영삼이 오직 대통령 권력에만 관심을 가졌다"고 했는데, 대통령제가 아니라 대통령 권력이라고 표현한 것은 나름 이유가 있어서다.

뒤에서 반복적으로 강조하겠지만, 일반적으로 국민의 정부형태에 대한 호불호는 대통령 권력이나 총리 권력에 대한 개인적 관심에서가 아니라 제도 자체에 대한 판단에서 나온다. 하지만 정치인, 특별히 권력을 눈앞에 두고 있는 정치인은 관점이 다르다. 그들의 정부형태에 대한 관심은 제도 그 자체에 대한 것이라기보다 내가 대통령이나 총리가 될 수 있느냐의 관점이 크게 작용한다고 봐야 한다. 그들은 가장 큰 권력을 원한다. 가장 큰 권력이 벅차면 그 다음으로 큰 권력, 그것도 벅차면 그 다음, 이런 식으로 제도를 본다. 극단적으로 말하면 위인설관爲人設官의 관점과 유사하다. 그러므로 정치인들의 관점으로 정부형태가 결정돼서는 절대 안 된다.

돌이켜보자. 1987년의 '직선제로 독재타도'는 반만 성공했다. 직선제는 쟁취했지만 독재타도는 지연됐다. 만약 김대중·김영삼이 대통령 권력을 눈앞에 둔 것으로 생각하지 않고 제도를 생각했다면 어떻게 됐을까? 어차피 단일화가 불가능할 것을 감안해 상대다수대표 대

1987년 6월항쟁의 혁명적 에너지는 직선제 개헌 이후 김대중·김영삼의 대통령 권력 다툼으로 소진되고 말았다. 30년 만에 다시 도래한 혁명적 기회가 문재인·안철수 등 대권주자들의 탐욕에 이용되거나 제도 변화 없는 정권교체에 머무르게 해서는 안 된다.

통령 선거제도를 주장할 것이 아니라 독일식 내각제를 옹호했다면 어떻게 됐을까? 그 혁명적 열기를 독일식 내각제 쟁취에 쏟아부었다면 전두환정권이 그것을 막아낼 힘이 있었을까? 그렇게 했다면 김대중·김영삼 분열이 지지자들을 모으는 데 오히려 더 큰 힘이 됐을 것이다. 그리고 그 제도적 민주주의에 힘입어 틀림없이 정권교체를 했을 것이고, 영남파시즘의 민정당 명맥을 역사 속에서 극복할 수 있었을 것이다.

하지만 김대중·김영삼은 합리적인 민주제도가 아니라 민주제도 중 가장 큰 권력인 대통령 권력에만 관심이 있었다. 그리고 그 빗나간 권력 사랑은 나라의 민주주의를 한없이 지연시켜왔다. 그런데 2016~2017년 그 혁명적 시기가 다시 왔고, 우리는 거의 똑같은 상황에 직면해 있다. 1987년의 김대중·김영삼의 역할을 2016~2017년엔 문재인과 안철수가 하고 있다. 나는 이들의 대통령 권력에 대한 탐욕을 반드시 막아야 한다고 생각한다.

현재 가장 강력하게 개헌을 가로막고 있는 더불어민주당 문재인의 입장부터 검토해보자. 박근혜 사태를 맞은 문재인의 입장은 '촛불 기회주의' 그 자체였다. 그는 촛불을 선도하기는커녕 그 기세만을 뒤쫓으며 '사과 → 거국중립내각 → 퇴진 → 명예퇴진 → 탄핵소추 → 탄핵소추 후 사임 → 탄핵 안 되면 혁명'을 눈치껏 주문했다. 다른 건 차치하더라도 문재인이 범죄혐의자 박근혜의 명예퇴진에 협력하겠다는 주장은 한심하기까지 했다. 그는 이렇게 주장했다.

지금이라도 대통령이 그런 (퇴진선언 후 그 방안을 국회와 협의하는 -인용자 주) 결단을 내려준다면 대통령이 명예롭게 퇴진할 수 있도록 협력하겠습니다. 뿐만 아니라 퇴진 후에도 대통령의 명예가 지켜질 수 있도

록 최대한 노력을 하겠다는 말씀을 드립니다.[1]

　문재인은 무엇 때문에 '범죄혐의자 박근혜'의 명예를 그렇게 걱정
했을까? 사람이 착해서? 그런 것 빼고 생각해보자. 위 문재인의 로드
맵에 개헌은 없다. 아마도 문재인의 명예퇴진 주장을 박근혜가 수용
했다면 친문 성향의 거국내각과 조기무期 대선 이상의 것이 될 수 없
을 것이다. 그리고 새누리당은 대분열의 후유증 없이 법통을 유지할
수 있을 것이고, 어떻게든 독자적으로 대선에 참여할 것이다. 그럼
애초에 정해진 연말 선거와 크게 달라질 것 없는 3파전이 된다. 그런
식의 조기 대선에서 문재인은 자신의 순간 지지율을 활용해 현행 헌
법상의 대통령이 될 수 있다고 믿었던 것 같다. 아니나 다를까 박근
혜가 응답했다. 박근혜는 심사숙고 후 자신의 거취에 대해 이런 담화
를 발표했다.

　　저는 제 대통령직 임기 단축을 포함한 진퇴 문제를 국회의 결정에 맡
기겠습니다. 여야 정치권이 논의하여 국정의 혼란과 공백을 최소화하고
안정되게 정권을 이양할 수 있는 방안을 만들어주시면 그 일정과 법 절
차에 따라 대통령직에서 물러나겠습니다. 저는 이제 모든 것을 내려놓
았습니다.[2]

　문재인의 요구와 다를 것이 사실상 하나도 없었다. 이후 추미애와
비박 김무성의 담판이 박근혜 퇴진이 1월이냐 4월이냐를 놓고 대립

하다 결렬됐다는 보도[3]가 나왔다. 그런데 문재인과 박근혜는 왜 이런 내통을 의심케 하는 메시지를 주고받은 것일까? 문재인은 오직 현행 헌법과 기존 정당질서 속에서 조기 대선을 치르면 그만이었다. 반면 박근혜는 이렇게라도 해야 탄핵을 피하며 그나마 문재인이 보장해주 겠다는 명예를 보존할 수 있기 때문이었다. 여기에 친박은 새누리당 의 보존을 모색할 수 있는 가능성을 찾으려 했던 것이고, 이 와중에 체질적으로 새로운 세상에 대한 용기가 없는 비박은 두려움에 망설 이며 한동안 기회주의적 본능만을 드러냈던 것이다.

한데 정치인들만 모르는 중요한 사실이 있다. 제멋에 겨워 권력을 만끽하는 정치인들일수록 더 모르는 사실이다. 설령 알고 있는 정치 인들도 언제나 잊고 있는 사실이다. 그것은 세상의 흐름을 바꾸는 건 정치인들이 아니라 근본적으로 민심이라는 사실이다. 민심 때문에 일어난 사태 앞에서도 문재인과 박근혜는 동상이몽을 꾸며 마치 자 신들이 대세를 결정짓는다고 착각하는 모습의 전형을 보여주었다.

사실 광장의 민심이란 조직되지 않은 힘이기도 하고, 또 여러 갈래 의 내부모순이 작용하는 힘이기도 하다. 그래서 호시탐탐 혁명을 자 신의 것으로 훔치려는 세력이 존재할 수밖에 없다. 그것이 정치이긴 하다. 그러나 그런 권모술수가 다가 아니다. 깊이를 알 수 없는 시대 의 대세라는 것이 있다. 정치인들의 권모술수가 그 대세와 맞지 않는 다면 어떤 권모술수도 한낱 몽상에 지나지 않는다. 말을 바꾸면 민주 주의를 오직 자신의 정략에만 이용하려는 권모술수는 궁극적으로 장 벽에 부딪히기 마련이다. 문재인은 어땠을까? 그는 개헌에 대해 이런 생각을 가지고 있었다.

(문재인은 –인용자 주) "헌법에 손 볼 대목이 많은 건 사실이지만, 이 정국이 다 끝난 후에나 논의할 문제"라며 "가장 정정당당한 방법은 다음 대선 출마 후보들이 개헌과제들을 공약하고 그래서 선택받는 후보가 다음 정권초기에 개헌을 해내는 것이 가장 바람직하고 올바른 선택"이라고 주장했다. 그러면서 "이 시기에 개헌을 이야기하면서 제왕적 대통령제가 이번 사태의 근본이라고 이야기하는데 헌법 때문에 이런 일이 생겨난 건가"라며 "헌법에 무슨 죄가 있나. 헌법은 피해자"라고 말했다.[4]

문재인은 "헌법 때문에 이런 일이 생겨난 건가"라고 물었다. 그렇다! 정확히 헌법 때문에 이런 일이 생긴 것이다. 문재인이 만약 진심으로 헌법 때문에 이런 일이 생겼단 것을 모른다면 그는 다음 대선을 향한 자신의 우세한 지지율에 취해 세상을 있는 그대로 볼 수 있는 능력을 상실했다고 말할 수밖에 없다. 그것이 아니라면, 사실을 왜곡시켜 자신의 우세한 정치적 지위를 유지하려는 발언일 따름이다.

뒤에서 다시 주장하겠지만, 나는 '영남 바보 대통령'이 만들어지기조차 하는 영남패권주의의 근원은 상대다수대표 대통령·국회의원 선거제도(과반수 득표에 관계없이 상대적으로 단 한 표라도 많이 득표한 후보가 당선되는 제도)를 보장하는 헌법이라고 생각한다. 그럼 대통령 결선투표제도는 이런 일을 막을 수 있을까? 없다! 여야를 대표하는 여러 영남 정치인들이 경연을 벌여 (아마도 장기적인 역사 속에서는 거의 90%

의 확률로) 결선에서 결국 영남 후보가 승리하는 제도일 뿐이다. 따라서 우리는 이 영남패권주의 헌법의 제도적 메커니즘을 근본적으로 이해해야만 한다.

문재인은 지난 4·13총선을 앞두고, 호남이 "저에 대한 지지를 거두시겠다면, 저는 미련 없이 정치일선에서 물러나겠습니다. 대선에도 도전하지 않겠습니다"[5]고 말했다. 그런데 문재인이 앞장서 선거운동을 벌인 더불어민주당은 호남에서 참패했다. 하지만 그는 정계은퇴 하지 않았다. 이에 대한 질문을 받자 문재인은 "지난번 광주 발언은 당시 선거에서 우리가 승리하고, 새누리당의 과반의석을 막고, 그것을 통해서 우리가 정권교체의 기반을 구축하기 위해 광주와 호남에서 우리 당이 지지를 받기 위한 여러 가지 전략적인 판단으로 했던 발언이었다"[6]고 해명했다.

놀라운 일이다. 한 당을 실질적으로 이끄는 리더가 총선 승리를 위해 한 지역을 상대로 '전략적 사기극'을 펼칠 수 있다는 생각이 어떻게 가능할까? 자신이 정계은퇴를 한다고 '전략적 사기극'을 펼치면 그 지역이 겁을 먹고 더불어민주당에 몰표를 줄 것이라는 생각은 어떻게 가능한 것일까? 태연히 이를 고백한 것을 보면, 앞으로도 새누리당을 겁박의 수단으로 활용하면서 얼마든지 호남을 향해 '전략적 사기극'을 펼칠 가능성이 있음을 염려하지 않을 수 없다.

그렇지만 위의 사태는 문재인의 인격 장애에서 나온 것이 아니다. 우리는 보다 더 중요한 질문을 해야 한다. 그런 '전략적 사기극'이 나올 수 있는 제도적 토대가 뭘까? 바로 현행 헌법하의 상대다수대표

선거제도다. 그것이 '호남불가론'과 '전략적 선택'의 온상이 되고 있다. 그런데도 문재인은 스스로 이런 현행 헌법을 활용해 한 지역을 상대로 몰표를 위한 '전략적 사기극'을 펼치고, 영혼 없는 사과로 두루뭉술하게 넘어가려고만 하는 것이다. 그러고는 "헌법에 무슨 죄가 있냐"라고 묻는다. 눈앞에 어른거리는 상상된 권력에 취해 수십 년 동안 쌓여오고 있는 현실의 제도적 적폐가 보이지 않는 것이다.

심지어 문재인은 다음 "정권초기에 개헌을 해내는 것이 가장 바람직하고 올바른 선택"이라고 주장한다. 임기 5년의 대통령이 당선되자마자 자신의 임기를 단축시킬 수도 있는 제도적 개헌을 논할 수 있다고? 우리 역사에 그런 일은 없었다. 그럼에도 불구하고 그런 발언을 하는 것은 개헌의 필요성과 그에 대한 국민적 요구를 분명히 알고 있다는 고백이다. 하지만 자신이 현행 헌법에 의한 대통령 당선 가능성이 가장 크니 개헌 논의로 그 가능성을 잃고 싶지 않다는 의미일 뿐이다. 나는 문재인이 개헌 논의에 사심 없이 임할 수 있는 단 한 가지 상황은 뒤에서 논할 정계개편으로 그의 대통령 당선 가능성이 지금보다 크게 낮아질 경우라고 본다. 그럼 그의 입에서 반드시 다른 말이 나올 것이다.

국민의당 안철수도 대체로 개헌에 대해서는 문재인의 입장과 대동소이하기 때문에 특별히 덧붙일 얘기는 없다. 문제는 지지율 1위도 아닌 그가 왜 문재인과 같은 주장을 하는가이다. 그는 정략을 따지지 않으므로? 우리나라 정치인 중 그만이 정략을 생각하지 않는다는 건 합리적 사고가 아니다. 추측 가능한 해석은 새누리당이 완전히 무너져 자체 후보를 찾기 힘들 정도의 비상상황에서 조기 대선이 실시됐을 경우 영남인들이 문재인보다는 자신을 더 많이 지지할 것이라는 전략적 판단을 했을 가능성은 있다. 그가 독일식 내각제 개헌보다는 대선에서의 결선투표제 도입에 훨씬 더 적극적인 것도 같은 이유일 것이다.

나는 정치인들의 정략 그 자체를 비난하려는 것이 아니다. 모든 정치인은 정략적 판단을 하는 것이 당연하다. 오히려 필요하기까지 하다. 다만 나는 그 정략들이 헌법적·민주주의적 이상을 지향하기를 바랄 뿐이다. 당연히 그래야 한다. 우리 모두는 민주국가의 국민으로서 그렇게 되기를 반드시 소망해야 하지 않겠는가?

2

탄핵파 새누리당 출신을
어떻게 봐야 하는가?

새누리당 문제는 우리 민주주의 역사의 해묵은 숙제다. 1980년 광주학살 업보를 정치적으로 담아낸, 피 묻은 그릇으로 출범한 새누리당은 태어나서는 안 될 정당이었다. 하지만 태어났고, 1987년 6월항쟁을 통해서도 정당해산을 성공시키지 못 했고, 이후로도 영남은 이 당을 줄곧 지지했으며, 이 땅의 거대정당으로 승승장구해왔다. 그리고 마침내 기적적으로 '새누리당 박근혜'가 탄생한 것이다.

영남파시즘·영남패권주의 역사를 외면하는 사람들은 호남의 새누리당 부정을 영남의 비非새누리당 지지율과 이래저래 비교하며 우리나라 '지역주의 폐단'을 공평하게 운운한다. 하지만 호남의 새누리당 부정은 역사적으로 헌법이 예정하는 '민주적 기본질서'가 아닌 '쿠데타적 질서'에 의해 비극적으로 탄생한 반민주적 정당을 승인할 수 없었기 때문이다. 호남을 제외한 우리 국민이 역사적으로 외면해왔던 헌법 제8조를 읽어보면 이렇다.

　제8조 ② 정당은 그 목적·조직과 활동이 민주적이어야 하며, 국민의
정치적 의사형성에 참여하는데 필요한 조직을 가져야 한다.
　④ 정당의 목적이나 활동이 민주적 기본질서에 위배될 때에는 정부
는 헌법재판소에 그 해산을 제소할 수 있고, 정당은 헌법재판소의 심판
에 의하여 해산된다.

　사정이 이러한데도 이른바 민주·개혁·진보세력까지를 포함해서
거의 대부분의 식자들이 호남의 새누리당 거부와 영남의 새누리당
지지를 똑같은 지역주의로 규정하고 비판해왔다. 노무현의 열린우리
당 창당 이데올로기가 바로 이 '지역주의 양비론'이었다. 영남패권주
의 이데올로기에 지배당하는 대한민국은 이 헌법 제8조의 정의를 내
팽개치는 것도 부족해 심지어 호남에 훈계까지 했으며, 호남은 귀를
막은 대한민국을 향해 그 단순한 헌법적 정의를 무슨 고차원의 물리
학 이론처럼 끝없이 설명하고, 설득하고, 호소해야만 했다.
　다시 한번 강조하지만 역사적으로 호남이 생각하는 새누리당 문제
는 적어도 지역 지배정당의 지지율을 단순하게 상호비교해서 평가할
문제도 아니었고, 정당이 내세우는 정책의 문제도 아니었다. 그것은
명백히 헌법 제8조와 관련 있는 '정당승인'의 문제였다. 이 명백한 사
실을 외면하거나 이해하지 못 하(는 척한다)면 우리나라 현대사를 이
해하지 못 하(는 척하)는 것이다.

그런데 놀랍게도, 대한민국의 만행에 역사적으로 지쳐가던 호남이 새누리당 문제를 포기하려 할 즈음에 '박근혜의 기적'이 일어난 것이다. 말하자면 1987년에 정리하는 데 실패한 새누리당 문제, 그리고 2003년에 노무현이 열린우리당을 창당하면서 부정하게 전도시키려 했던 새누리당 문제를 다시 한번 정당하게 역사적으로 정리할 수 있는 기회가 찾아온 것이다.

하지만 이 역사적 기회 앞에서 (앞서 두 번의 기회에서처럼) 우리는 또다시 정략적 권모술수를 위해 이데올로기적 혼란을 부추기는 세력을 목격하고 있다. 이 난마처럼 얽힌 사태를 이해하는 것 또한 쉬운 일이 아니다. 이 사연 있는 문제에 대해 가장 선명하게 앞장서 의견을 밝힌 이는 호남 출신 더불어민주당 최고위원 양향자였다. 탄핵소추 정국에서 그녀는 새누리당 문제에 대해 이렇게 강렬하게 주장했다.

양향자 더불어민주당 최고위원이 25일 박지원 국민의당 비상대책위원장 겸 원내대표를 향해 "왼손은 야권과 잡고 있지만 오른손은 박근혜 정권의 부역자들과 잡고 싶은 건 아닌지 의심된다"고 직격했다. 양 최고위원은 이날 최고위원회의에서 "호남의 대표 정치인이신 박지원 대표님의 자랑스러운 후배 정치인이고 싶은 양향자가 한 말씀 드리겠다"며 "새누리당의 탄핵 찬성 의원들은 고해성사 당사자이지, 연대 대상이 아니라는 걸 분명히 해야 한다"면서 이같이 말했다. 양 최고위원은 이어 "양손 모두 야권과 잡으란 것이 호남민심임을 명심하길 바란다"며 "(박 위원장에게) '제가 그 유명한 박지원입니다'라는, 항상 듣던 인사말씀인데,

이제 그 유명세를 박근혜 퇴진과 정권교체에 쓰서야 한다"고 강조했다.[7]

양향자가 "새누리당의 탄핵 찬성 의원들"을 겨냥해 "박근혜 정권의 부역자들"이라고 규정한 건 과격하긴 하지만 그간의 행적을 돌이켜볼 때 딱히 틀린 말도 아니다. 문제는 그 다음이다. 그녀는 새누리당의 탄핵 찬성 의원들을 "고해성사 당사자"라고 했는데, 정확히 '탄핵'이 그들에게는 바로 그 정치적 고해성사의 의미였다. 사실상 양향자 발언의 핵심은 "연대 대상이 아니라"는 말에 있다. 한마디로 그녀는 '새누리당의 탄핵 찬성 의원들은 탄핵이라는 고해성사를 하더라도 연대 대상이 될 수는 없다'는 주장을 한 것이다.

나는 어떤 강경한 외골수가 있어 그가 양향자 같은 주장을 하는 것이라면 충분히 그럴 수도 있는 일이라고 생각한다. 누군가의 죄업이 크니, 평생을 반성하며 살라는 발언은 얼마든지 할 수 있는 주장이다. 왜 그런 순수한 주장을 할 수 없겠는가? 한데 양향자는 조금 처지가 다르다. 그녀는 노무현 이데올로기의 지배를 받는 문재인을 추종하는 정치인이다. 그러니 그녀는 자신이 딛고 서 있는 발밑, 즉 노무현 이데올로기를 내려다봐야만 한다.

노무현은 2005년 한나라당과의 대연정을 제안하며 한나라"당의 역사성과 정통성에 대한 인식의 차이는 대타협의 결단으로 극복하자"[8]고 했으며, 2006년 다음 대통령선거를 위한 후보들의 경쟁이 시작되고 있을 때 "정치가 제대로 된다면 (지역주의 부패정당이라며 민주당과의 법통을 끊고 새로 창당한 열린우리당과 자신이 정의롭다는 명분으로 삼던 투쟁대상 한나라당의 -인용자 주[9]) 양대산맥이 계속 유지돼 가야 한다"[10]고 주장했다. 말하자면 노무현은 새누리당과 절연할 각오로 박근혜를 탄핵한 정치인들도 아니고, 그냥 한나라당(새누리당) 그 자체(!)와 '양대산맥'을 하자고 한 사람이다. 새누리당 출신의 성찰적인 비박과의 연대는 안 되지만, 새누리당 그 자체와 '양대산맥' 정치를 하는 건 괜찮다고? 정말 그렇게 생각한다면 그 의미를 더 철저하게 따져봐야 한다.

　새누리당 출신 탄핵파와의 연대는 안 되지만 양대산맥은 좋다고 생각하는 사람들은 정확히 구질서를 원하는 지역주의 양비론자들이다. 그들은 새누리당이 궤멸하지 않고 건재하기를 바란다. 도대체 무엇을 바라고 그러는 것일까? 그 경우 새누리당의 영남지지 지속은 두말할 필요가 없을 것이다. 그 상황에서 호남은, 그리고 다른 지역은 어떤 선택이 가능하겠는가? 호남은 지난 총선에서 국민의당이라는 선택지가 생겼다. 하지만 구질서가 지속된다면 이른바 '호남불가론과 전략적 선택'의 늪을 벗어나기가 매우 힘들다. 그래서 친노문세력은 구질서가 유지된다면 으레 그 단일화 압박으로 호남몰표를 겁박할 수 있다고 믿는 것이다.

　문재인은 앞서 얘기했듯이 스스로 고백한 이 위선의 정치에 대해 가정법을 사용하며 "그것이 만약 광주 시민들이나 호남분들의 마음을 상하게 한 점이 있다면 그 점은 죄송하단 말씀을 드린다"[11]고 했다. 하지만 우리 정치의 이런 구도가 계속되면 끝없이 이런 위선과 왜곡의 정치를 이용하려는 제2의 문재인 제3의 문재인이 계속 나타나고, 계속 사과가 이어질 것임을 알아야 한다. 그러니 '새누리당 출신 탄핵파와는 연대조차 안 되지만 양대산맥은 좋다'는 주장은 지금까지 구질서 속에서 누렸던 패권적 기득권 포기가 아까워 호남과 다른 지역에서 새누리당의 건재를 겁박의 수단으로 삼고 싶다는 얘기에 다름 아니다. 아니라고? 그럼 새누리당 해체 혹은 적어도 그 분열을 격려하고 새누리당과 절연한 세력과 연대 후 새출발을 도모해야 할 것 아닌가?

내가 친노문세력의 새누리당에 대한 관점을 특별히 위선적이라 생각하는 이유가 있다. 친노문세력은 자신들의 정파적 이익에 따라 자신들의 주장을 180도 바꾸는 것을 예사로 한다. 그들은 2003년 자신들이 민주당을 부정하고 열린우리당을 창당할 때는 한나라(새누리)당을 탈당한 세력을 무슨 정계개혁의 화신처럼 대우했다. 이른바 독수리 5형제(이부영, 이우재, 김부겸, 김영춘, 안영근)에 대한 그들의 평가를 보라.

한데 그들 한나라(새누리)당 출신 독수리 5형제가 박근혜에 대한 탄핵 같은 상징적인 성찰이라도 한 적이 있었는가? 왜 친노세력은 그들을 지역주의 타파의 화신처럼 대우했으면서, 국민의당이 새누리당 비박세력을 향해 탄핵에 동참하라고 설득하는 것조차 못마땅해 '부역자들과의 연대'라고 공격해대는 것일까? 그들 영남 비박세력이 이기적 같은 기회에 새누리당과 절연해 새누리당 위세가 앞으로 스러져간다면 우리 정당정치사에서 그보다 더 좋은 일이 어디 있는가? 친노문세력이 그런 미래를 원치 않는 이유는 무엇인가? 간단하다. 새누리당과의 '적대적 공생'을 원하기 때문이다.

나는 지금까지 친노세력은 물론이고, 이른바 진보세력조차 새누리당의 법통이 역사적으로 단절되는 소멸을 진심으로 원하는 것을 본 적이 없다. 아, 말이야 언제나 그렇게 한다. 하지만 그 말을 책임져야 할 결정적 순간에는 오히려 적대적 공생을 바랄 뿐이다. 앞서 말했듯이 예컨대 노무현은 '양대산맥'론으로 한나라당과 열린우리당의 영구 양립체제를 꿈꿨고, 친노의 이데올로그 유시민은 한나라당 대표 박근혜나 서울시장 이명박이 집권해도 "나라가 망하진 않는다"며 "대한민국은 이미 일정한 궤도 위에 올라와 있어 국민은 과거보다 여유 있는 입장에서 집권세력을 선택할 수 있다고 본다"[12]고 주장했다. 진보 정치학자 최장집은 "정부가 실패하고 리더십을 보여주지 못했다면 교체되는 것이 당연하다. 한나라당이라서 안 되고 하는 그런 것은 없다"[13]고 말하기도 했다.

내가 궁금한 것은 왜 친노문세력은 '새누리당과의 영구 양대산맥론'엔 지지를 보내면서 '새누리당과 절연하는 세력과의 새로운 헌정체제하의 새출발'에는 그렇게 혐오감을 보이는가 하는 점이다. 논리적으로 말한다면, 겉으로는 '때려잡자 공산당' 구호를 외치며, 속으로는 북한과의 적대적 공생을 바라는 세력과 무엇이 다른가? 심지어 작가 김진명은 더불어민주당 원내 모임 강연에서 "새누리당이 붙어 있으면 민주당에 매우 유리하지만 새누리당이 찢어져 나가면서 비박이 반 총장 등 쪽으로 가면 (판세가) 민주당에 쉽지만은 않다"며 "민주당에서 새누리당이 쪼개지지 않게 관리하는 것도 사실 필요하다"고까

지 '적대적 공생'을 역겹게 노골화했다.[14]

나는 영남패권주의를 성찰하는 세력을 격려하고, 새누리당을 분열 혹은 해체시켜 제3지대에서 연대해야 한다고 주장했고, 또 그런 정치적 노력을 지지한다. 실제로 이제 새누리당 출신 30여 명이 탈당해 새로운 정파로 새출발을 시작했다. 그들이 부디 새누리당 프레임에서 벗어나 호남의 승인을 받고, 우리나라 정당정치가 정상적인 궤도에 오르기를 기대한다.

한데 친노문세력은 이런 역사적 노력을 비하하고 심지어 모략한다. 그들은 지금 이 결정적 순간에 역사를 퇴행시키려 하는 것이다. 자, 다음에 유시민의 기념비적 발언을 다시 인용하니 어떤 '느낌적 느낌'이 드는지 천천히 회고해보기 바란다.

> 저는 또 반문합니다. 그렇다면 지금까지 죽어라고 한나라당만 찍어온 대중은 어떻게 하시렵니까? 정권재창출을 이룬 대중은 소중하고 거기 협조하지 않은 대중은 그냥 버려두어도 좋다는 말입니까? 만약 개혁신당 말고 영호남 유권자를 통합하는 다른 길을 제시하신다면 저도 개혁신당론을 접고 그 길을 따르겠습니다.[15]

과거 유시민은 부당하게도 지역주의 양비론을 위해 민주당의 법통을 부정하고 열린우리당을 만들자면서 위와 같은 주장을 했다. 그리고 한때 그것을 이루었다. 그런데 이제 노무현·유시민식의 도착적이고 부당한 방식이 아니라, 제대로 역사적 과오를 바로잡을 기적 같은

새누리당 출신 정치인들이 반성과 새누리당과의 절연을 통해 새롭게 출발한다면 그것 또한 역사의 진보가 아닐까? 그들의 행보가 진짜 쇄신으로 이어질지 옷만 바꿔 입게 될 것인지는 두고봐야 하겠지만 그런 움직임 자체를 부정할 이유는 없다.(한국일보, 2016년 12월 22일)

기회가 왔다. 지금 나는 정당하게도 반反영남패권주의를 위해 새누리당의 법통을 부정하고 새로운 정당정치(정계개편)가 장도에 오르기를 바라면서 아래와 같은 주장을 한다.

저는 또 반문합니다. 그렇다면 지금까지 죽어라고 새누리당만 찍어온 대중은 어떻게 하시렵니까? 문재인정권 창출을 위한 대중은 소중하고 거기 협조하지 않은 대중은 그냥 버려두어도 좋다는 말입니까? 만약 제3지대 말고 영호남 유권자를 통합하는 정당한 다른 길을 제시하신다면 저도 새누리당 출신 성찰적 비박과의 연대론을 접고 그 길을 따르겠습니다.

남이 써놓은 글을 내 글처럼 재활용하니 편하긴 하다. 거듭 강조하건대 진실을 외면하는 지역주의 양비론을 토대로 민주당을 부정하고 열린우리당을 만들기 위해 이런 주장을 하기보다는, 진실을 직시하는 반영남패권주의를 토대로 새누리당을 부정하고 새로운 정계개편을 바라며 이런 재활용 주장을 하는 것이 훨씬 더 양심적이고 훌륭하지 않은가? 나는 피타고라스의 정리만큼이나 명징하게 그렇다고 생각한다.

노무현은 지역주의 양비론을 영남패권주의에 투항시켜 새누리(한나라)당과의 양대산맥론을 유훈으로 남겼다. 나는 『아주 낯선 상식』에서 그런 노무현 이데올로기를 '은폐된 투항적 영남패권주의'로 규정한 바 있다. 그런데 지금 이 결정적 순간에 문재인은 노무현의 그 유훈을 받아 새누리당과의 적대적 공생을 제도화시키려 하고 있다. 이는 으레 그 야권단일화를 통해 호남몰표를 겁박해 대통령 권력을 잡는 일에만 온 관심이 집중돼 있기 때문에 나오는 불온한 태도다. 나는 영남을 제도적으로 민주화시킬 수 있는 절호의 기회를 외면하고 새누리당과의 적대적 공생을 통해 권력만을 추구하면서도 자신들만이 선을 행한다고 믿는 친노문세력의 이런 위선적 이데올로기를 '적대적 공생의 영남패권주의'로 규정한다.

3

이른바 '제3지대'는
무엇을 추구하는가?

한겨레TV(팟캐스트 방송) 〈김어준의 파파이스〉에서 김어준은 국민의당 탄생을 놓고 "문재인과 당내 대결에서 이길 수 없는 안철수의 욕망과 야권분열을 필요로 하는 여권공작이 만난, 국공합작이다"[16]라고 주장했다. 누구라도 정치현상에 대해 이런저런 주장을 할 수는 있다. 하지만 우리는 이런 황당한 주장을 주요 뉴스미디어에서 관여하는 팟캐스트 방송에서 버젓이 즐기며 유통하는 사회의 이데올로기적 기반에 대해 생각해봐야 한다.

우선 김어준이 주장하는 바 그 '여권'이 그런 '공작'정치를 하고 있다고 의심할 수 있다. 그래서 그런 70~80년대식 음모론적 시각을 부각시킬 수도 있다. 하지만 그런 경우에도 국민의당이 받은 유권자의 투표를 어떻게 해석해야 하는가 하는 문제가 남는다. 김어준의 논리에 따른다면 국민의당을 지지한 다수 유권자는 '한 유력 정치인의 개인적 사욕과 여권공작'에 넘어간 바보들이라고 봐야 한다. 김어준은 아마도 국민의당의 태생 그 자체가 아니라 4·13총선에서 확인한 국민의당의 당세를 전제로 그런 말을 했을 테니 달리 해석할 도리가 없다.

나는 우리 사회의 지식인들이 습관적으로 유권자를 바보 취급하는 심각한 사회적 병폐가 있다고 생각한다. 이른바 지식인 자신들이 뭔가 소중하게 생각하는 이데올로기와 맞지 않는 유권자들의 투표행위가 있을 경우 자신이 세상을 잘못 보고 있었다고 고백하는 대신 유권자들이 바보여서 그런 투표행태를 했다고 믿는 것이다.

예컨대 1980년대 이후 우리나라 유권자들의 투표행태를 '지역감정'이라며, 그 병폐가 사라져야 한다고 흥분해 성토하는 행태가 대표적이다. 그들이 보기에 우리나라 대다수 유권자들은 한마디로 감정적인 투표행위를 하는 바보라는 얘기다. 호남은 90%가 넘는 몰표를 보였으니 그 비난이 오죽했겠는가? 그들은 대한민국 민주주의가 바로 그 호남몰표로 인해 가능했다며 고마움을 표시하기는커녕, 공평하게도 지역주의 양비론에 입각해 호남을 포함한 유권자 모두를 바보라고 생각하며 주제 넘는 훈계만을 해대는 것이다.

과거든 지금이든, 국민의당을 찍은 유권자든 평생 새누리당에만 투표하는 유권자든, 나는 그들이 결코 바보가 아니라고 생각한다. 범위를 넓히면 심지어 트럼프를 찍은 유권자나 히틀러를 찍은 유권자도 모두 바보는 아니라고 생각한다. 어떤 경우라도 모두의 투표행위에는 그럴 만한 이유가 있다. 그들의 투표행태는 사회과학적 분석의 대상이지 평론가가 소중하게 생각하는 특정 이데올로기를 합리화해주기 위한 수단이 아니다. 한마디로, 경우에 따라 나쁜 투표행태가 있을 수는 있겠지만 의미 없는 바보들의 투표행태로 민주주의를 설명하는 데 재미를 붙여서는 안 된다는 말이다.

나는 국민의당이라는 현상이 우리나라 수십 년 영남패권주의와 그 저항의 역사와 관련이 있다고 생각한다. 안철수 개인은 다른 의미에서 더불어민주당의 친노문세력에 회의를 느끼고 탈당했을 수 있다. 하지만 그런 정치적 동기들이 뭉쳐 유권자들의 지지를 받아 하나의 정치적 맥락이 된 것을 과학적으로 이해해야만 한다. 그것들을 그저 공천 다툼이나 공작정치, 영호남의 가치맹목적 권력다툼으로만 보려는 것은 자신의 이데올로기적 이해 수준에 맞춰 정치적 현상을 견강부회하는 데 지나지 않는다. 충남지사 안희정도 그런 속내를 이런 식으로 대놓고 내비쳤다.

> 현실적으로 국민들의 역사에서 보면 여당 야당이라는 큰 틀이 있고 그 당들이 대변하는 가치가 있었습니다. 새누리당과 보수 진영은 지난 식민지 시절에, 친일도 좀 봐줘, 다 나쁜 사람들은 아니잖아 라고 얘기하고 싶은 사람들. 그리고 우리가 전쟁통에 이북 사람들이 전쟁 일으켜서 우리 고향도 뺏기고, 저놈들 나쁜놈들이잖어 하는 반북의식. 그리고 오래된 영남 패권주의. 이런 것들이 결합되어서 오늘날 새누리당과 보수진영으로 하는 겁니다.[17]

그럴듯하다. 하지만 그렇지 않다. 뒤에서 다시 다루겠지만, 안희정 주장의 가장 큰 맹점은 '새누리당과 보수진영'을 마치 정상적인 '가치'의 표현 형태처럼 한 틀로 묶어버렸다는 데 있다. 새누리당 문제는 극우 파시즘과 정상적인 보수가 함께 섞여 출구를 찾지 못하고 있는 사회적 병리현상이었다. 안희정이 말하는 '친일＋반북＋영남패권주의' 중에서 친일과 영남패권주의는 민주주의와 부합하지 않는다. 따라서 정상적인 보수와도 부합하지 않는다. 그런 것이 가능하다고 믿는다면 그건 파시즘이다. 박정희가 그 연결고리다.

반북은 어떤가? 반북을 어떻게 규정하느냐에 따라 달라질 것이다. 반북을 공산주의에 대한 반대로 이해한다면 대한민국 국민 중에 반북 아닌 사람이 얼마나 되겠는가? 하지만 새누리당은 마치 자신들만이 반북이며, 자신들의 정파를 지지하지 않으면 필요에 따라 친북으로 규정하는 듯한 이상행동을 보여왔다. 이렇게 되면 그 반북이란 것도 파시즘이 된다.

자, 그렇다면 새누리당은 파시즘 정당인가? 안희정의 주장에 따르면 아니다. 여든 야든 "그 당들이 대변하는 가치"가 있을 뿐이다. 하지만 내 관점엔 '유사 파시즘 정당'에 가깝다. 그럼 다음 질문. 새누리당을 지지하는 유권자들은 모두 파시스트인가? 안희정의 주장에 따르면 이 역시 간단히 아니다. 하지만 유사 파시즘 정당을 지지하는 유사 파시스트 세력이 있다고 본다. 정확히 말하자면, 새누리당을 지지하는 정상적인 보수진영의 경우 그들이 주도권을 빼앗긴 채 유사 파시스트 세력에 휘둘려왔다고 본다. 이것이 새누리당 문제였다. 안희정은 이런 사태를 이해하지 못하기 때문에 그 다음 대책이 궤도를 벗어나기 시작한다. 들어보자.

그런데 현재 이런 정당 시책으로는 안 되는 겁니다. 이건 21세기 대한민국을 못 이끌어갑니다. 이건 야당과 진보 진영도 마찬가지입니다. 현대사 속에서 민주당의 역사가 있는데 이 틀 내에서 어떻게 혁신할 것이냐는 좋은데. 당장 대선을 앞두고서 권력을 먹겠다는 사람들이 무원칙으로 이합집산하는 것은 대한민국 민주주의를 훼손하는 일입니다.[18]

안희정은 이른바 제3지대 움직임을 "당장 대선을 앞두고서 권력을 먹겠다는 사람들이 무원칙으로 이합집산하는 것"으로 본다. 자가당착이 시작되는 것이다. 안희정은 분명히 새누리당뿐만 아니라 "야당과 진보 진영도 마찬가지" 문제를 안고 있다고 말했다. 그럼에도 불구하고 그는 '민주당이라는 틀 내'에서만 그것이 가능하다고 말하는 것이다. 그의 자가당착을 마저 읽고 따져보자.

문재인 대표로 표현되어지는 그 그룹을 고립시켜서 나머지가 연대해서 게임을 반전시켜보자. 그런 게임의 전략으로는 좋을지 모르겠지만 대한민국 국민들이 바라는 정치는 아닙니다. 국민들은 야당의 국민들은 김대중과 노무현을 지지했던 사람들입니다. 김대중 노무현의 지지세력과 새로운 정치를 바라는 안철수를 포함한 이 흐름을 결합해서 민주당이 발전하길 바라고 있지, 문재인을 고립시켜서 호남 고립시키듯이 그렇게 정치가 돌아가버리면 국가가 결정적으로 분열되어버리고 그러한 정치는 국민들이 원하는 정치가 아닙니다. 그건 1990년 3당 야합이나 다를 바 없는 아주 정략적인 나쁜 정치입니다.[19]

내가 궁금한 건 이런 거다. 안희정은 민주당을 벗어난 국민의당을 호남이 왜 압도적으로 지지했다고 생각하는 것일까? 김대중과 노무현을 지지했던 유권자들이 왜 그렇게 분열할 수밖에 없었다고 생각하는 것일까? 왜 현 상황의 정계개편(정치개혁) 움직임을 단순히 일개 정파에 불과한 친노문세력을 고립시키려는 반민주주의로 보는 것일까? 그는 친노문세력이 추종하는 노무현의 지역주의 양비론과, 호남 몰표를 영구적으로 겁박하는 새누리당과의 양대산맥론에 제도적으로 저항하겠다는 것을 어떻게 반민주주의라고 생각할 수가 있을까? 왜 그는 자신도 인정하는 새누리당 문제를 해결하기 위해 극우 파시즘과 정상적인 보수의 분리를 촉구하는 것을 올바른 민주적 정치행위로 보지 않는 것일까?

문재인·안희정뿐만 아니라 더불어민주당의 정치인들은 이상의 질문들에 대해 제대로 된 대답을 해야 한다. 만약 그렇지 못 하면, 국민의당 대변인 김경록이 재치 있게 표현한 대로 "대한민국 정치가 문재인 전 대표를 중심으로 돌아간다는 꿈"[20]을 꾸며, 자폐증적 대권욕에만 빠져 있다고 볼 수밖에 없다. 그런데 위 질문에 대표적인 오답을 한 인물이 있었다. 서울대 형법교수 조국의 경우다. 《오마이뉴스》가 보도한 조국의 페이스북 내용은 이렇다.

김용태 의원이 공개한 '새누리, 국민의당 합당 프로젝트'에 대해 국민의당 일부가 동조하고 있을 수 있다. 과거 김욱 교수, 이태규 의원 등이 유사한 발상을 말한 바 있다. 그러나 도도한 촛불민심 앞에서 이런 '프로젝트' 성사불가능이다. 국민의당의 주요 지지기반인 호남민심도 절대 용납하지 않을 것이다.[21]

내 주장에 대한 왜곡 중 가장 심한 경우라고 할 수 있다. 지금까지 수십 년 동안 단 한 번도 '전두환의 새누리당'에 투표한 적이 없는 나는 '새누리당과 국민의당의 합당'을 꿈에서라도 꿈꿔본 적이 없다. 내 작은 소망이 있다면 새누리당의 역사적 궤멸을 보고 죽는 것이다. 앞에서도 언급한 바 있는, 이와 관련한 내 생각은 다음 글에 비교적 정확하게 정리돼 있으니 그대로 인용한다.

그런데 반영남패권주의 투쟁을 해온 호남과 영남패권주의 과거사를 성찰하는 영남의 연대를 야합이라고 모략하는 세력이 반드시 부상할 것이다. 우리는 그들의 음해를 통해 누가 영남패권주의 본당 새누리당과 함께하는 구질서를 원하고, 누가 정계개편을 통한 신민주헌정질서를 원하는지 분명히 알게 될 것이다. 그런 세력은 북한체제의 소멸보다는 그 존재로 기득권을 유지하려는 세력과 다를 바 없다. 우리는 영남패권주의 세력과 그것을 적대적 겁박의 수단으로만 이용하는 친노세력을 제하고 모두 힘을 합쳐야 한다. 분명히 말할 수 있다. 성찰적으로 새누리당과 절연하는 영남과 그것을 받아들이는 호남의 연대는 역사의 퇴행이

아니라 진보다.[22]

나는 조국이 어디선가 인지했다는 내 발언의 진의를 정말 몰라서 '새누리당과 국민의당 합당 프로젝트' 운운했는지 믿어지지가 않는다. 보통 사람이라면 당과 당(예컨대 새누리당과 국민의당)이 각각 정체성을 유지한 채 (1990년의 3당합당처럼) 합당을 하는 것과, 어떤 당(예컨대 새누리당)의 구성원들이 자신이 몸담았던 당의 정체성과 절연한 후 개인적으로 다른 당에 입당하거나 새로 만든 그들의 정치결사체가 다른 당과 연대·합당하는 것을 구별하지 못할 수도 있다. 하지만 조국은 아닐 것이다. 그럼에도 불구하고 그는 '새누리당과 국민의당의 합당 프로젝트'라는 왜곡된 선전·선동을 하고 있는 것이다.

나는 "새누리당과 절연하는 영남"을 말했다. 절연이란 표준국어대사전에 의하면 "인연이나 관계를 완전히 끊음"이다. 하지만 과거의 관성에 따르려는 힘이 여전히 강한 호남이 쉽게 받아들이지 못할 수도 있다. 그렇다면 그 절연의 수준이 어느 정도여야 하는지는 호남이 결정할 수밖에 없다. 그런 사정을 고려하면 비박세력의 탄핵 참여는 그 성찰의 작은 징표가 될 것이다. 어쨌든 호남이 받아들일 수 있는 수준의 절연이면 새출발이 가능할 것이고, 호남이 받아들일 수 없는 수준에서 국민의당이 정략적 음모를 꾸민다면 국민의당은 당연히 궤멸할 것이다. 결국 호남정치인이 아니라 호남유권자가 모든 것을 결정할 것이다.

과거를 상기해보자. 노무현은 영남파시즘·영남패권주의 역사를 부정하고, 영남에 정의를 구걸하는 방식으로 한나라(새누리)당과 열린우리당의 '양대산맥'이 지속되기를 원했다. 그리고 더불어민주당의 친노문세력은 지금도 노무현의 유훈통치를 실현하려는 것처럼 그런 '적대적 공생'을 퇴행적으로 꿈꾸고 있다. 하지만 나는 새누리당이 해체되기를 바란다. 그게 당장 어렵다면 영남의 영남패권주의에 대한 성찰을 통해 새누리당이 장차 궤멸되기를, 그리고 새누리당과 절연한 영남세력은 호남과 함께 정의롭게 (필요하다면 과도적으로 적당한 연대방식을 거쳐) 새출발하기를 원하고 있다. 이것이 바로 내가 지금까지 노무현을 반대해왔고, 이제 제3지대론을 주장하는 이유다.

4

무엇이 역사의
진보인가?

우리나라 정치를 이해하기 힘들게 만드는 가장 큰 이유는 위선의 제도화다. 어떤 정치현상이 그저 계층·계급간의 갈등이나, 아니면 인종·지역간의 갈등을 있는 그대로 반영하는 것이라면 그 갈등이 아무리 복잡하다 해도 이해하는 데 별도의 장애를 신경 쓸 필요가 없다. 한데 그 갈등의 양상이 단순하다 해도 위선이 개입되면 이해하는 데 큰 혼란이 있을 수밖에 없다. 지금 내가 말하는 위선은 개인적인 차원에서 관찰되는 정치인 특유의 착한 척하는 위선의 문제가 아니다. 나는 지금 집단적 차원에서 벌어지는 사회적 병폐로서의 위선의 제도화를 말하고 있다.

위선은 단지 정치적 상황에 대한 통찰의 어려움을 야기하는 데 그치는 것이 아니다. 그것은 사회정의의 문제를 전도시키는 심각한 병폐다. 그러므로 그 정체를 끝까지 추적하고, 폭로하고, 바로잡아야 한다.

　나는 현재 야당의 주류 행세를 하는 친노세력을 오랫동안 집요하게 비판해왔다. 그것은 정책에 대한 통상적인 비판이 아니었다. 그 이유는 아주 중요하지만 의외로 간단하다. 내가 지금까지 그들을 적대적으로 비판해온 것은 노무현 이데올로기를 추종하는 친노세력이 자신들의 주장이 논리적으로 이치에 닿지 않고 부정의함에도 불구하고, 그 이치에 닿지 않은 주장을 선한 동기라고 우기면서 끊임없이 악한 결과를 만들어내기 때문이다. 정책은 얼마든지 타협할 수 있다. 하지만 비논리와 부정의는 도저히 타협할 수가 없다. 이기고 지고의 문제도 아니다. 그저 이성이 다할 때까지 싸우는 수밖에 없다. 숙명이다.

　지금까지 여러 지면에서 수없이 반복한 얘기지만, 내가 노무현(친노)의 주장이 왜 위선이라고 하는지 다시 간단히 정리한다. 동서고금을 통해 가해자와 피해자를 구분하지 않는 양비론을 '정의'라고 주장하는 이데올로기적 족보는 없다! 한데 노무현(친노)은 영남파시즘·영남패권주의 역사를 인정하지 않고 지역주의 양비론을 자신(들)의 모든 이데올로기적 토대로 삼는다. 그리고 그것을 정의라고 우긴다. 하지만 그(들)의 선은 예컨대 강간범과 피해자의 양비론을 주장하면서 그런 자신(들)의 관념을 정의롭다고 우기는 것과 다를 바 없다. 설령 자신(들)이 강간범과 인척관계라 해도 그것이 그런 타락한 주장의 변명이 될 수는 없다. 이는 악을 행하고 있는 선이다. 즉 위선이다. 그 위선적 정의는 반성하는 강간범의 정의보다 역사적으로 더

해롭다. 반성하는 강간범과 피해자 사이에는 적어도 선/악이 무엇인지에 대한 의견일치는 있지만, 지역주의 양비론이라는 위선적 정의는 그 선/악에 대한 의견일치조차 없기 때문이다.

친노문세력의 위선은 정치적으로 이렇게 변주된다. 그들은 새누리당과 자신들이 당권을 장악하지 못했던 과거의 민주당이나 현재의 국민의당의 존재를 공평하게 '지역주의 정당'으로 여긴다. 최근 들어 이데올로그 차원에서 국민의당에 대한 공개적인 비난은 잦아든 듯 보인다. 하지만 추종세력의 머릿속을 지배하는 일반적인 이데올로기가 그렇다. 지역주의 양비론은 친노문세력이 이 두 당을 비난하는 최종 근거다.

그러면서도 친노문세력은 호남몰표를 자신들에게 헌납하기를 원한다. 그들은 새누리당을 겁박의 수단으로 삼아 소수세력인 호남을 집권을 위한 단일화의 인질로 만드는 것에 이념적으로 전혀 부끄러움이 없다. 한마디로 그들은 새누리당을 소멸시키기보다는 적대적 공생을 원한다. 그래서 그들은 (이상적으로는 새누리당의 해체가 원칙이겠지만) 현실적인 어려움 때문에 비박을 새누리당 바깥으로 선도하려는 세력을 향해 새누리당 2중대라는 브랜드를 붙인다. 이런 절망적인 상황 속에서 호남은 반영남패권주의 투쟁을 위해서가 아니라 지역주의 양비론을 위해서 친노문을 지지해야 한다고 겁박당하는 것이다. 물론 노무현 이데올로기에 따르면 호남은 정의감이 넘쳐흐르는 '민주화의 성지'이기 때문에, 선거 후엔 지역적으로 아무것도 원하지 않아야 한다.

노무현 이데올로기는 결코 정의가 아니다. 피해지역인 호남이 '호남이든 영남이든 둘 다 잘못 했다'고 주장하는 지역주의 양비론자들인 친노문세력에게 스스로 인질이 돼 몰표를 헌납하며, '호남불가론'과 '전략적 선택'을 숙명처럼 안고 살아가는 것은 부정의한 사태다. 호남인은 물론이고, 호남인이 아니더라도, 심지어 영남인이라도 그렇게 말할 수 있어야 한다. 그것이 민주시민이다. 그리고 그렇게 해야 역사가 앞으로 나갈 수 있다.

최근 박근혜의 탄핵을 앞두고, 『조선일보』 등에서 '보수'에 대한 기획기사와 칼럼이 큰 비중으로 다뤄졌다. 이것이 위기에 처한 '영남파시즘'을 '보수'로 다시 위장해 재기하기 위한 술책인지, 아니면 진심으로 '영남파시즘'과 단절해 '정상적인 보수'로 새출발할 생각으로 그러는 것인지 알 수는 없다. 한데 김대중 칼럼이 그 실마리를 풀어준다. 김대중은 새누리당 비박계 중진 의원과 나눴다는 대화를 인용하며 이렇게 주장한다.

"지금은 새누리가 아무리 엉망이라 해도 현실적으로 보수를 대변할 정치 집단 아닙니까? 일단 야당이 될 각오를 해야 합니다. 5년 후 정권을 되찾아올 '훌륭한 야당'이 되는 것이 보수가 살고 새누리가 사는 길입니다." (…) "지금 민주당이 야당 해온 것 보면 그들이 정권 잡아도 중심을 잡기는 어려울 것 같습니다. 그때 새로운 야당(새누리)이 정권을 감시하고 견제하고 비판하면서 대안 세력이 돼야 합니다. 좀 어색한 표현이지만 지금 민주당이 한 것처럼 여당 붙들고 싸워서 좌파 일변도의 길로 못 가도록 하는 것이 보수 지도자의 과제입니다." (…) 모두들 '보수는 죽으라'며 마치 보수 자체에 결함이 있는 양 자해하느라 야단이지만 보수는 잘못이 없다. 잘못 선택한 기수가 보수에 먹칠한 것이다. 박 대통령과 그 추종자들이 '사이비 보수'다. 새로운 기수를 뽑고 권토중래하는 것—이것이 민주주의를 신봉하는 나라에서 보수가 할 역할이다. 새누리당의 지도자들에게 하고 싶은 말이다.[23]

김대중의 글을 보면 우리나라 정치사정은 이런 것이다. 우리나라 정치구도는 (현재 군중—아마도 '좌파'—의 극렬함과 잘못한 '주군'의 문제가 요란하지만) 역사적인 맥락에서 정상적이다. 새누리당과 민주당은 각각 보수와 '좌파'를 정상적으로 대변한다. 박근혜의 실패는 '사이비 보수'의 실패일 뿐이므로 새누리당은 잘 추스려 야당으로서 미래를 준비하면 된다.

바로 이런 김대중식의 시각이 한국 정치의 고질적인 문제다. 김대중은 박근혜의 실패를 '사이비 보수'의 실패로 규정하면서도 그 실패를 개인적 잘못으로만 제한한다. 만약 박근혜 사태가 정말 인간 구실을 못한 개인적 장애의 문제였을 뿐이라면 '사이비 보수'니 뭐니 하는 보수 개념을 들먹일 필요조차 없다. 예컨대 닉슨의 탄핵 정국 때 우리처럼 사이비 보수니 뭐니 하는 얘기가 이처럼 심각하게 의제로 등장한 적이 있었는가? 김대중이 지금 이런 사이비 보수를 언급하고 있는 자체가 지금까지 새누리당세력이 자행해온 행태로 인해 뭔가 심각한 위기감을 느끼고 있다는 방증이다.

여기서 중요한 사실은, 김대중은 새누리당을 전두환의 영남파시즘 쿠데타에 기원하는 유사 파시즘 정당이 아니라 정상적인 정당으로 생각하고 있다는 점이다. 그래서 그는 새누리당을 중심으로 아무 불편함 없이 사고할 수 있다. 그저 정상적인 민주국가의 정권교체 차원에서만 사고하는 것이다. 일반 대중이 봤을 때 이런 김대중의 생각은 특이한 것일까? 아닐 것이다. 대부분 그런 차원에서만 사고한다. 이것이 우리나라 정치의 근원적 병폐다.

내가 볼 때, 새누리당은 영남파시즘 세력과 정상적인 보수세력의 결합체였다. 하지만 그 헤게모니는 영남파시즘 세력이 잡고 있었다. 물론 그 파시즘이란 것이 과거처럼 극단적으로 발현되는 것은 아니다. 하지만 적어도 이데올로기적 헤게모니 차원에서는 과거의 파시즘과 별 차이 없이 작동한다. 그래서 영남패권주의적 발상, 친일·독재 미화, 자신들을 추종하지 않는 세력을 좌파·종북으로 규정하며 불온시하는 일들이 버젓이 벌어진 것이다. 이런 상황에서 굳이 박근혜정권을 사이비 보수정권이라고 칭한다면 그 사이비의 내용은 영남파시즘이라고 해야 한다.

그런데 정말 이 사이비 보수가 정상적인 보수, 즉 아무 잘못이 없는 보수로 다시 태어나려 한다면 근원에서부터 다시 생각해야 한다. 그 출발은 새누리당이라는 사이비 보수의 그릇을 깨는 일이다. 전두환에게서 물려받은 그 피 묻은 그릇을 지키고 싶은 사람이 있다면 그대로 남겨두면 된다.

여기서 새누리당이라는 그릇을 깨는 일이 왜 중요한가? 보수라는 새로운 내용이 사이비 보수, 즉 영남파시즘을 담아온 과거의 새누리당과 정치적·법적으로 절연했다는 계기가 필요하기 때문이다. 새 술을 새 부대에 담지 않으면, 헌 부대에서 나온 술이 새 술인지 헌 술인지 어떻게 알겠는가? 헌 부대 새누리당에서 아무리 새 술이 흘러나와도 정상적인 정치제도 확립은 다시 무한 지연될 뿐이다. 특별히 새누리당과의 확고한 절연 없이, 새누리당이라는 정당을 승인하지 않는 호남과의 연대는 꿈도 꾸지 말아야 한다. 정당의 (정치적) 정통성·정당성은 의미 없는 단순한 형식이 아니다. 우리는 해방 이후 지금까지 여태 국가의 정통성·정당성 문제를 북한과 다투고 있다는 점을 참고하기 바란다.

그런 의미에서 이른바 제3지대론이 주의해야 할 중요한 사항이 있다. 만약 그들이 그저 이념 없이 권력만을 탐하는 오합지졸들의 연합체로 보인다면 그 실패는 명약관화하다. 선거 때마다 지겹도록 보아온 이합집산에 불과할 것이다. 그래서 친박패권·친노문패권을 반대하는 제3지대 연합이 정당성을 획득하려면 그에 대한 명확한 이념적 설명이 있어야 한다.

패권이란 표준국어대사전에 따르면 "국제 정치에서, 어떤 국가가 경제력이나 무력으로 다른 나라를 압박하여 자기의 세력을 넓히려는 권력"을 말한다. 주로 법이 아니라 힘이 지배하는 국제정치에서 사용하는 개념을 국내적으로 적용하기 어려운 측면이 있다. 어쨌든 국내 정치에서 반패권이라는 개념을 사용하려면, 그것은 곧 반민주주의에 대한 투쟁이라는 사실을 반드시 강조해야 할 것이다.

그럼 친박·친노문은 반민주세력인가? 친박은 영남파시즘의 역사적 잔재를 고수하려는 집단이고, 친노문은 영남파시즘·영남패권주의 역사를 아예 인정하지 않고, 지역주의 양비론 이데올로기로 무장해 새누리당을 적대적 공생의 수단으로 삼아 호남몰표를 겁박하는 집단이다. 이와 관련해 국민의당 문병호는 "영남패권주의에 기생하는 문재인"[24]이라고 통렬하게 비판했다. 그들 친박·친노문 세력은 단지 행태뿐만 아니라 이데올로기적으로도 공히 반민주적이다. 이것이 내가 친박·친노문을 제외한 제 세력이 모이는 이른바 제3지대를 주창하는 이유다. 물론 제3지대가 이런 민주적 의미를 도외시한다면 그들의 정치공학을 지지할 이유는 추호도 없다.

그런데 호남 등 개혁세력은 이 제3지대론에 대한 확신이 있을까? 인물 위주로 세상을 본다면 회의적일 수 있다. 하지만 문제는 제3지대론을 부정하는 것은 사실상 독일식 내각제를 부정하는 것과 같다는 점이다. 실제로 독일식 내각제 개헌이 된다면 좋건 싫건 우리도 익숙하게 연립정권을 받아들여야 한다. 그런데 새누리당은 정당의 역사성(정통성)·정당성에 문제가 있다. 그리고 더불어민주당은 정당의 정통성·정당성에 문제가 있는 건 아니지만 지적한 바처럼 반민주적인 노무현 이데올로기를 추종하는 친노문세력에 장악되었기 때문에 문제다. 그럼 남은 세력은 어디인가? 국민의당, 더불어민주당 내 비非친노문세력, 반기문세력, (가칭)개혁보수신당, (노무현 이데올로기에 오염돼 있긴 하지만) 정의당 등이다. 그런데 이들끼리도 서로 간에 상종 못할 정당(정치인) 취급을 하면 독일식 내각제 개헌을 한들 뭘

어쩌겠는가?

　비관적으로 보면, 제3지대 연대가 성공해도 영남패권주의가 잦아들기는커녕 언제라도 도질 수 있다. 그럴 경우에도 독일식 내각제는 한국 민주정치의 불가역적인 제도 보험이 될 것이다. 제3지대론은 너절한 과거로부터 미래를 향해 새출발하기 위한 최소한의 불가역적인 조건을 도모하자는 얘기다. 그래서 나는 설령 현행 헌법하에서 대선을 치른다 해도 제3지대의 공개적인 내각제적 연대를 통해 우리 정치의 역사적 진보에 대비해야 한다고 주장한다.

　물론 아직은 이른바 이 제3지대 연합체가 어떤 식으로 연대할 수 있을지 정확히 전망하기는 힘들다. 하지만 어떤 경우든 그것은 사이비 보수(영남파시즘)와 위선적 개혁세력(지역주의 양비론에 토대한 적대적 공생의 영남패권주의)을 극복하려는 노력이라는 점에서 우리 정치의 큰 진전이다. 더군다나 그 진전으로 이 연합체가 영남과 호남의 지지를 모두 받는 데 성공한다면 우리 정치의 진보에 크게 기여할 것이라고 생각한다. 거기에 더해, 만약 이 연합체의 힘으로 민주적 선거제도를 바탕으로 한 분권제도(독일식 내각제) 개헌을 성사시키는 데 성공한다면 정치의 진보에 대한 기여는 말할 수 없이 클 것이다. 그렇게 정치 제도의 왜곡을 바로잡고 집권까지 성공한다면, 나는 그들이 우리 정치사의 한 획을 그었다는 큰 자부심을 가져도 좋다고 본다.

5

2017년, 전선은
어떻게 귀결되는가?

2016년 '박근혜의 탄생'은 우리 역사의 기적이다. 정확히 말하자면 우리 흑역사의 기적이다. 왜 기적인가? 박근혜는 대한민국 현대사의 모든 흑역사를 껴안고 거대한 대마가 돼 우리 역사에 양자택일을 요구하고 있기 때문이다. 대한민국은 그녀를 두고 선택중이다. 역사의 퇴행을 선택할 것인가, 진보를 선택할 것인가? 문제는 이 선택이 타협이 불가능한 형태로 제시됐다는 점이다. 즉 바둑에서 말하는 수상전手相戰의 형태로 제기된 것이다. 바둑판 거의 전체에 걸쳐 있는 대마가 서로 끊겨, 내가 죽든지 네가 죽든지 양자택일할 수밖에 없는 형태가 돼버린 것이다.

박근혜는 역사에서 이제 단순히 '박근혜정권'이 아니다. 박근혜는 '꼭두각시 모지리'도 대통령이 될 수 있는 영남패권주의 헌정제도와 얽혀 있고, 박정희의 친딸로서 영남패권주의·영남파시즘의 기원과 얽혀 있고, 역사교과서 국정화로 친일과 얽혀 있으며, 그간의 흑역사를 담아온 새누리당이라는 피 묻은 그릇의 정치적 계통과도 얽혀 있다. 그녀를 탄핵소추한 것은 정치적으로는 이 모든 흑역사를 함께 탄핵소추한 것이다. 이 탄핵이 헌법재판을 통해 완성되면 그 역사적 상징성은 앞으로 우리나라 정치를 건강하게 만드는 원천이 될 것이다.

그간 우리 민주헌정사는 질곡을 딛고 전진해왔다. 1960년엔 이승만의 봉건적 파시즘을 딛고 근대적 민주주의 혁명을 이뤄냈으며, 1987년엔 박정희·전두환의 영남파시즘을 딛고 절차적 민주화를 이뤄냈다. 그리고 자랑스러운 그 민주화의 성과를 헌정체제의 변화를 통해 담보해냈다. 1987년에 개정돼 지속되고 있는 현행 헌법은 바로 그 과거의 자랑스러운 훈장이다. 하지만 동시에 그것은 이제 미래의 고통스러운 질곡이 되고 있다. 두 말이 필요 없다. 현행 헌법을 통해 대통령으로 등극한 '꼭두각시 모지리 박근혜'가 바로 미래에도 반복될 그 고통스러운 헌정 질곡의 명확한 징표다.

그런데 '대통령 박근혜의 국정농단'을 규탄하는 과정에서 느끼는 국민감정과 역사 속 민주화운동에서 느꼈던 국민감정 사이엔 큰 차이점이 하나 있다. '국민적 부끄러움'이다. 그간의 민주화운동은 폭력적 독재에 대한 투쟁이었다. 당연히 그 양태도 폭력적 억압과 폭력적 저항일 수밖에 없었다. 한데 박근혜정권에 대한 규탄은 오롯이 평화적 양상이었다. 이것을 무슨 민도의 차이쯤으로 해석하는 건 시대와 정권의 근원적 모순을 구별하지 않고 모든 책임을 저항자들의 수준 차이로 돌리는 교묘한 이데올로기다.

박근혜정권에 대한 시위와 규탄은 평화적일 수밖에 없었다. 그것은 박근혜가 '민주화 이후의 바보 대통령'이기 때문이다. 과거 민주화운동은 이른바 제왕적 권력에 대한 투쟁이었지만, 박근혜에 대한 규탄은 정상적인 인간 구실을 못하는 모지리를 민주적 절차에 따라 대통령으로 만들어낸 국민적 자조와 자탄의 의미도 포함하고 있다. 그래서 '국민적 부끄러움'을 느끼는 것이다. 우리 역사 속에서 전개된 민주화운동에서 저항의 대상이 된 권력에 대해 증오·경멸·분노·두려움, 때로는 체념의 감정이 아니라 이런 유의 '국민적 부끄러움'을 느꼈던 때가 달리 있었던가?

그러므로 우리는 근원적으로 생각해봐야 한다. 어쩌다 이런 일이 일어났을까? 우선 이 사태의 모든 원인을 이른바 '제왕적 대통령제'로만 돌릴 수는 없다. 만약 '제왕적 대통령제'가 현 사태의 모든 원인이라면 우리는 '제왕적 독재'로만 고통 받고 분노하고 있어야 한다. 하지만 우리 국민은 지금 '제왕적 독재자 박근혜'로 인한 고통을 느끼고 있다기보다는 '최순실의 앵벌이, 모지리 박근혜'로 인한 부끄러움과 절망감을 느끼고 있다. 박근혜가 제왕이라는 것과 모지리 앵벌이라는 것은 분명한 차이가 있다. 우리는 현재 벌어지고 있는 헌정문란이 과거와 어떻게 다른지 그 본질적 차이부터 명확히 이해하면서 얘기를 풀어나가야 한다.

대답해보자. 역사에 길이 남을 이 희귀한 바보 대통령의 등극 이유가 뭔가? 설마 모르는 사람이 있을까? 모두가 알지만 지배 이데올로기의 위력 때문에 차마 입 밖에 내지 못할 뿐이다. '꼭두각시 모지리'

도 손쉽게 대통령이 될 수 있는 우리나라 헌정 메커니즘은 아주 간단하다. '영남패권주의의 온상이 되고 있는 상대다수대표 대통령 선거제도'가 바로 그 근원이다. 과거엔 '아무리 독재자여도 우리 독재자면 좋다'는 식으로 영남파시즘이 실현됐다면, 현 헌정체제는 '아무리 사기꾼이어도 우리 사기꾼이면 좋다' 혹은 '아무리 모지리여도 우리 모지리면 좋다'는 식으로 영남패권주의를 뒷받침해온 것이다.

1961년 박정희 쿠데타 이후, '우리나라에서 누가 대통령 권력을 행사할 것이냐'의 문제는 사실상 '영남 정치인 중 누가 대통령 권력을 행사할 것이냐'의 문제였다. 민주화 이전엔 영남이 지지하는 독재자가 무소불위의 권력을 행사하고, 민주화 이후엔 영남이 절차적 민주주의 원칙에 따라 사기꾼이나 모지리를 선택하면 그(녀)가 또 대통령 권력을 행사하게 돼 있다. 노무현 이후엔 대통령 권력뿐만 아니라 야당 권력도 '호남불가론'과 '전략적 선택' 이데올로기에 따라 거의 영남 정치인이 아니면 안 되게 돼 있다. 현행 헌법체제가 지속된다면 대한민국 국민은 다음 대선에서도 영남 정치인들 위주의 경연을 지켜보게 될 것이다.

나는 영남이 정치천재들만 사는 땅이라고는 생각하지 않는다. 인류가 지금까지 알아낸 생물학·인류학적 상식으로 도저히 그럴 수는 없다. 그러므로 내가 앞에서 그 근원이라고 말한, 그리고 뒤에서 상세하게 다루게 될 '영남패권주의의 온상이 되고 있는 상대다수대표 대통령 선거제도'에 대한 철저한 이해가 있어야 한다. 그래서 '꼭두각시 모지리'도 대통령이 될 수 있는 '민주화 이후의 영남패권주의' 헌정체제를 정상적인 민주주의가 가능한 헌정체제로 바꾸지 않으면 안된다. 이것이 대한민국 역사를 앞으로 전진시키느냐 아니면 퇴행시키느냐를 결정하게 될 것이다.

아수라장 같은 현 정국 속에서 그나마 천만다행인 점이 있다. 그것은 지금까지 영남패권주의 헌정체제의 혜택을 받아온 많은 영남인들도 대한민국이 지금 뭔가 심각하게 잘못됐다는 것을 절감하는 듯 보인다는 사실이다. 그것이 맞다면 영남파시즘·영남패권주의 역사를 껴안고 가려는 영남과 성찰하는 영남을 구분할 필요가 있다. 그래서 그 역사를 껴안고 가려는 극우세력을 새누리당과 함께 고사하도록 해야 한다. 특별히 새누리당을 탈당한 정치인들(의 집합체)에 대해 유의할 점이 있다. 그들을 단순히 새누리당에서 나온 정치인 개인으로 보면 안 된다는 것이다. 그들은 그들을 지지하는 유권자를 대변한다. 그들 유권자와 함께 새로운 정당정치, 문화, 연대를 위한 출발을 모색하고 있다고 봐야 한다.

그런데 우리나라 정당정치가 어떻게 바뀔 수 있느냐의 역사적 역할을 호남이 하게 될 것이다. 아니, 그 역할은 호남만이 할 수 있을 것이다. 왜냐하면 호남이야말로 영남파시즘·영남패권주의 역사 속에서 가장 고통 받은 피해지역이기 때문이다. 따라서 호남은 영남패권주의 이데올로기에 물들었던 영남의 성찰을 받아들이고 함께 할 수 있느냐를 결정할 수 있는 결정적 지역이다. 그런 의미에서 호남은 역사의 분수령이 되고 있는 현 정국의 '키 플레이어(쐐기, 보래)'다.

나는 55년을 지배해온 이 땅의 영남파시즘·영남패권주의(새누리

'박근혜 사태'는 영남패권주의 체제를 수십 년간 신실하게 지지해온 영남 유권자들에게도 성찰의 계기가 되고 있다. (한국일보, 2016년 12월 12일)

당)에 대한 성찰과 반대의 연대, 그 영남파시즘·영남패권주의 역사를 부정하고 지역주의 양비론을 주장하는 노무현 이데올로기에 대한 반위선의 연대, 이 땅의 민주주의를 정상화시키는 수단인 정치적 비례성의 담보를 위한 연대, 경제적 분배를 정상화시키기 위한 정치적 권력분립의 연대가 반드시 필요하다고 주장한다. 그것이 세속적으로는 친박과 친노문을 제외한 제3지대 연대로 표현되고 있다.

하지만 반영남파시즘·반영남패권주의 투쟁을 해온 호남과 그 흑역사를 성찰하는 영남의 연대를 야합이라고 모략하는 세력이 반드시 요란하게 등장할 것이다. 아니, 벌써 등장했다. 우리는 그들의 음해를 통해 누가 영남패권주의 본당 새누리당과 적대적으로 공존하는 구질서를 원하고, 누가 정계개편을 통한 신민주헌정질서를 원하는지 분명히 알게 될 것이다. 그런 세력은 북한체제의 소멸보다는 그 존재로 기득권을 유지하려는 세력과 다를 바 없다. 바로 그런 의미에서 나는 영남파시즘·영남패권주의 역사를 인정치 않고 그것을 오직 적대적 겁박의 수단으로만 이용하는 지역주의 양비론자인 친노문세력을 비판한다.

나는 오랫 동안 노무현과 친노세력을 비판해왔는데, 그것은 내게 역사전쟁이었다. 호남인들이 수십 년을 투쟁해온 호남몰표의 정당성에 대한 역사적 승인의 문제이기도 했다. 그런데 그건 모두 지난 얘기이고, 심지어 '먹고사는 정책과 관계없으므로' 하찮다고 말한다면 친일·독재 미화 국정교과서 반대투쟁도 하찮다고 해야 할 것이고, 나아가 모든 역사투쟁을 하찮다고 해야 할 것이다. 우리나라 정치를 이해하기 어려운 이유는 정치가 단순히 정책대결의 장이 아니라 그런 식으로 역사적 정당성을 둘러싸고 위선과 이데올로기가 난마처럼 얽혀 싸우고 있는 투쟁의 장이기 때문이다.

나는 그간 노무현이 2003년에 민주당을 지역주의 부패정당이라며 열린우리당을 창당한 정변적 사태, 2005년 한나라당과의 대연정을 제안하며 한나라"당의 역사성과 정통성에 대한 인식의 차이는 대타협의 결단으로 극복하자"고 했던 반동적 사태, 그리고 2006년 다음 대선을 위한 후보들의 경쟁이 시작되고 있을 때 "정치가 제대로 된다면 (한나라당과 열린우리당의 -인용자 주) 양대산맥이 계속 유지돼 가야 한다"고 했던 투항적 사태를 적시하며 노무현과 친노세력을 집요하게 비판해왔다. 그건 내게 그만한 이유가 있어서였다.

전두환이 광주의 육신을 학살한 것만 학살이 아니다. 노무현의 호남을 향한 그런 이데올로기적 공격은 호남의 영혼을 학살한 것이다. 노무현 이데올로기에 따르면 호남은 수십 년 동안 '지역주의 부패정당' 민주당을 지지하며 살았던 반면, 영남은 역사 속에서 '양대산맥'의 지위를 누릴 자격이 있는 한나라당을 지지하며 살았던 것이다. 말을 바꾸면 노무현은 지역주의를 해결하겠다며 영남파시즘·영남패권주의 역사를 부정하고 지역주의 양비론으로 영남에 정의를 구걸한 것이다. 그런 지역주의 양비론도 부족해 끝내는 민주당에 몰표를 바치며 투쟁한 호남의 민주적·역사적 정당성을 비하한 뒤, 그 영광을 한나라당을 절대적으로 지지한 영남에 바치고 투항했던 것이다. 그래서 나는 이런 노무현의 행태를 '은폐된 투항적 영남패권주의'로 규정했다.

그런데 지금 우리 앞에 노무현의 그런 부정한 방식이 아니라 영남 스스로 영남패권주의를 성찰하게 하고 함께 새로운 민주주의의 장도에 오를 수 있는 정의로운 기회가 기적적으로 찾아왔다. 이 결정적 기회를 살리느냐 마느냐는 일차적으로 호남에 달려 있다. 피해자로서의 호남이 어떤 생각을 하느냐가 중요하기 때문이다. 하지만 영남의 성찰적 동의 없이 호남의 일방적인 선택이나 의지만으로 그 성공적인 결과를 약속할 수도 없을 것이다. 이제 분명히 말할 수 있다. 우리 흑역사의 피 묻은 그릇인 새누리당과 성찰적으로 절연하는 영남과 그것을 기꺼이 받아들이는 호남의 연대는 역사의 퇴행이 아니라 진보다.

지난 11월 29일, 궁지에 몰린 박근혜는 3차 대국민담화를 내고 사실상 '탄핵 없는 개헌'을 유도했다. 그 개헌의 내용이 무엇이든 탄핵 없는 개헌은 최후의 몸부림에 불과했다. 탄핵은 과거에 대한 정리고, 개헌은 미래를 향한 새출발이다. 탄핵 없는 개헌은 과거를 적당히 묻고 정략적으로 권력만을 논하자는 얘기와 다를 바 없는 것이었다.

한데 앞으로도 그런 식으로 새누리당이라는 흑역사의 법통을 껴안고 가려는 책략은 계속될 것이다. 만약 새누리당과 절연한 세력이 다시 미련을 갖고 그들 새누리당세력과 정치적 권력을 잡기 위한 퇴행적 연대 모색을 한다면 그들 새누리당(출신) 정치인들은 역사의 기회를 돌이킬 수 없이 차버리는 것이다. 그렇게 이 땅의 영남파시즘·영남패권주의 흑역사를 청산하지 않고 패권적 주도권을 계속 움켜쥐려는 탐욕이 만들어내는 역사적 결과가 무엇이겠는가?

현재 대한민국의 어느 지역이나 역사적인 선택 앞에 서 있지만, 특별히 호남과 영남은 모두 앞으로 결정적으로 중요한 선택을 하게 될 것이다. 나는 호남의 경우 현 헌정체제의 관성 속에서 타 지역 유권자들의 눈치를 보며 호남인물 말고 누구를 대통령으로 밀어 새누리당을 이길까라는 차원에서만 고민하는 우를 범치 않기를 바란다. 그리고 영남의 경우 새누리당의 법통을 유지해 패권적 권력을 다시 도모하려는 우를 범치 않기를 바란다. 영호남 모두 과거 헌정체제의 관성 속에서 헌법적 제도개혁 없이 그저 대통령선거를 조금 일찍 치르는 것으로 이 혁명적 기회를 날려버리는 건 너무 허망하지 않는가?

개헌전쟁

2장

제도투쟁으로서의 개헌전쟁

1
개헌전쟁의
본질과 현상

우리나라 개헌의 역사는 집권을 위한 억압과 투쟁의 역사였다. 어느 나라나 민주적 진보가 하루아침에 이뤄지는 건 아니다. 따라서 우리나라에서 그간 오랫동안 집권을 위한 게임의 법칙을 둘러싸고 전쟁을 방불케 하는 폭력적 억압과 그에 저항하는 투쟁이 있었다고 해서 특별한 현상이라고 말할 수는 없다. 민주주의가 한 걸음 한 걸음씩이라도 진보하는 과정이었다고 스스로 위안하면 마음이 좀 가벼워질 수도 있다.

하지만 가끔씩 우리는 그간의 경험을 너무 쉽게 잊는다. 사실은 나도 그런다. 여러분은 개헌이 이슈가 되면 무슨 생각부터 하는가? 혹시 이런 생각부터 하지 않는가? "자, 이제 우리나라 백년대계를 위해 헌법을 가능하면 완벽하게 어떻게 고쳐야 할까?" "그간 우리 헌정생활에서 부족한 부분이 뭐였지?" "이런 저런 기본권도 보다 명확하고 진보적으로 규정했으면 좋겠는데…" "권력구조, 그리고 선거제도는 어떻게 하는 게 보다 민주적일까?" 사실 개헌 이슈를 앞에 두고 이런 생각을 하는 건 민주시민으로서 당연한 일이다.

그런데 문제가 있다. 이런 식의 이상적 상념과 구상은 그간의 역사적 경험과 동떨어진, 조금 과장하자면 쓸데없는 지레 공론일 뿐이다. 지금 내 정신이 이상한 게 아니다. 현실이 그렇다는 말이다. 개헌 이슈를 앞에 두고 그런 생각과 토론을 하는 건 너무나 당연한 일이다. 하지만 현실적으로 가장 먼저, 혹은 가장 주목해야 할 일은 절대 아니다. 우리는 그보다 먼저 할 일이 있다.

개헌 이슈를 앞에 두고 우리가 가장 먼저 해야 할 일은 의심과 경계다. 그것은 이런 의미다. 개헌 이슈는 국민들이 먼저 투쟁적으로 제기하는 경우도 있다. 예컨대 1970년대 유신헌법이나 1980년대 5공헌법 시대에 제기된 개헌 이슈가 대표적이다. 국민들이 이구동성으로 그렇게 먼저 투쟁적으로 제기하는 개헌 이슈는 그런 의심과 경계를 할 이유가 없다.

하지만 집권자나 정당·정치인들, 그리고 맹목적으로 정파를 추종하는 지지자들이 제기하는 개헌 혹은 호헌 주장은 반드시 의심과 경계를 먼저 해야 한다. 단언컨대 그들의 최대 관심은 집권이지 민주주의가 아니다. 그런 관점에서 그들은 개헌이 집권에 유리하면 개헌을, 호헌이 집권에 유리하면 호헌을 주장하는 것이라고 일단 의심해봐야 한다.

물론 '그들'도 가능하다면 민주적으로 집권하기를 바랄지도 모른다. 하지만 집권과 민주주의 중에서 선택해야 한다면 그들로선 당연히 집권이 우선이다. 여기서 이런 의문이 들 수도 있을 것이다. "아니 지금이 무슨 철지난 독재시절도 아니고, 요즘이야 개헌이란 게 대충해도 웬만하면 다 민주주의적 제도의 변형일 텐데, 무슨 노파심인가?" 단언컨대 절대로 '노파심'이 아니다.

우선 그들이 감추고 있는 가장 우선적인 개헌 이슈는 '어떤 제도가 집권에 가장 유리한가?'이다. 그 유불리 판단기준의 주체가 정당일 수도 있고, 정치인 개개인일 수도 있다. 따라서 그들이 선호하는 제도가 시도 때도 없이 대통령제, 내각제, 분권형 대통령제를 왔다 갔다 하는 게 하등 이상한 일이 아니다. 또한 그들이 여론조사 지지도에 따라 밤낮이 다른 주장을 한다고 해도 하등 이상한 일이 아니다. 요컨대 그들은 우리나라의 민주주의 발전단계상 어떤 제도가 가장 적합한지, 혹은 미래지향적인지 하는 관점과는 아무 상관없이 최우선적으로 자기 정파의 혹은 자신의 집권 가능성을 기준으로 판단한다는 말이다.

설령 어떻게든 다수가 합의해 그럴듯한 권력구조가 채택된다고 해서 개헌전쟁이 다 끝나는 것도 아니다. 국민들은 보통 대통령제나 내각제 혹은 분권형 대통령제를 선택하면 일단 게임의 법칙에 대한 선택이 웬만큼은 끝났다고 생각하기 쉽다. 그래서 세부적인 내용은 그들의 전문가들에게 맡겨놔도 별 탈이 없을 것이라고 생각하기 쉽다. 천만의 말씀이다. '악마는 디테일에 있다'는 말은 여기서도 딱 들어맞는다.

권력구조의 민주적 정당성은 선거제도에 달려 있고, 선거제도를 어떻게 만드느냐에 따라 그 민주적 정당성 차이가 하늘과 땅만큼이나 벌어진다. 그런데 과연 그들이 선거제도를 민주주의라는 기준으로 논의할까? 천만의 말씀이다. 그건 전혀 가능성이 없는 꿈같은 기대다. 다시 말하지만 그들의 거의 유일한 관심, 조금 관대하게 말해 최우선적인 관심은 집권이고, 그들의 입에서 나오는 모든 발언은 일차적으로 집권을 위해 어떤 제도가 가장 유리한지에 초점이 맞춰져 있다. 1~2년도 아니고 해방 이후 지금까지 지겹게 그러고 있다.

　그렇다면 이제 응용문제 풀이에 들어가보자. "설마 지금 정치인들도 집권을 위해, 혹은 자신들의 이익을 위해 개헌 혹은 호헌을 주장하는 것일까?" "국민들도 그렇고 그들도 이제 우리나라도 개헌을 할 때가 돼서, 혹은 아직은 아니라고 생각해서, 그런 주장을 하는 것 아닐까?" 위에서 그간의 역사 경험을 나도 깜빡깜빡 잊는다고 했다. 다시 정신을 차리고 대답하자면, 지금 개헌이든 호헌이든 헌법을 말하는 그들도 옛날 옛적의 그들처럼 당연히 최우선적 관심은 집권이다. 지금 2017년뿐만 아니라 아마도 앞으로 당분간은 이런 의심과 경계의 눈초리를 거둬서는 안 될 것이다.

　이 책에서 나는 우리 헌정사 전체를 관통하는 '그들'의 행적을 꼼꼼히 살펴갈 것이다. 그럼 내가 지금 왜 이런 얘기를 이토록 강조하는 건지 대략은 이해할 수 있을 것이다. 일단 여기서는 '불신'을 강조하는 내 주장의 개요 삼아 1980년 이후의 민주화 과정에서 벌어진 개헌전쟁의 역사적 이력만을 간략하게 상기해보기로 하자.

1980년 광주학살을 자행하고, 정권을 잡은 전두환은 가능한 한 강력하고 긴 임기의 '대통령 간선제'를 원했고 그 원을 이뤘다. 그러다 임기 말이 되고, 민주화 요구가 거세지자 '내각제' 개헌을 원한다. 하지만 당시 야당 지도자 김대중·김영삼은 '대통령 직선제'를 원한다. 그리고 1987년에 국민들과 함께 그 요구를 관철한다. 그런데 이어진 대선과 총선의 패배로 힘을 잃은 김영삼은 1990년 '내각제' 추진을 합의하고 노태우의 민정당과 '3당 합당'을 한다. 하지만 김영삼은 합의를 깨고 '대통령제'를 고수한다. 고립된 김대중은 정계은퇴 후 다시 복귀해 김종필과 역시 '내각제' 추진을 합의하고 정권을 잡는다. 하지만 그도 합의를 깨고 '대통령제'를 고수한다.

이 와중에 고군분투하는 진보 정치인 권영길의 태도도 흥미롭다. 권영길은 1997년 대선에서 DJP의 '내각제 합의를 반대'한다. 권영길은 2002년 대선에서도 통일헌법 때까지 '현행 대통령제를 고수'하고 싶어 한다. 그런 그는 2007년 대선 때는 '결선투표제를 전제로 한 4년 중임 대통령제 개헌'을 주장한다. 그러면서도 동시에 선거 후 '내각제'에 관한 당 차원의 논의 필요성까지 말한다.

자, 어떤가? 정치인들이 제기하는 권력구조 개헌 주장에 어떤 겨자씨만한 신뢰라도 생기는가? 조변석개하는 그들의 주장을 이해하기 위해 어렵게 머리를 싸매고 고차원적으로 생각할 필요는 전혀 없다. 적어도 지금까지는, 아니 앞으로도 거의 '그들' 머릿속에 들어 있는 권력구조는 그저 1차원적일 것이다. 그들에게 권력구조란 오직 집권의 수단에 불과한 것이다.

한마디로, 집권을 노리는 그들은 가능하다면 강력한 권력을 길게 잡고 싶고, 그것이 어렵다면 조금 약한 권력이라도 잡을 수 있어야 하며, 그것도 어렵다면 연대해서, 그것도 어렵다면 권력의 부스러기 라도 잡을 수 있는 방안을 조변석개하며 강구해야 한다. 집권에 미치 지 못하는 경우는 당이 권력을 잡아 자신이 덕을 보면 좋고, 당이 권 력을 못 잡을 경우 국회의원 권력이라도 가장 유리하게 잡을 수 있는 게임의 법칙을 엿보아야 한다. 이런 관점에서는 대통령제의 원리와 내각제의 원리를 뒤섞는 것, 예컨대 대통령제하에서 국회의원의 입 각 허용과 같은 짬뽕 제도도 너무 좋기만 하다.

난 지금 정치인들이 권력을 잡으려 노력하는 것을 비아냥거리자는 게 아니다. 정당이라면, 그리고 정치인이라면 모름지기 권력을 잡기 위해 총력을 기울여야 한다. 그것이 자신뿐만 아니라 자신을 뽑아준 지지자들에게 보답하는 길이며, 민주정치가 제대로 작동하는 근원적 힘이다. 이 사실을 절대로, 아무도 부정할 수 없다. 단 조변석개하며 일시적인 유불리에 의해 결정되는 편파적인 게임의 법칙이 아니라, 공동체의 발전을 반영하는 공정하고, 민주적인, 그래서 모두가 인정 할 수 있는 안정적인 게임의 법칙 아래서 그래야 한다. 나는 지금 이 런 고민이 전혀 (혹은 조금밖에) 없는 그들의 사고와 행동을 역사적 경 험을 사례로 들어 적시하는 것뿐이다.

이런 사태를 막기 위해서는 국민들이 제 몫을 해야 한다. 물론 국 민들도 이해관계를 따지자면 그러는 '그들'과 한편이 된 당사자들이 기도 하다. 그러므로 뭉뚱그려 '국민'이라고 표현되는 공동체 구성원의 의지도 너무 추상적이고, 상당히 불안한 데가 있다. 하지만 그래도 국민들이 정치인들보다는 직접적인 이해가 덜 하고, 비교적 객관적인 계층도 상당히 존재한다. 말하자면 총체적으로 국민들이 그나마 공정한 제3자의 역할을 할 수 있는 소지가 있다. 그리고 좋든 싫든 민주주의는 국민들에게 의지할 수밖에 없다.

우리가 국민 역할을 제대로 하기 위해서는 가장 먼저 게임의 법칙을 만들어내는 민주적 원리가 무엇인지 잘 이해해야 한다. 물론 약간의 공부가 필요하긴 하다. 하지만 그 정도의 수고는 정치가 우리들의 일상에 미치는 영향을 생각하면 기꺼이 감수해야 할 수고에 불과하다. 공부 얘기가 나온 김에 여기서 구체적으로 개헌 절차에 대한 얘기를 간단히 정리해두고 넘어가기로 하자.

우선 국민의 기본권과 국가의 운영원리를 정한 근본법인 헌법을 개정하기 위해서는 헌법에 정해놓은 방법만을 따라야 한다. 헌법에 정한 방법이 아니면 그건 개헌이 아니라 아예 헌법을 새로 만드는 제헌이 될 것이다.

우리 헌법은 개헌을 하자고 제안하는 권리를 가진 주체를 "국회재적의원 과반수 또는 대통령"이라고 못 박고 있다. 따라서 국민들이 서명을 한다거나 해서 발의하진 못 한다. 물론 국회의원들이 개헌하려는 것을 대통령이 막을 수는 없다. 하지만 그 반대의 경우는 반드시 거쳐야 하는 국회의결 절차를 통해 막을 수 있을 것이다.

이렇게 헌법개정안이 제안되면 20일 이상 공고한 후, 공고된 날로부터 60일 이내에 국회에서 재적의원 2/3 이상의 찬성으로 의결한

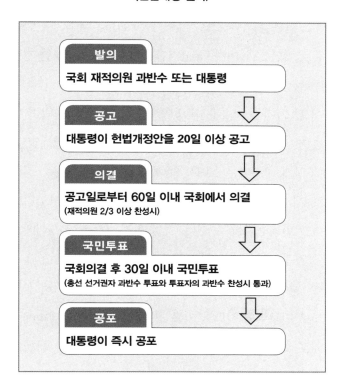

〈헌법개정 절차〉

발의
국회 재적의원 과반수 또는 대통령

공고
대통령이 헌법개정안을 20일 이상 공고

의결
공고일로부터 60일 이내 국회에서 의결
(재적의원 2/3 이상 찬성시)

국민투표
국회의결 후 30일 이내 국민투표
(총선 선거권자 과반수 투표와 투표자의 과반수 찬성시 통과)

공포
대통령이 즉시 공포

다. 그런 다음 30일 이내에 국민투표에 부쳐 국회의원선거권자 과반수의 투표와 투표자 과반수의 찬성을 얻으면 통과된다. 따라서 경우에 따라서는 전체 유권자 1/4을 넘는 찬성만으로도 헌법개정안이 통과될 수 있다. 전체 유권자 과반수의 찬성으로 정족수를 높일 필요가 있지 않나 하는 생각도 든다. 어쨌든 이렇게 헌법개정안이 통과되면 헌법개정은 그대로 확정된다. 즉 대통령은 이 헌법개정안을 거부할 수 없고, 즉시 이를 공포해야 한다.

이런 과정을 모두 거치는데 필요한 개헌 최장 소요기간은 90일이다. 그리고 이론상 최단 소요기간은 공고 20일, 국회의결 1일, 국민투표 1일로 치면 22일이다. 공고기간을 20일 이상으로 한 것은 민주적인 여론형성 기간이라고 보면 될 것이다.

　　여기서 한 가지 흥미로운 점이 있는데, 그건 우리 헌법이 "대통령의 임기연장 또는 중임변경을 위한 헌법개정은 그 헌법개정 제안 당시의 대통령에 대하여는 효력이 없다"고 규정하고 있다는 사실이다. 그러므로 개정헌법 시행 시기에 따라선 현직 대통령의 임기단축은 가능하다고 반대해석할 수 있다. 그간 현직 대통령이 개헌에 민감할 수밖에 없었던 이유이기도 하다.

　　나는 이 책에서 관련 부분마다 군데군데 우리가 상기해야 할 (약간은 이론적인) 민주주의 헌법 원리를 강조할 것이다. 그 원리에 입각해 시시때때로 변하는 정치상황과 개헌/호헌 주장을 평가해보기 바란다. 우리가 그 원리를 기초로 정치인들의 주장을 통제하지 못하면 진보는 불가능하다. 반면 우리가 그 민주적 원리를 정확하게 제기하고 통제하면 정치인들도 마냥 그것을 무시할 수는 없을 것이다. 다행히 우리는 불완전하나마 역사를 통해 일궈온 민주주의 체제의 과실을 향유하며 살고 있기 때문이다.

2

염원하는 철인 대통령, 자행하는 대통령 패권

아주 간단한 퀴즈를 내볼 테니 풀어보기 바란다. 다음은 2016년 11월 29일 현재 유력 정치인들의 개헌과 호헌, 그리고 유보에 대한 입장을 분류한 기사'다. 물론 그들의 입장은 지금 이 순간에도 바뀔 수 있다. 별로 놀랍지도 않은 일이니 그러려니 하면서 이 시점을 기준으로 아래 도표의 A, B, C에 각각 세 입장을 연결시켜 보기 바란다.

〈개헌에 대한 여야 주요인사 입장〉

구분	A	B	C
여권	남경필, 원희룡, 김문수, 김무성, 정진석		유승민
야권	손학규, 김부겸, 천정배, 김종인	문재인, 안철수, 이재명, 추미애	박원순, 안희정, 심상정

크게 어렵진 않았을 것이다. A가 개헌파, B가 호헌파(차기 정부 개헌파), C가 입장 유보다. 딱 봐도 그들이 왜 그런 입장인지를 대충은 짐작할 수 있을 것이다. 호헌파 문재인, 안철수, 이재명은 다음 대선 지지율 상위 랭커들이다. 그리고 추미애는 문재인과 정치적 입장을 같이할 수밖에 없는 처지라고 보면 된다. 물론 이런 식의 폄훼가 억울한 경우도 있겠지만, 그들 중 누군가 국가의 백년대계만 생각하고 있다면 그 경우가 특별한 예외라고 봐야 한다. 참고로 이 도표엔 반기문의 입장이 빠져 있는데, 새누리당 이종배에 따르면 반기문은 "대선이 조기에 이뤄진다면 개헌할 시간이 없으니 차기 정부 초기에 개헌이 돼야 한다는 의견"[2]이라고 전했다. 개헌을 매개로 한 세력 확장을 위해 상당히 적극적이라는 느낌이 들지만 발언 그 자체만으로는 문재인과 같은 B그룹에 속한다.

다만 개헌파의 경우에도 분권형 대통령제와 내각제 지지로 갈릴 수 있고, 다소 식상하게도 4년 중임 대통령제를 주장할 수도 있을 것이다. 하지만 큰 틀에서 보면 자신의 정치적 처지와 권력구조의 선호가 밀접히 연관됨을 부정할 수는 없을 것이다. 말하자면 현재의 '그들'도 앞서 얘기했던 '그들' 선배들의 취향을 크게 벗어나지 않는다. 누구라도 엄청난 권력을 행사할 수 있는 대통령에 당선될 가능성이 있는데 굳이 권력을 나눠야 하는 구조를 선호할 이유는 없을 것이다. 만약 생각이 바뀐다면 그건 여론조사 지지율이 바뀌었을 때 그럴 가능성이 가장 높다.

그렇다면 국민들 생각은 어떨까? 우리 국민들은 전통적으로 내각제나 분권형 대통령제 같은 권력분립형 권력구조보다는 현행과 같은 5년 단임 혹은 미국식 4년 중임의 대통령제를 더 선호하는 경향을 보여왔다.* 왜 그럴까? 조금은 미스터리한 측면이 있다. 이런 국민적 취향은 우리 역사가 과연 제왕적 대통령 독재를 극복한 민주화의 역사였나 하는 의문을 갖게 하기 때문이다.

우리는 1948년 이승만 독재정권부터 시작해 최소한 1987년까지 수십 년을 대통령제하에서 독재에 신음하며 살았다. 그런데도 여전히 그 독재형 권력구조인 대통령제를 선호한다. 어떻게 이럴 수가 있을까? 혹시 이른바 그 '개발' 독재를 마음속 한편에선 기꺼이 받아들이고, 또 그 역사를 나름 뿌듯하게 생각하며 살았던 것은 아닐까? 박근혜의 당선이 그걸 증명했던 건 아닐까? 우리는 우선 이 의문부터 풀어야 한다.

조금 싱거운 대답일 수 있지만 나는 '그런 측면이 상당히 있다'고 생각한다. 보고 싶은 것만 보고자 한다면 절대로 보고 싶지 않은 불편한 사실이긴 하다. 심지어 지금까지 대통령제를 선호하는 경향을 보면 지역적·계층적 선호가 크게 뚜렷하지도 않았다. 물론 그렇다고 해서 우리 국민이 모두 '제왕적 대통령 독재의 추억'을 가지고 있다는

---

* 촛불정국 이후에도 이런 여론 경향은 유지되는 듯 보인다. 『중앙일보』 (한국리서치 의뢰) 여론조사 결과는 4년 중임제 38.5%, 권력분산형 대통령제 33.9%, 내각책임제 13.0%로 나타났고(「국민 71% 개헌 찬성하지만…"대선이 개헌보다 먼저" 53%」, 인터넷 『중앙일보』, 2016년 12월 20일), 『한국일보』 (한국리서치 의뢰) 여론조사 결과는 대통령 4년 중임제 38.1%, 현행 대통령 5년 단임제 21.7%, 이원정부제 17.0%, 의원내각제 12.9% 순이었다. (「"개헌해야" 65%… 시기는 대선 전·후 양분」, 인터넷 『한국일보』, 2016년 12월 13일)

말은 결코 아니다. 한편으론 독재를 혐오하면서 다른 한편으론 '강력한 리더십'을 추구하는 모순적 이상에 대해서는 뒤에 다시 살펴볼 것이다. 하지만 우선 이 얘기부터 해야 한다.

대통령제 친화적인 생각을 갖고 있는 사람은 아마도 우리나라가 강력한 리더십을 가진 대통령에 의해 개발단계를 성공적으로 넘었다고 생각할 가능성이 크다. 그리고 당연히 그들은 박정희를 그 강력한 리더십을 가진 대통령으로 기억할 것이다. 어쩌면 그들은 자신들이 '강력한 리더십'이라고 생각하는 걸 비판적인 사람들이 나쁘게 표현해 '독재'라는 이름으로 부르고 있다고 생각할 것이다. 그들은 설령 그것을 독재로 칭할 수 있다고 해도 그건 개발을 위해 기꺼이 감수할 만한 것이었다고 생각할 가능성이 크다.

이렇게 볼 때, 대통령제를 선호하는 국민들 중 많은 사람들이 박정희에게 가장 혜택을 입은 지역출신이거나 계급일 수밖에 없다. 일차적으로는 그렇다. 하지만 그들은 그런 패권적 독재로부터 혜택을 받아 대통령제에 대한 향수가 있다고는 결코 말하지 않을 것이다. 대신 그들은 자신의 마음을 편하게 만들어주는 다른 이유를 대는 것을 더 선호할 것이다. 그 다른 이유는 문자 그대로 '강력한 리더십'이다. 우리나라는 '강력한 리더십'을 반드시 필요로 하는 나라임을 강조하는 것이 말하기에도 좋고 듣기에도 한결 편하긴 하다.

여기서부터 위선 혹은 관념적 이데올로기의 변주가 시작된다. 그런 이들은 그 강력한 리더십을 결코 패권적 권력으로 상정하지 않는다. 그들은 그것을 단지 관념 속에만 존재하는 중립적이고 철학적인 공공선의 실현과 결부시킨다. 말하자면 많은 우리 국민들의 관념 속에는 '강력한 리더십→중립적인 공공선을 실현하는 철인적 대통령→대통령제'라는 메시아적 이데올로기 혹은 상상 속의 메시아적 대통령이 자리 잡고 있는 것이다. 이 사태를 어떻게 이해해야 할까?

2014년 3월, TV 예능 프로그램에 출연해 인기를 끌던 의사 함익병이 『월간조선』과의 인터뷰 발언으로 곤욕을 치른 바 있다. 그는 인터뷰에서 "독재가 왜 잘못된 건가요? 플라톤도 독재를 주장했습니다. 이름이 좋아 철인정치지, 제대로 배운 철학자가 혼자 지배하는 것, 바로 1인 독재입니다. 오죽하면 플라톤이 중우衆愚정치를 비판했겠습니까"[3]라는 발언을 한다. 당연하지만 여기서 '독재'라는 용어 때문에 어지러운 소통의 혼란이 일어난다.

함익병은 독재를 '좋은 독재'와 '나쁜 독재'로 구분할 수 있고, 좋은 독재는 플라톤의 '철인왕'과 같은 개념으로 사용할 수 있다고 봤다. 반면 대중들은 그가 말한 '독재'를 '전체주의적 폭정'이라는 나쁜 의미로만 인식하고 그를 비판했다. 나는 여기서 그리스 철학자들이 사용했던 용어 개념을 함익병이 정치精緻하게 사용했느냐는 것보다는 그의 사고 근저에 깔려 있는 이데올로기에 더 관심이 많다. 왜냐하면 그 이데올로기는 그만의 것이 아니라 오늘날 대한민국을 지배하는 지배 이데올로기일 가능성이 크기 때문이다. 그는 "만약 대한민국이 1960년대부터 민주화했다면, 이 정도로 발전할 수 있었을까요? 저는 박정희의 독재가 큰 역할을 했다고 봅니다. 독재를 선의로 했는지, 악의로 했는지, 혹은 얼마나 효율적이었는지는 고민해 봐야 합니다"[4]라고 말했다. 이것이 핵심이다.

나는 오늘날 국민들의 대통령제에 대한 선호에 함익병 같은 사고가 크게 작용하고 있다고 생각한다. 많은 국민들의 머릿속을 지배하는 '강력한 리더십→공공선→선의의 독재→철인적 대통령제'는 사실상 하나의 패키지로 볼 수 있다. 여기서 문제는 이 패키지가 과연 현실의 사태를 제대로 반영한 관념인가 하는 것이다. 만약 이것이 그저 현실의 아픈 상처를 그럴듯하게 감추는 포장의 역할을 하는 데 그친다면 그 관념은 문자 그대로 '이데올로기'가 될 것이다.

우리는 관념 속에서가 아닌 현실에서 대답해야 한다. 박정희 독재가 '전제적 리더십→지역적·계급적 이익독점→폭력적 지배→패권적 대통령제'는 아니었는가? 조금 순화시켜 표현한다 해도 '그런 부작용을 낳지는 않았는가?'라는 질문에 대답해야 한다. 적어도 이런 부작용과 관련해 약간의 성찰이라도 하는 사람이라면 대통령제가 패권적으로 악용될 수 있고, 또 박정희 이후로도 거의 대부분의 시간 속에서 그렇게 사용됐다는 것을 인정할 것이다. 하지만 지금도 대체로 우리 국민에게 대통령제에 대한 선호가 강하다는 것은, 박정희시대의 경제개발을 '패권적 지배에 의한 지역적·계급적 이익독점'이라기보다는 '강력한 리더십에 의한 공공선의 성공적 달성'으로 이해하고 싶은 사람들이 의외로 많다는 의미일 것이다.

얘기를 좀 더 순화시켜 보자. 대통령제를 선호하는 사람들 중엔 그런 '패권적 이익'과 무관한 사람들도 많이 있을 것이다. 그들은 왠지 강력한 리더십을 발휘할 수 있는 대통령제가 더 든든하고 좋다고 생각하는 사람들이다. 더군다나 우리나라는 언제 무슨 일이 일어날지 모르는 분단국가가 아닌가? 그리고 지역적·계급적 내부 갈등이 심하면 심할수록 오히려 더욱더 치우치지 않고 공평하게 정치를 할 '철인적 대통령'이 등장해야 할 것 아닌가? 이런 생각을 하는 사람들은 존재하는 현실에 대한 분석과 대책보다는 이상적인 관념을 근거로 자신의 선호를 표시하는 사람들이다.

종합하면, 나는 우리나라 국민 중 대통령제를 선호하는 국민들은 지금까지 대통령의 패권적 지배를 통해서 지역적·계급적으로 현실적인 수혜를 받은 사람들이거나, 아니면 대통령제의 현실적인 폐해를 알고 있지만 오히려 갈등을 치유하기 위해서는 강력한 리더십을 가진 철인적 대통령이 등장해야 한다고 믿는 관념론자들이라고 생각한다. 즉 현실의 패권주의적 정치 속에 살면서도 오지 않는 메시아를 오직 자신의 상상 속에서만 기다리고 있는 관념론자들이다. 물론 이러한 선호에는 약간의 변주가 필요하다. 패권적 대통령제를 통해 앞으로도 계속 지역적·계급적으로 이익을 독식하고 싶거나, 아니면 패권적 대통령을 관념적으로만 철인적 대통령으로 포장하고 싶은 사람들도 포함시킬 수 있기 때문이다.

나는 원칙적인 의미에서 대통령제라는 제도 자체에 대해 혐오감을 가지고 있는 건 아니다. 단지 상상 속의 관념이 아닌 현실 속의 헌정사를 보고 판단하건대, 우리나라에서 대통령제는 현실적으로 지역적·계급적인 패권을 위해 악용돼왔음을 강조하는 것뿐이다. 대통령제는 이상적으로 철인적 정치를 하기에 가장 좋은 제도지만, 현실적으로 패권적 정치를 하기에도 가장 좋은 제도다. 불행하게도 우리나라의 대통령제는 대체로 후자를 위해 복무해왔다. 많은 국민들은 그 사실을 잊어버리고 싶어 하지만, 누구라도 인정할 수밖에 없는 엄연한 역사적 사실이다.

여기서 대통령제의 교과서적 원리를 간단히 정리하고 넘어가자. 대통령제는 미국 독립 이후, 연방헌법을 제정하는 과정에서 약간은 인위적으로 구상된 제도다. 이는 영국 내각제의 역사적 발전과정과 비교해서 그렇다는 말이다. 미국에서 대통령제는 '무책임한 왕'과 '의회와 상호의존하며 불안한 내각'이라는 영국 헌정의 반성적 성찰을 통해 고안됐다. 즉 미국에서 대통령제는 '상호 독립적으로 국민에게만 책임지는 왕과 의회'라는 구상을 현실화한 것이다. 그리고 남북전쟁에서 링컨이 승리한 후 주州의 독자성이 위축되고 연방 우위의 제국주의적 토대를 갖춘 대통령제가 완성된다.

제도적인 차원에서 보자면 미국의 대통령제는 기본적으로 국회의원이 행정부의 각료를 겸직하는 것, 국회가 각료의 출석·답변을 요구하는 것, 정부가 의회에 법률안을 제출하는 것 등의 한국 제도와는 전혀 맞지 않다. 그중에서도 대통령이 의회의 동의를 얻어 총리를 임명하고, 그 총리가 대통령의 명을 받아 내각을 통할하는 우리나라식의 국무총리제와는 근원적으로 어울리지 않는다.

나는 우리 국민들이 대통령제를 선호한다고 했을 때, 그것이 과연 총리 제도를 없애고(국정 난맥상이 드러났을 때 대통령은 뒤로 빠지고 총리가 교체됨으로써 민심이 '수습당하는' 일을 거부하고), 의원은 장관을 겸직

할 수 없고(국회의원으로선 황금알을 낳는 일자리를 축소하는, 원칙적인 개혁을 할 의사가 있고), 각료(회의)는 그저 대통령의 보좌(자문) 역할만을 하고(대통령의 개인적 현명함을 더욱 신뢰하고), 국회에 장관을 불러 답변을 요구하는 것을 관두고(국민들은 국회의원이 장관을 향해 호통치는 대리만족을 이제는 포기하고), 법률안은 (적어도 형식상으로는) 국회의원만이 자신들의 능력껏 제출하는(국회의원들의 전문성을 더욱 더 신뢰하는) 등의 제도를 선호한다는 것인지 상당히 의심스럽다.

만약 우리 국민이 단순히 '대통령을 내 손으로' 혹은 '4년 중임 대통령제' 같은 골격 말고, 동시에 그 골격을 만들고 있는 대통령제의 원칙을 함께 선호하는 것이 아니라면, 하다못해 단점을 보완하는 결선투표제 같은 제도라도 도입할 의향이 없다면 다른 방식의 대통령제 개헌은 차라리 하지 않는 게 낫다고 본다. 어차피 우리 국민들은 원칙적인 대통령제보다는 그럭저럭 우리들 삶에 어울리는 짬뽕 같은 현행 사이비 분권형 대통령제를 은연중에 이미 더 좋아하게 됐는지도 모를 일이기 때문이다.

3

비난받는 나눠먹기,
찬양받는 몽테스키외

이번엔 퀴즈가 아니다. 여러분은 이미 위 절제목을 읽었을 것이다. 거기 적혀 있는 '나눠먹기'라는 단어를 읽었을 때 직관적으로 어떤 느낌이 들었는가? 나눠먹기란 본래 부정적인 의미'만' 있는 건 결코 아니다. 하지만 뉴스미디어에 등장하는 정치 시사용어로서의 나눠먹기는 긍정적인 의미보다는 거의 부정적인 의미로만 사용되고 있다. 왜 그럴까? 나눠먹기에 관한 우리 사회의 '언어 이데올로기적 콤플렉스'를 한번 정밀하게 들여다볼 필요가 있다. 그것은 다가오는 개헌전쟁의 핵심 키워드이기도 하다.

우선 정계의 나눠먹기를 바라보는 우리의 시선부터 돌이켜보자. 예컨대 정치인들이 자신들의 권력을 나눠 갖기 위해 타협한다면 이 것을 어떻게 이해해야 할까? 부정적으로 비난할 일일까, 긍정적으로 격려할 일일까? 다음은 완전히 상반되는 두 가지 전형적인 의견 대립을 보여준다. 먼저 국회상임위원장 인선을 바라보는 2012년의 『서울신문』 사설이다.

상임위원장 인선이 엉망인 것은 양당의 나눠먹기 외에도 각 당에서 선수選數, 계파, 출신지역 등에 따라 또 나눠먹기를 했기 때문이다. 민주통합당은 그래도 8명의 상임위원장 중 호남 2명, 수도권 4명으로 지역안배는 이뤄졌지만, 새누리당은 10명의 상임위원장 중 9명이 영남 출신이다. 19대 국회는 법정 개원일보다 27일이나 늦은 지각개원을 한 상태에서, 전문성과는 거리가 먼 상임위원장을 양산하고 있으니 앞날이 캄캄하다.[5]

다음은 새정치민주연합 비상대책위원장 문희상의 입장을 보도한 2014년의 《뉴스1》 기사다.

문 위원장은 또 전국 246개 지역위원장을 선정하는 조직강화특별위원회와 혁신위원회가 계파안배로 구성됐다는 지적에 대해선 "계파안배를 해야 한다"며 "나눠먹기란 표현을 쓰면 이상하지만 특정계파만 왕창 넣으면 공정성을 잃은 것"이라고 지적했다. 이어 "지역, 계층, 세대를 골고루 안배하면 공정성의 지름길이라고 생각한다"며 "그것을 나눠먹기라면 하면 할 말이 없다"고 말했다.[6]

사설의 취지는 나눠먹기가 전문성을 높이는 것을 방해하고 있다는 것이다. 이 자체로 틀린 말은 아니다. 그런데 이런 나눠먹기를 막기 위해 사설이 이어 내린 결론은 우리를 상념에 빠지게 한다.

사설은 "지금과 같은 주먹구구식의 상임위원장 나눠먹기를 없애려면, 20대 국회에서는 미국처럼 제1당이 모든 상임위원장을 독식하도록 바꾸는 게 해법이 될 수도 있다. 이렇게 한다면 비전문가가 상임위원장이 될 가능성은 줄어들 것이다"라고 주장한다. 과연 제1당이 "독식"하게 하면 "비전문가"가 자리를 차지할 가능성이 사라질까? 영남출신이 10명 중 9명이나 자리를 차지하는 것은 오히려 '나눠먹기'를 하지 못해서 발생한 사태인데 아예 제1당이 독식하게 한다면 그 땐 새누리당이 개과천선해서 '전문가'를 발탁하게 될까? 사설이 그런 마구잡이 결론을 내린 근거가 도대체 뭘까?

우리는 말로는 공동체의 어떤 소집단도 가정하지 않고 능률과 효율만을 중시하여 제도를 운용하자고 주장할 수 있다. 그런 가정을 전제로 하는 이상적 주장이 그 자체로 틀린 것은 아니다. 하지만 어떤 주장이 '(그 자체로 틀리지는 않지만) 현실을 도외시한 이상적 주장을 통해 결과적으로 현실적 기득권의 혜택을 지속적으로 누리고, 나아가 그런 결과를 변명하기 위해 은밀히 도모되는 것'이라면 그 이상적 주장은 사실상 패권주의적 주장과 같다고 봐야 한다.

더군다나 '현재의 능력'만 따지자는 이상적 주장도 과거와 미래까지 감안해 사태를 바라보면 그 이상의 실체가 의심스러울 수밖에 없다. 예컨대 지역·계급·인종·성별 등등 모든 약자를 위한 나눠먹기, 즉 소수자 및 약자 할당제(쿼터제)는 현재의 효율과 능력만을 기준으로 평가하는 것을 거부하는 제도다. 이는 현재의 능력이 떨어진다 해도 그것이 차별 등 환경적 불리함으로 인한 것임을 인정하는 것이다. 그렇게 그들에게 기회를 줌으로써 조만간 현재의 경쟁자들과 같은 능력을 발휘할 수 있다는 걸 믿는 제도인 것이다.

위 보도에서 나눠먹기가 오히려 '공정성'을 담보한다고 주장하는 문희상은 '나눠먹기'라는 언어 이데올로기에 고전하는 모습을 보여주고 있다. 문희상은 이렇게 묻고 싶었을 것이다. '나눠먹기'가 무조건 나쁘다는 논리라면 모든 계파 등 집단을 초월해 지역위원장을 선정해야 하는데, 현실적 과정에서 과연 패권적 집단의 독점을 막을 수 있을까?

가장 이상적인 주장이라고 해서 그것이 언제나 가장 이상적인 결과를 낳는 것은 아니다. 따라서 우리는 가장 이상적인 주장을 하는 사람들을 경계할 필요가 있다. 현실이야 어떻든 언제나 가장 이상적인 주장만을 하는 것이 몸에 밴 순수한 사람들이 있다. 그래도 그런 (우리나라에서 뿌리 깊은 전통을 자랑하는) 관념론적 주장은 그나마 견딜 만하다. 견디기 힘든 상황은 가장 이상적인 주장이 초래할 최악의 결과에서 독점적 과실을 따먹기 위해 의도적인 정치공학을 구사하는 경우다. 현실적 결과만 놓고 말하자면 순수한 주장이든 정치공학이든 '대책 없는 이상주의'는 결국 마찬가지라고 할 수밖에 없다.

2002년의 대선으로 잠시 되돌아가보자. 당시 대선 후보 노무현은 후보단일화를 통한 연립정부 수립을 '나눠먹기'라고 보며 부정적인 생각을 가지고 있었다. 그는 그런 방식 대신 경선에서 이긴 후보가 혼자 먹는 단일정부를 선호했다. 다음이 그의 주장이다.

노 후보는 대구를 방문한 자리에서 "생각이 다른 사람들이 뒷방에서 자리 나눠먹기를 시도하는 것은 국민 기만행위"라며 "민주주의에서 가장 중요한 것은 절차이며, 국민경선만이 단일화를 이루고 대선에서도 승리하는 방법"이라고 말했다.[7]

후술하겠지만 노무현은 나중에 다른 생각과 행동을 펼친다. 경쟁 후보 정몽준은 처음부터 나눠먹기에 대한 생각이 달랐다. 그는 오히려 나눠먹기를 하지 않는 권력독점을 더 나쁘다고 말한다.

정 대표는 이날 경포대 현대호텔에서 기자들과 만나 "언론이 '권력 나눠먹기'라는 표현으로 나눠먹기를 욕할 수 있으나 그 반대(권력분점을 하지 않는 것)가 더욱 나쁘므로 한 가지를 택하라면 나눠먹기가 낫다"면서 "2004년 개헌하지 않으면 그 이후 개헌은 더욱 어려울 것"이라고 2004년 개헌추진 입장을 재확인했다.[8]

정치인들이 자신의 열악한 처지와 상관없이 타협적 나눠먹기를 거부하는 경우 그는 순수한 원리주의자일 가능성이 높다. 그리고 우리가 정치인들의 나눠먹기를 부정적으로 보는 것은 대체로 그런 원리주의에 동참하고 싶은 마음 때문이거나, 아니면 그것을 우리와는 무관한 그들만의 이익(자리) 나누기 차원에서 바라보기 때문이다. 어느

쪽이든 별로 설득력 있는 태도는 아니다.

우선 타협을 모르는 원리주의는 심리적 만족을 줄지는 모르지만 현실을 심각하게 악화시킬 가능성이 있다. 그리고 정치인들의 나눠먹기는 그들만의 자리싸움에 불과한 것도 결코 아니다. 만약 정치인들의 자리라는 것이 실제로 그들만의 자리에 불과하다면, 그들에게 나눠먹지 말고 공정한 경쟁을 통해 능력 있는 사람이 자리에 앉아 우리를 위한 정치를 공평하게 하라고 요구하는 건 당연한 일이다. 하지만 문제는 어떤 당파적 정치인이 이익을 보느냐, 즉 어떤 정치인이 그 자리에 앉느냐가 우리들의 당파적 이익과 직결된다는 사실이다. 이는 정치인들이 우리를 '대의'한다는 것 때문에 발생하는 문제다.

우리, 즉 국민은 현실에서 이해관계가 분열된다. 둘이나 셋이 아닌 여러 이익으로 분열될 수도 있다. 정당이 그 이익을 대변한다. 그리고 정당끼리 그 이익을 많이 얻기 위해 투쟁한다. 말을 바꾸면 '정치인/우리'의 대립이 아니라 정당을 대리인으로 내세운 '우리/우리'끼리 대립하고 있는 것이다.

그러므로 정치인들이 선거에서 이기고 지거나, (대통령 자리부터 시작해) 자리를 가지고 연대하거나 하는 것을 그들만의 이익다툼이나 자리싸움으로만 보면 안 된다. 사정이 그렇기 때문에 경우에 따라서는 자리(권력) 나눠먹기를 할 수도 있고, 독점적으로 권력을 차지해도 권력을 잡지 못한 집단을 위해 나눠먹기를 잘 해야만 하는 것이다. 노무현은 "생각이 다른 사람들이 뒷방에서 자리 나눠먹기를 시도하는 것은 국민 기만행위"라고 했다. 하지만 바로 생각, 즉 이익이 다르기 때문에, 그리고 세력이 약해 혼자 먹기가 불가능하기 때문에 뒷방이 아닌 앞방에서 공개적으로 연대하며 나눠먹기를 시도해야 하는 것이다. 생각이나 이익이 같다면 연대를 통한 나눠먹기가 아니라 더 강력한 결합인 합당을 하는 게 순리다.

몽테스키외가 제안해 이제는 민주주의의 기본원칙이 된 '권력분립'도 문자 그대로 권력 나눠먹기였다. 몽테스키외는 영국의 명예혁명과 헌정 발전을 놀라움 속에서 경험한 뒤 프랑스의 정체政體를 걱정하며 『법의 정신』을 썼다. 그는 귀족의 입장에서 체제의 안위를 보존하고자 부르주아와의 권력 나눠먹기, 즉 '권력분립'을 제안했던 것이다. 이것이 우리가 칭송하는 권력분립의 기원이다.

물론 지금은 왕을 둘러싼 귀족 대 부르주아라는 그런 식의 계급갈등은 존재하지 않는다. 하지만 여전히 지역·계급 등등 다른 형태의 갈등이 존재한다. 이 갈등을 어떻게 해결해야 할까? 이상적으로 말해 대통령제 속에서 철인哲人 대통령이 등장해 공평하게 이 갈등을 해결해주기를 기대해야 할까, 아니면 이상적인 방식은 아니지만 현실을 감안해 권력을 나누고, 지역·계급 간에 효과적으로 이익을 나누는 방식을 고민해야 할까? 만약 후자의 경우도 고려할 만한 가치가 있다고 본다면 이제 분권형 대통령제도 진지하게 검토의 대상으로 올려놔야 한다.

절충형 정부형태로서 흔히 이원(집)정부제라고 불리는 분권형 대통령제의 대표적인 나라는 프랑스다. 분권형 대통령제의 형태는 세부적으로 다양하게 나타나지만 가장 핵심적인 특징은 대통령이 실권을 갖고 나라를 대표하고, 총리가 행정부의 수반이 돼 내정을 담당하게 함으로써 권력을 분산시키는 것이다. 대통령은 직(간)선으로 선출되고, 총리는 내각제처럼 의회에 의존하기 때문에 대통령제처럼 여소야대로 인한 정국 경색을 걱정할 필요는 없다. 다만 대통령과 총리가 서로 다른 당적을 가지는 강제적 거국내각(좌우 동거정부) 상황이 문제다.

우리나라 현행 헌법은 사실 아주 이상한 체제다. 대통령제라고 부르고는 있지만 총리제를 포함해 내각제적 요소가 아주 많다. 물론 우리의 총리제는 '내각제적 요소'일 뿐이다. 의회에서 내각을 불신임하거나 총리가 의회를 해산할 수 있는 것도 아니므로 당연히 내각제의 본질과는 거리가 멀다. 그렇다고 분권형 대통령제도 아니다. 총리는 행정부의 수반이 아니라 "대통령의 명을 받아 행정각부를 통할"할 뿐이다. 어떻게 이런 오묘한 제도가 우리의 헌법 체계 속에 등장했을까? 제헌헌법 때부터 만들어진 긴 사연이 있다. 이에 관해서는 나중에 설명하기로 하겠다.

어쨌든 분권형 대통령제는 우리나라 권력구조 논의에서 (특히 여론 주도층 사이에) 강력한 대안으로 떠오르고 있다. 분권형 대통령제의 핵심인 '초당파적인 국가원수의 역할'과 '당파적인 행정부의 수반' 역할을 분리하자는 얘기는 이론적으로도 강력한 설득력을 가지고 있다. 거기에 우리 국민들이 집착하는 '대통령을 내 손으로'라는 요구도 결합시킬 수 있다. 많은 국민들도 이른바 '제왕적 대통령제'의 폐해를 실감하고 있으므로 분권형 대통령제는 이제 모두가 진지하게 생각해

〈분권형 대통령제 (이원정부제)〉

대통령		총리
직(간)선	선출방식	원내 다수(연립)당에서 선출
국가원수(초당파적 외치)	역할	행정부 수반(당파적 내치)
외교·통일·안보·국방 및 비상대권, 총리 (형식상) 임면권과 의회해산권	권한	법률집행권 및 일반행정권, 의회로부터 피불신임 가능

장점	권력분산 효과, 여소야대의 위험에서 비교적 자유로움, 내각과 의회의 대립 완화, 정당정치 및 책임정치 문화 발전에 유리
단점	좌우 동거정부 상황 또는 내·외치 구분이 모호한 사안에서 대통령과 총리의 권한 충돌 가능성

볼 필요는 있을 것이다.

문제는 그것이 장점만 있는 제도는 결코 아니라는 사실이다. 보통 분권형 대통령제에서는 대통령에게 (우리의 경우 통일을 포함하는) 외교·국방·비상대권 등의 실권을 맡긴다. 따라서 이와 관련된 국제회의도 (총리와 역할을 분리해) 참석할 수 있으며, 이와 관련된 의제를 논하는 국무회의도 (총리와 역할을 나눠) 주재할 수 있다. 관련 분야 장관 등의 인사권을 행사할 수도 있다.

우리의 우려는 대통령과 총리의 이런 역할 분담이 아무 무리 없이 잘될 수 있을까 하는 점이다. 권한 자체의 성질상 칼로 무 자르듯 분권 규정을 명확히 할 수 없는 경우 정쟁의 소지는 없는 것일까? 예컨 대 FTA협상은 순수한 내치의 문제일까, 외치의 문제일까? 그 비준과 비준 동의를 가지고 분쟁의 소지는 없을까? 평시의 국방·통일 정책 도 딱히 외치와 내치가 구분되지 않는 경우 잘 타협할 수 있을까? 우 리가 그런 타협의 문화 혹은 나눠먹기의 문화를 잘 만들어낼 수 있을 까? 이런 우려를 지금으로선 완전히 벗어버릴 수가 없다.

더한 우려는 우리나라 정치문화에서 대통령과 총리가 다른 당적을 가진 '동거정부' 상황이 벌어지면 이 상황을 해결할 능력이 있을까 하 는 점이다. 덧붙여 국회의원선거가 정당명부 비례대표 선거제가 아 니라면 민의의 왜곡은 전혀 시정되지 않는다. 하지만 분권형 대통령 제를 도입해 정당명부 비례대표 선거제를 바탕으로 내각을 운용하 고, 대통령을 직선 결선투표제로 선출하는 권력구조를 상상해 볼 수 는 있겠다. 다만 이런 경우에도 동거정부 아닌 상황에서의 대통령과 총리의 분권 운용, 그리고 동거정부 상황에서의 의회 권력과 대통령 권력의 충돌(여소야대)은 숙제로 남을 것이다.

4

해결책:
독일식 정당명부 비례대표 내각제

때로는 (별 의미가 없다는) 역사적 가정이 우리의 두뇌를 활성화시키는 데 상당한 도움을 주기도 한다. 이런 역사적 상상을 한번 해보자. 제2차 세계대전 당시 일본의 군주였던 히로히토가 만약 독일의 히틀러와 같은 총통이었다면 전후 전범재판 정국에서 무사히 목숨을 구할 수 있었을까? 모르긴 해도 힘들었을 것이다. 미국이 아무리 일본을 공산주의 방파제로 활용할 생각이 있었다 해도 내용과 형식 모든 면에서 완전한 실권자인 전범 수괴를 살려둔 채 그 하수인만을 처벌할 수는 없었을 것이다.

그렇다면 히로히토가 목숨을 부지한 이유가 '내각제'였을까? 당연히 그게 전부는 아닐 것이다. 하지만 (더군다나 우리로서는 어이없는 논리지만) 그것이 일본의 내각 수반과 각료들에게 전쟁책임을 떠넘기는 데 아주 편리하고 강력한 변명의 수단이 됐던 것은 틀림없는 사실이다. 당시 일본의 (메이지) 헌법에 따르면 일왕(천황)은 '국가의 원수로서 통치권을 총람'하는 실권을 가지고 있었다. 그 왕권의 실상은 현재 우리가 생각하는 입헌군주제와도 상당히 다르다. 그럼에도 불구하고 그가 면책되는 데 '내각제'라는 형식이 많이 작용했다는 것은 부인할 수 없는 사실이다.

역사적으로 내각제는 군주국에서 긴 시간에 걸쳐 변형되면서 (미국의 대통령제에 비해 비교적 자연스럽게) 완성된 권력구조다. 영국이 그 표본이다. 내각제는 왕권의 자문기관이 민주화 혁명을 통해 선출된 입법부 의원들로 바뀌어가면서 통치의 실권을 장악하는 지난한 과정을 통해 완성됐다. 이런 과정은 다른 말로 하면 왕권과 지배계급의 타협 과정이었다고 할 수도 있다. 어쨌든 내각제는 군주라는 국가원수를 배제하지 않은 채 그것을 전제로 발생한 권력구조다.

그렇다면 혁명적으로 군주제를 폐지한 경우나 역사 발전 과정에서 왕조가 몰락한 경우에도 내각제가 훌륭히 작동할 수 있을까? 당연히 채택이야 할 수는 있지만 약간의 고민이 생긴다. 그 고민은 전통적인 권위를 가진 군주를 대신할 국가원수를 인위적으로 만들어야 한다는 것이다. 그런 역할을 하는 사람이 내각제의 대통령이다. 약간은 조롱조로 '의전용 대통령'이라고 불리기도 한다. 문제는 이 실권 없는 의전용 대통령이 전통적인 권위를 지닌 군주에 비해 국민통합이라는 역할을 하기가 벅차다는 데 있다. 그렇다고 국가원수 역할까지 맡은 총리가 의회와 상호의존하며 집권하는 '국가원수 총리' 체제는 출현하지 않았다.

만약 공화국인 우리나라가 내각제를 채택한다면 약간은 예외적인 정부형태가 될 수밖에 없다. 공화국 내각제는 대표적으로 독일·터키·이스라엘·인도·방글라데시 등을 꼽을 수 있지만 많지는 않다. 이중 특별히 우리의 관심을 끄는 것은 독일이다. 나는 독일의 정부형태가 우리에게 대단히 많은 영감을 주고 있다고 생각한다.

독일의 내각제는 영국과 같은 일반적인 형태의 내각제와는 다른 주목할 만한 특징을 가지고 있다. 그중 세 가지만 열거한다면 이른바 건설적 불신임제, 완전한 형태의 정당명부 비례대표제, 각 주州대표기구 성격의 연방참사원제다. 이 세 가지 제도는 대단히 독특하지만 놀랄 정도로 치밀한 메커니즘 속에서 훌륭하게 작동하고 있다.

우선 건설적 불신임제인데, 독일기본법'은 "연방의회는 과반수의 찬성으로 연방수상의 후임자를 선출하여 대통령에게 연방수상의 해임을 요청하는 방법으로 연방수상을 불신임할 수 있"는데, "신임을 요구하는 연방수상의 동의가 연방의회 의원 과반수의 찬성을 얻지 못할 때에는 연방대통령은 연방수상의 제안으로 21일 이내에 연방의회를 해산할 수 있"고, "해산권은 연방의회가 과반수의 찬성으로 연방수상을 선출하면 즉시 소멸한다"고 규정하고 있다. 이 기본법 규정의 핵심 취지는 '내각을 건설할 능력은 없으면서, 파괴할 능력만 있는 불신임은 막겠다'는 것이다.

다음은 독일식 비례대표제다. 독일식 비례대표제의 핵심은 국민이 지지하는 정당의 지지율은 의회의 의석점유율과 반드시 일치해야 한다는 것이다. 예컨대 이런 식이다. 현재 우리나라 국회의원 수는 300

명이다. 여기서 A당이 40%, B당이 30%, C당이 20%, D당이 10%의 지지를 받는다면 국회의원 수는 A당이 120명, B당이 90명, C당이 60명, D당이 30명이 되어야 한다. 어떻게 이렇게 정확하게 비례를 맞출 수 있을까? 국회의원을 300명으로 가정하면 150명은 비례대표 몫, 150명은 지역구 당선자 몫이다. 유권자는 정당에 1표, 지역구 후보에 1표를 찍는다. 그래서 정당의 득표율과 지역구 당선자를 확정한다. 여기서 정당의 득표율이 위 지지율대로 나왔다고 가정하고, 지역구에서는 A당이 60명, B당이 40명, C당이 30명, D당이 20명으로 당선됐다고 가정하자. 그러면 총 150명의 비례대표의원 중에서 A당에게 (차지해야 할 총 몫)120-(지역구 당선자 수)60=(비례대표 할당 수)60명, B당에게 90-40=50명, C당에게 60-30=30명, D당에게 30-20=10명의 비례대표 의원을 배분해주는 것이다. 그러면 각 정당은 정확하게 자신들이 받아야 할 정당득표율만큼의 몫을 받게 되는 것이다. 수학처럼 정교한 민심의 반영이다.

다음은 연방참사원이다. 독일의 연방참사원은 우리가 알고 있는 미국식 선거제 상원과는 다르다. 연방참사원은 "주정부가 임면하는 주정부의 구성원으로 구성된다". 그리고 "주는 연방참사원을 통하여 연방의 입법과 행정 및 유럽연합의 사무에 참여한다". 이 연방참사원은 인구비례에 따른 투표권 차이가 있긴 하지만, 중요한 것은 지역대표가 연방의 권력행사에 참여할 기회를 갖는다는 것이다. 나는 기본적으로 우리나라에서도 독일식 연방참사원 방식이든, 인구비례와 관계없이 주에서 동수의 대표를 파견하는 미국식 상원방식이든 양원제

역시 진지하게 검토해야 한다고 생각한다.

　이상 독일의 제도는 여러모로 우리에게 참고할 만한 이슈를 던져 주고 있다. 이제 우리나라 총선 결과를 정리한 다음 통계표(http://info.nec.go.kr)를 보고 얘기를 이어나가자.

〈2016년 제20대 국회의원선거〉

비율 ＼ 정당	더불어민주당	새누리당	국민의당	정의당	기독자유당
정당득표율	25.54%	33.50%	26.74%	7.23%	2.63%
의석점유율	41.00%	40.67%	12.67%	2.00%	0%

〈2012년 제19대 국회의원선거〉

비율 ＼ 정당	새누리당	민주통합당	통합진보당	자유선진당	진보신당
정당득표율	42.80%	36.45%	10.30%	3.23%	1.13%
의석점유율	50.67%	42.33%	4.33%	1.67%	0%

〈2008년 제18대 국회의원선거〉

비율 ＼ 정당	한나라당	통합민주당	자유선진당	친박연대	민주노동당
정당득표율	37.48%	25.17%	6.84%	13.18%	5.68%
의석점유율	51.17%	27.09%	6.02%	4.68%	1.67%

비율＼정당	열린우리당	한나라당	민주노동당	새천년민주당	자유민주연합
정당득표율	38.26%	35.76%	13.03%	7.09%	2.82%
의석점유율	50.84%	40.47%	3.34%	3.01%	1.34%

위 네 가지 표는 우리나라에서 1인2표제 방식의 정당명부제 투표가 실시된 이후의 상황이다. 선거에서 승리한 제1당의 경우 예외 없이 정당득표율보다 훨씬 많은 의석점유율을 확보하고 있다. 제2당은 제1당보다는 적지만 그래도 상당한 이득을 본다. 제3당이 가장 심대한 타격을 받는다.

이런 상황은 우리가 어떤 권력구조를 선택하느냐에 따라 집권 세력이 판이하게 달라질 수 있음을 보여준다. 예컨대 위 표와 같이 정치세력이 분포했을 경우 우리가 만약 독일식 내각제를 채택하고 있었다면 제1당이 집권을 하더라도 연정을 해야 하는 상황이거나 아니면 연정 파트너를 뺏겨 정권을 잡지 못하는 상황이다. 이러한 사태는 우리에게 민주주의가 무엇인지에 대한 심각한 의문을 갖게 한다. 왜 같은 세력분포를 전제로 하는데도 제도에 따라서 어떤 경우에는 집권을 하고 어떤 경우에는 집권은커녕 의회권력조차 뺏겨 정치적 의사를 묵살당하며 살아야 하는가? 왜 국민 다수가 지지하지 않는 정당이 마치 국민의 안정적인 지지를 받는 것처럼 의회권력을 잡을 수 있도록 제도화하는가? 대통령선거에서 51%의 지지를 받는 당선자가

49%의 지지를 받은 낙선자를 뒤로 하고 형식상 100%의 권력을 장악하는 것도 형평성의 문제가 제기될 수 있다. 그래도 그 경우는 그것이 공정한 게임의 법칙이라고 우길 수는 있다. 하지만 어떤 정당이 사실상 30%대의 지지만을 받는데도 50%가 넘는 의석점유율을 부여해 의회권력을 장악하게 하는 것은 민주주의가 아니라 거의 음모에 가깝다. 이런 논리가 정당화된다면 소수의 지지를 받는 정권이 전권을 독재적으로 행사하는 것도 민주주의의 이름으로 정당화되지 못할 이유가 없다.

위 표에서 보면, 심한 경우 10% 이상의 의석점유율 이득을 보거나 그에 버금가는 손해를 보는 경우가 발생하고 있는데 이는 결코 적은 숫자가 아니다. 우리나라 의석수가 현재 300석이니까 의석수 5~10%의 왜곡은 의원 15~30명의 왜곡이라는 말과 같다. 현실적으로 의석 20여 석만 왔다 갔다 해도 대부분의 경우는 과반수가 바뀐다. 이런 사태를 방치(혹은 최대한 이용)하면서 이것이 민주주의이므로 모두가 승복해야 한다고 주장하는 것은 터무니없다.

나는 오래전부터 기회 있을 때마다 독일식 정당명부 비례대표 내각제 개헌을 주장해왔다.[10] 앞에서 설명한 대로 이 제도는 우리가 직면하고 있는 민주주의에 대한 의문을 상당부분 해소시켜준다. 특별히 강조하고 싶은 것은 그것이 소수정당의 활로를 보장해주는 결정적 제도라는 점이다. 역사적으로 소수정당의 신세를 벗어나지 못 하고 있는 진보세력은 진보정당이 대통령제인 미국에서만 뿌리를 내리지 못하는 이유를 절실하게 고민해봐야 한다. 현재 우리나라 유력 정

국가별 총선 결과에서 나타난 불비례성(1981~2010년)

국가	불비례성(%)		선거제도
네덜란드	1.08		정당명부식 비례대표제
독일	2.55		정당명부식 비례대표제
일본	10.50		혼합형 다수대표제
미국	13.35		상대다수대표제
영국	16.00		상대다수대표제
한국	21.97		상대다수대표제+비례대표제

※ 불비례성(disprop.): 선거에서 실제 의석에 반영되지 못하는 표의 비중

선거에서 불비례성이 높다는 말은 그만큼 민의를 대표하지 못한다는 뜻이다. 네덜란드 정치학자 아렌트 레이프하르트의 연구에 따르면, 36개 주요 민주주의 국가들이 1981년 이후 30년간 치른 국회의원 선거의 불비례성 통계에서 한국은 유일하게 20%를 넘기며 꼴지를 기록했다.(출처: Arend Lijphart, 『Patterns of Democracy』, Yale University Press, 2012)

치인 중에서는 국민의당 천정배가 이 독일식 정당명부 비례대표제를 '민심 그대로 선거제', '민의 그대로 선거제'라고 이름붙이고 내각제와 결부시킨 개헌을 적극적으로 주장하고 있다.[11]

그런데 이 제도를 받아들이는 데 있어서 우리가 고민해야 될 한 가지 결정적 문제가 있다. 그것은 정당제의 성숙 여부다. 얘기했듯이 독일식 내각제는 거의 완전한 형태의 정당국가적 성격을 띤다. 정당이 거의 모든 것의 키워드다. 인물보다는 정당을 중심으로 투표하고, 정당을 중심으로 권력을 배분하고, 정당을 중심으로 집권한다. 과연

우리 정치현실이 이러한 형태의 제도와 무리 없이 잘 결합될 수 있느냐는 것이다.

우리 정치는 오랫동안 영남패권주의 정당과 반영남패권주의 정당 간의 대립·투쟁 속에서 주로 움직여왔다. 그래서 정당 그 자체가 미성숙하다고만 말할 수는 없다. 하지만 정치가 그런 '지역'적 패권과 저항이라는 틀에 갇히다보니 정당 자체의 동력이 인물 위주로 발현되는 경우가 많았다. 그래서 영남패권주의/반영남패권주의 틀 내에서라고는 하지만, 수시로 당명을 바꿔달거나 리더 중심의 이합집산이 잦고, 심지어 같은 당이 집권을 해도 전임자에 대한 정치적 심판 없이 후임 정권의 정치적 안정을 유지할 수가 없었다. 이 때문에 심지어 새 정권이 들어서면 어쨌든 인물이 바뀌므로 모두 정권교체라는 생각까지 국민들 사이에 우스꽝스럽게 퍼져 있을 정도다.

그런데 독일식 내각제 개헌은 지금 당장 어려우므로 선거법만 일단 바꾸자는 주장에 따라, 혹여 이 정당명부 비례대표 국회의원 선거제를 현행 대통령제와 결합시키면 어떨까? 그러면 사실상 이미 '여소야대'가 예정돼 있는 다음 정권 이후로도, 대통령 임기와 의원 임기의 불일치로 말미암아 불가피하게 주기적으로 여소야대 정국을 맞이하게 될 것이다. 이는 역사적 경험과 함께 다시 설명하겠지만 대통령제의 치명적인 약점을 노출시키는 계기가 될 것이다. 이런 상황을 심각하게 생각해야 한다. 바로 이런 이유에서라도 정당명부 비례대표 선거제는 반드시 개헌을 통해 내각제나 최소한 분권형 대통령제와 한 패키지로 결합되는 것이 순리다.

같은 문제의 다른 측면이지만, 반드시 강조해야 할 사안이 있다. 우리 정치현실에서 정당명부 비례대표 선거제와 결합되지 않은 내각제 채택은 한마디로 긁어 부스럼이다. 우리가 대통령제가 아닌 내각제를 채택한다면 그건 무엇보다 민주적 '나눠먹기'를 잘 하기 위한 것이다. 즉 정치권력의 민주적 분배, 그에 따른 복지국가적 분배를 잘 하기 위한 것이다. 그런데 우리와 같은 후진적 정치 상황에서 여전히 민주적 대표성을 왜곡시키고, 계파정치를 토대로 한 정치인들의 권력 나눠먹기에만 봉사할지 모를 '정당명부 비례대표 선거제에 의한 독일식 내각제가 아닌 상대다수대표 선거제에 의한 일본식 내각제'를 도모한다면 이것이야말로 최악의 선택이 될 것이다. 그럴 바에야 차라리 현행 직선 대통령제를 유지시키는 게 훨씬 더 낫다.

5

기본권 및
그 외 몇 가지 쟁점들

다음은 한반도 북부(북한) 지도다.

북-중 국경선 남쪽 50km 라인

평양 북쪽 라인

평양-원산 라인

지도에는 마치 아프리카의 국경선처럼 대충 그어놓은 듯한 요상한 세 개의 경계선이 그려져 있다. 이 해괴한 지도를 이미 본 적 있는 독자도 있겠지만 그렇지 않은 독자도 많을 것이다. 도대체 이 세 개의 경계선은 무엇에 쓰기 위해 누가 그려놓은 것일까?

이 지도는 미국의 싱크탱크인 랜드연구소가 북한정권 붕괴시 중국의 개입으로 인한 충돌을 막기 위해 제시한 한-중간 3개 경계선 모델이다.[12] 보도에 따르면 랜드연구소는 "한미와 중국이 북한의 영변 핵시설 등 주요시설에 동시에 개입하는 과정에서 충돌이 발생할 수도 있다"며 "이것을 막기 위해서는 분리선을 만들 수도 있다"는 제안을 했다. 그러면서 한미-중국간 분리선으로 ①현재 북-중간 국경선 남쪽 $50km$ 라인 ②평양 북쪽 라인 ③평양-원산 라인 등 3개 모델을 제시했다는 것이다.[13]

어이없지만 이 경계선이 현실화돼 시간이 흐르면 국경선으로 고착될 가능성이 높다. 물론 이런 주장이 기껏 한 연구소의 탁상공론이라면 흘려들을 수도 있겠지만 그렇게 간단치만은 않다. 다음은 이와 관련된《연합뉴스》보도다.

한편 로시이스카야 가제타(러시아 관영 일간-인용자 주)는 미국과 중국이 북한 붕괴 사태 대처 방안에 대해 비밀협상을 진행해 오고 있다는 일부 언론 보도에도 양국 정부는 공식적으론 논평을 거부하고 있다고 전했다. 그렇지만 많은 전문가들은 이러한 대화가 이루어지고 있음을 확인했다면서 특히 미국은 북한의 핵무기 유출 방지 문제에, 한국은 북

한 위기를 핑계로 중국이 북한 영토의 일부를 장악하는 사태에 관심을 두고 있다고 신문은 소개했다.[14]

우리는 이데올로기적으로 국가 이전의 인민의 권리를 상상하는 것을 좋아한다. 이른바 자연법론이다. 그 자연법론에 따라 상상해보자. 만약 우리와 따로 살고 있는 북한 인민이 자신들은 자신들의 나라를 (자연법적 권리에 따라) 마음대로 건설했고, 경우에 따라서는 마음대로 다른 땅의 인민들과 연방국으로 함께 살 권리가 있다고 주장한다면 우리는 그것을 어떻게 받아들여야 할까? 그 다른 땅의 나라가 대한민국이 아닌 중국, 러시아, 일본 혹은 파푸아뉴기니라면? 우리는 무엇을 근거로 그래서는 안 된다, 그럴 수는 없다고 주장할 수 있을까?

그게 인민 전체의 뜻이 아니어도 문제가 어렵기는 마찬가지다. 만약 북한 김정은정권이 붕괴에 직면해 그 주요 인물들이 중국으로 탈출하며 안전을 보장받는 대신 연방제든 뭐든 한반도 북부를 중국이나 러시아에 조약 형태로 넘겨주면 우리는 무슨 논리로 한반도 북부를 다시 찾을 수 있을까? 무력을 행사하려 해도 핑계를 삼을 만한 무슨 논리가 있어야 할 게 아닌가?

우리 헌법 제3조는 "대한민국의 영토는 한반도와 그 부속도서로 한다"고 규정돼 있다. 이 규정은 개헌과 관련해 빈번하게 이슈가 되곤 한다. 쟁점이 뭘까? 우선 이 규정은 대한민국이 실효적으로 지배하고 있지도 않은 휴전선 이북 땅에 대해 대한민국의 영토라고 선언하고 있다는 점에서 상당히 어색한 건 사실이다. 물론 북한의 노동당

규약과 헌법에도 이런 식의 규정이 존재한다. 어쨌든 (남북한이 공히 취하고 있는) 이런 태도는 일본이 독도를 자기네 땅이라고 우기는 것만큼은 아니지만 상당히 민망하거니와, 당연히 논쟁을 유발할 수밖에 없다.

사실 이 영토조항은 그 악명 높은 국가보안법의 근거규정이기도 하다. 우리 역사 속 독재정권은 그동안 이 규정을 근거로 (북한은 그렇다 치고) 멀쩡한 사람들을 적대적 범죄단체 구성원이라는 이름으로 수도 없이 가혹하게 처벌해왔다. 그러니 진보적인 입장에서 이 조항을 없애고 국가보안법도 통상적인 내란죄나 간첩죄 등으로 대체하자는 주장이 나올 수 있다. 물론 전혀 다른 측면에서 볼 때도, 예컨대 몽골과 연방국가를 건설하자는 전 대선후보 허경영이 볼 때도 이 영토규정은 번잡한 방해가 될 수 있을 것이다.

그런데 논쟁을 더 부추기는 건 우리 헌법 제4조다. 제4조는 "대한민국은 통일을 지향하며, 자유민주적 기본질서에 입각한 평화적 통일 정책을 수립하고 이를 추진한다"고 돼 있다. 그렇다면 뭔가? '적대적 범죄단체'인 북한과 '평화통일'을 해야 하는 것 아닌가? 보통의 경우 폭력·도박·마약·밀수·매춘 등을 일삼는 조직폭력단체는 경찰이 능력껏 일망타진하거나 능력이 없으면 어쩔 수 없이 못 잡는 것이지, 국가가 그 범죄단체와 난데없이 평화적 통일 정책까지 수립하고 추진하지는 않는다. 그럼 3조가 아닌 이 4조를 없애야 하나? 아님 3조와 4조를 모두? 번뇌가 일어날 수밖에 없는 조항임은 분명하다.

우리 헌법은 기본적으로 민족이 분단돼 겪고 있는 모순을 규범적으로 반영하고 있다. 따라서 그 규범도 모순적일 수밖에 없다. 만약 우리가 이 모순을 깔끔하게 없앤다고 영토조항을 삭제해버리면 실제의 분단모순도 없어지는 걸까? 우리가 영토조항을 삭제하는 순간 우리에게 북한은 헌법적으로 서로 아무 상관도 없는 남남 같은 단순한 외국이 된다. 헌법전문이나 통일조항이 있다고 해도 그건 우리의 일방적 바람일 뿐이다. 만약 북한이 대한민국보다는 중국이나 미국, 심지어 브라자빌 콩고(콩고공화국), 그것도 아니면 킨샤사 콩고(콩고민주공화국)와의 연방제 통일이 더 좋다며 그 나라와 의기투합하면 우린 그때 그 민족적 짝사랑의 심정을 뭐라고 토로해야 할까?

헌법의 영토규정이 국가보안법의 근거규정이긴 하다. 하지만 그 영토규정이 있다고 해서 필연적으로 국가보안법이 있어야 하는 건 아니다. 예컨대 꼬리는 뇌가 있어야 하지만 뇌가 있다고 해서 반드시 꼬리가 있어야 하는 건 아니다. 진보적인 입장에서 영토규정을 삭제해야 한다고 주장하는 건 충분히 이해할 수는 있다. 하지만 내게는 사태의 일면만을 보는 단견으로 보인다. 물론 이 영토조항을 극우적인 입장에서 북한에 대한 폭력적 통일의 근거로 활용하려는 것도 불가하다는 건 분명히 말해둘 수 있다. 누가 뭐래도 우리에겐 평화통일조항이 있다. 나는 헌법의 이 절묘한 모순적 규정이 오히려 우리의 미래를 도와주고 있으니 손대지 않는 편이 좋다고 본다.

우리나라는 세계사의 진보에 발맞춘 나름 상식적이고 민주적인 헌법조문을 가지고 있다. 하지만 그 체제 아래의 국민들 삶은 아주 희귀한 정치적 환경에 노출돼 있다. 패권적이고, 파시즘적이고, 심지어는 시대착오적인 전체주의 신념을 가진 사람들까지 절묘하게 뒤섞여 극단적인 삶을 살아가고 있다. 2014년 12월을 화려하게 장식한 '조현아 땅콩회항 사건'만 해도 21세기 선진 인터넷 시대에, 20세기에 탄생한 '천민자본주의' 수혜자의 딸이 보여준, 19세기식 노동자 착취 문화의 화려한 만화경이었다.

그러니 헌법규범도 수백 년을 압축 성장한 우리나라 특유의 그런 중층적 시대 환경에 대비해야만 한다. 그리고 그 대비를 위한 일차적 과제는 민주주의 정신을 근본에서부터 악착같이 다시 상기해 바로 세우는 것이다. 그래서 시대착오적인 유사 파시즘과 전체주의 현실 에 맞설 수 있도록 그 정신을 세부적이고 구체적인 규범으로 확장시 키는 것이다.

우리가 헌법상 보장된 기본권을 얼마나 누리며 살 수 있느냐 하는 문제는 얼마나 많고, 구체적인 기본권 문장을 갖고 있느냐의 문제가 아니다. 그것은 정치 발전, 다른 말로 하면 민주주의 발전과 함께 투 쟁을 통해서, 그리고 추상적인 헌법 문구의 구체적 해석투쟁을 통해 서 발전하는 측면이 거의 절대적이다. 이는 우리 헌정사가 충분히 말 해주고 있다. 우리가 이미 충분히 가지고 있는 기본권에 관한 헌법 문장이 얼마나 빛을 발하느냐 하는 것은 정치 발전, 민주주의 발전에 달려 있다고 해도 과언은 아니다.

그런 의미에서 나는 선출된 의원에 대한 민주주의적 통제가 가장 우선적으로 필요하다고 본다. 일부 담론 중에는 현대 민주주의의 본 질이 대의제에 있다고 우기는 주장이 꽤 많다. 대표를 한번 뽑았으면 다음 선거 때까지 믿고 맡기고, 견해가 다르더라도 계속 그들을 믿으라는 것이 요지다. 하지만 대의제는 민주주의의 토대를 벗어나면 안 된다. 아무리 양보를 해도 대의제와 민주주의는 '대의/(직접)민주주의'라는 상호 규정의 모순 속에서 실현되어야 한다.

그러므로 우리는 우리의 대표를 민주주의적인 방식으로 선출해야 하고 또 그들이 우리의 정당한 요구를 무시할 때는 소환할 수 있는 권리를 행사해야 한다. 대의제의 토대가 되는 (직접)민주주의 방식으로 흔히 국민투표·국민소환·국민발안이 논해진다. 이 중 우리가 채택하고 있는 제도는 국민투표와 지방자치 수준에서의 주민투표 정도다. 국민발안제도 일정 부분 의미가 있다고 보지만, 무엇보다 국회의원에 대한 일정 요건하의 국민소환제는 반드시 이뤄져야 할 개헌사항이라고 본다.

다음은 사법절차에 대한 민주적 통제 문제다. 지면 관계상 사법절차의 개혁에 관한 내용을 세세히 모두 언급할 수는 없다. 하지만 분명히 말할 수 있는 것은 우리나라의 사법절차는 민주적 통제가 아주 부실하다는 점이다.

사법절차는 (형사사건의 경우) 기소와 변론과 판결 절차로 나눌 수 있는데, 사법절차의 각 단계별로 대책을 세울 필요가 있다. 기소 단계에서는 선거를 통해 검사를 임명하고(미국이 그렇게 한다), 주민이 소환까지 할 수 있다면 검찰이 권력보다는 시민의 편에서 정의를 실현하는 데 많은 자극을 줄 수 있다고 확신한다. 나아가 기소독점주의의 폐해를 줄이기 위해 경찰의 수사권 독립을 실행하고, (현재 검찰 자체 개혁방안으로 미국의 대배심과 일본의 검찰심사회 제도를 참고한 검찰시민위원회를 설치해 운영하고 있지만) 기소에 대한 시민참여를 더욱 강화할 필요도 있다고 생각한다.

(민사사건을 포함하는) 변론 단계의 문제인 전관예우나 비싼 수임료 등은 헌법적 차원보다는 법률적 차원의 제도적 보완과 강화가 필요하다고 본다.

근원적으로는 판결 단계의 문제인 법관의 관료주의적 보수성과 배심재판 부재, 그리고 형량의 불공평성을 해결해야 한다. 우리 현행 헌법은 배심제에 관한 규정이 다소 모호하다. 많은 학자들이 유무죄의 사실판단을 배심원이 하는 것이 현행 헌법조항을 위배하지 않는다는 견해를 표명하고 있지만, 참여재판에서 더 나아가 배심재판을 시행하려면 보다 분명하게 규정하는 것도 좋을 것이다.

사법권 독립과 그에 따른 법관의 특별한 신분보장은 법관이 부당한 정치·사회(여론)적 압력으로부터 독립해 법률에 의한 재판만을 할 수 있도록 보장하는 것이다. 그런데 그것이 마치 법관의 신분보장 자체가 목적인 것처럼(직업공무원제도 그런 느낌을 줄 때가 있다) 아전인수로 운영된다면 근본적인 개혁이 필요하다. 미국 2/3 이상의 주에서는 선거에 의한 법관 선출제를 시행하고 있다. 참고할 필요가 있다.

이 지구상에 존재하는 사법제도는 결코 단일하지 않다. 어떤 제도가 완벽하다고 할 수도 없다. 하지만 어떤 제도를 선택하느냐에 대한 확신이 없다면 헌법의 근본정신인 민주주의에 기대어 물으면 된다. 이와 관련해 절대 잊지 말아야 할 사실이 있다. 그것은 사법부의 민주화, 민주적 판결 역시 그 자체의 무슨 신비로운 이념과 고고한 법관에 의해 진공 속에서 홀로 실현되는 것이 아니란 사실이다. 그것이 지금까지의 역사적 경험이다. 법치주의의 진보가 민주주의 진보에 기여할 수는 있지만 근원적으로는 민주주의의 진보에 의존한다.

헌법의 근본정신은 민주주의다. 길을 잃고 좌표를 찾고 싶다면 민주주의 정신을 생각하면 된다. 이는 모든 개헌/호헌 이슈에서의 공통지표다. 민주주의의 전진이냐 후퇴냐, 우리가 민주주의를 전진시킬 능력이 있느냐 없느냐, 민주주의를 통해 우리의 삶을 실질적으로 개선시킬 수 있느냐 없느냐, 그것이 문제다.

제2부

지나온
개헌전쟁

우리가 살아온 시대는 어떤 시절이었을까?

우리는 그 속에서 무슨 일을 했을까?

아니, 할 수 있었을까?

3장

제6공화국

1

이명박의 개헌 제안과
정치보복의 추억

2014년 12월, 이명박정부 시절의 자원외교에 대한 국정조사를 실시키로 여야간 합의를 하자 친이명박계 국회의원 조해진은 "자원외교는 성공률이 높을 수만은 없고, 거대한 비리가 드러난 것도 없다"면서 "합리적 평가의 틀에서 벗어나서 전직 대통령과 정권에 모욕을 주려는 것은 정치 보복"이라고 항변했다.

하지만 원래 국정조사란 검찰의 수사활동이 아닌 국회의 조사활동이므로 "거대한 비리" 없이도 얼마든지 시행할 수 있으며, 사실 "거대한 비리가 드러난 것"이 있다면 국정조사보다는 검찰수사가 이뤄져야 할 것이다. 더군다나 이 국정조사가 정말 정치보복이고, '정치보복'이란 게 기껏 전직 대통령과 정권에 "모욕"을 주는 정도에 그친다면 오히려 그 진보적 정치발전을 자랑스럽게 생각할 일이 아닌가 묻고 싶다.

세계사적 차원에서 국내정치 문제가 원인이 된 잔혹한 정치보복은 집단학살에서부터 암살·투옥·고문·납치·감금 등등 수도 없이 반복되었다. 후술하겠지만 우리나라도 정치보복과 관련한 잔혹함은 세계적 수준에 결코 뒤지지 않는다. 다행히 그 잔혹함이 점점 완화되고 있기는 하다. 문제는 우리나라의 완화된 정치보복이 어떤 형태로 진행되고 있으며 또 어떤 식으로 진보해갈 수 있느냐 하는 점이다.

세상 모든 일이 그렇듯이 진보가 그저 착한 마음을 가지고 기도한다고 이뤄지는 건 아니다. 옛 제왕들이 마음 내키는 대로의 폭정을 못 하고 뭔가 자제하고 두려워하는 마음이 있었다면 그게 뭐였을까? 선현들의 훌륭한 말씀을 기록한 책 속의 글자 때문이었을까? 아니라고 본다. 단언컨대 그 으뜸은 백성들의 반란과 궁정 쿠데타로 인한 정권상실의 두려움 때문이었을 것이다. 자신이 정권을 상실하고 당할지도 모를 잔혹한 '정치보복'이 자신의 잔혹한 경거망동을 제어하는 훌륭한 심리적 기제였을 것이다.

오늘날에도 평화적 정권교체가 어려운 상황이라면 '야만적 정치행위'에 대한 응보는 원시적 정치보복밖에 기대할 것이 없을 것이다. 다행히 우리나라는 이제 갓 평화적 정권교체의 기틀을 잡아가는 중이다. 따라서 그 과정에서 정치보복의 문제가 어떻게 자리를 잡아가는지는 중요한 시대적 이슈임에 틀림없다.

단군 이래 최초의 평화적 정권교체를 성공시킨 김대중은 가히 '정치보복 딜레마'의 아이콘이라 할 만하다. 그는 핍박받은 김대중이 집권하면 우리 모두 죽는다며 겁에 질린 사람들을 상대로 '정치보복 하지 않겠다'는 말을 입에 달고 살았다. 급기야 1997년 10월, 대통령선거를 목전에 둔 김대중은 "전직 대통령의 경우 퇴임 후 재판에 의해 불법·부당행위에 대한 진실이 밝혀져도 신체적 처벌은 면하도록 하는 내용"[2]을 포함한 정치보복금지, 차별대우금지, 대통령친족의 부당행위금지 등 이른바 '3금법안'을 통합하는 '국민대화합촉진특별법'의 제정방침까지 밝히기도 했다. 이 불평등한 법 제정은 결국 유야무야 됐다.

한편 역사상 최초의 평화적 정권상실을 한 한나라당 대통령 후보 이회창은 2001년에는 처지가 바뀌어 역으로 '정치보복 하지 않겠다'는 설득을 하고 다녀야만 했다. 그 역시 대통령선거를 염두에 두고 "정치보복 금지법을 만들어 이 나라에서 연속되는 정치보복의 고리를 끊어야 한다"[3]고 촉구하기도 했다. 정권교체는 이렇게 우리나라 정치문화를 바꿔나가고 있다.

하지만 이제 우리 앞엔 '무엇이 정치보복인가' 하는 것을 제대로 이해하는 일이 남아 있다. 정권교체의 경험이 상호간에 원시적인 정치보복을 자제시키고는 있지만 대신 교묘한 정치보복이 등장하고 있다. 그리고 더 큰 문제는 이전 정권의 비리가 정치보복 금지 이데올로기를 방패로 다음 정권에 의해 묵인되는 상황이 연출되고 있다는 점이다. 따라서 우리는 '정당한 정치보복(이는 법치주의 다른 말일 뿐이다)'과 '부당한 정치보복(이는 권력남용이다)'을 불가피하게 구별해야만 하는 과제를 안게 됐다. 전자는 우리 정치를 발전시킬 것이고 후자는 퇴행시킬 것이다.

오늘날엔 (원시적인 정치보복의 유혹이 여전히 남아 있겠지만 통상적인 수단은 아니고) 정치보복이든 정치은전恩典이든 대부분은 법치주의를 등에 업고 자행된다. 그 법치주의의 기반은 '털어서 먼지 안 나는 사람 없다'는 만고의 진리다. 털면 누구라도 먼지가 나게 돼 있는데 누구를 털 것인가를 권력자가 법치주의의 이름으로 결정하는 것이다. 그러므로 이 '선택적 법치주의'는 권력자가 정치보복과 정치은전을 동시에 행할 수 있는 양날의 보검인 셈이다.

정치보복은 폭력적인 정권교체를 통해 야만적인 집단학살로까지 번지는 악순환을 이어갈 수도 있다. 그런데 평화적 정권교체는 그런 악순환을 멈추게 하고 선순환의 동기가 될 수도 있다. 정치권력은 내가 남을 공격하는 무기가 될 수 있지만 오히려 남이 나를 공격하는 무기로 돌변할 수도 있다는 합리적 사고를 하게 되면 그렇다. 이렇게 정권교체는 정치문화발전의 결정적 동기가 될 수 있으므로 그 자체로 중요하다.

하지만 그 선순환은 오히려 두려움 없는 패권주의적 악순환의 길을 터줄 수도 있다. 예컨대 김대중이 제시했던 불법적 행위에 대한 정치은전과 같은 개념이 그것이다. 이전 정권의 불법비리에 대한 합리적 수준의 법치주의적 처벌이 없다면 어떤 권력자가, 무엇 때문에 무소불위의 권력남용을 두려워하겠는가? 합리적 법치주의 수준에서 전 정권의 불법비리를 처벌하는 것을 정치보복이라고 부른다면 그 정치보복은 이어지는 다음 정권이 권력을 합리적으로 행사할 수 있도록 돕는 역할을 할 것이고, 또 그 다음 정권의 정치보복도 합리적 수준에 머물도록 선순환할 수 있도록 자극하는 동기가 될 것이다.

다시 퀴즈풀이를 한번 해보자. 누군가 대통령에 당선됐다면 그의 다음 욕망은 무엇일까? 착한 인간 이데올로기에 입각해 정답을 말한다면 훌륭한 정치를 한 다음 역사에 훌륭한 대통령으로 길이 남는 것이다. 하긴 보통 사람이라면 대통령까지 된 마당에 무슨 더 큰 욕망이 있을 수 있겠는가? 하지만 인간이 꼭 그런 착한 인간만 있는 것은 아니다. 예컨대 어떤 사람은 그 욕심이 한도 끝도 없어서 대통령 자리에 있는 동안은 최대한 내 맘대로 권력을 남용하고, 대통령 임기가 끝나면 어떻게든 권력의 잔고를 유지해서 다음 정권이 내 권력남용을 처벌한다든가 하는 허튼 생각, 즉 정치보복(?)을 못 하게 가로막고, 그것을 위해 가능하다면 계파를 만들어 국회의원들을 내 영향력 아래 두고, 또 그것이 아니더라도 할 수 있는 데까지 최대한 정치를 농단하면서 여생을 즐길 수 있다면 그 또한 인생의 기쁨이 아니겠는가라고 부질없는 생각을 하는 사람도 얼마든지 있을 수 있다.

나는 이명박이 그런 생각을 했다고는 생각하지 않는다. 그는 예컨대 4대강사업을 상식적으로 이해할 수 없을 정도로 무리하게 밀어붙이고, 자원외교로 천문학적인 국고 탕진을 하고, 국정원 댓글 사건의 최종책임자이기도 하고, 심지어는 내곡동 사저부지 매입사건, BBK 사건 등등 끝없는 의혹과 실정의 주인공이었기에 퇴임 이후에 대한 두려움이 있긴 있었을 것이다. 그렇지만 그 두려움이 헌법을 개정하면서까지 자신의 퇴임 후를 방어하고 싶을 만큼 담대한 욕망을 부추겼다고는 생각하지 않는다. 하지만 그건 어디까지나 내 생각이고, 인간의 욕망이 끝이 없듯이 인간의 의심도 끝이 없는 법이다.

이명박은 (그를 대리해 개헌을 추진한 이재오에 따르면[4]) 분권형 대통령제를 하고 싶어 2009년부터 시작해 임기 중 무려 12차례나 개헌을 이야기했다. 하지만 찻잔 속의 태풍에 불과했다. 일반적으로 현직 대통령은 자신의 임기 초에는 개헌 논의를 불편해하는 경향이 있다. 임기단축 문제와도 관련이 있다. 하지만 이명박의 경우는 좀 달랐다. 강력한 당내 입지를 가진 박근혜가 있었고, 야당의 대선 주자는 힘이 없었다. 얼핏 기뻐할 일 같기도 하지만 문제는 친이계와 친박계가 오래전부터 공천갈등을 포함해 사이가 별로 좋지 않았다는 데 있었다.

이러한 상황에 대해 당시 민주당 원내대표 이강래는 "이원집정부제를 분권형 대통령제로 포장해 추진하는 친이계의 의도 속에는 복잡한 정치적 복선과 이해관계가 깔려 있고 내부 권력투쟁 성격도 담고 있다"고 그들의 속내를 깔끔하게 들춰냈다. 그가 보기에 "친이계는 박 전 대표가 현행 헌법 체제에서 대통령이 된다면 굉장히 커다란 정치적 부담과 위험과 부담, 일종의 공포감마저 갖는 것 같다"면서, 그 때문에 "차제에 개헌을 통해 권력을 분점토록 하면 총리만큼은 자기들이 가질 수 있어 결국 권력에 동거하고 (세력을) 지탱할 수 있다고 생각하는 것 같다"는 것이었다. 이런 억측(?)의 근거에 대해 그는 "정국 흐름이 지금처럼 계속되면 친이계는 다음 대통령이 틀림없이 박근혜 전 대표가 되는 걸로 보는 것 같다"고 친절한 설명까지 덧붙여줬다.[5]

우리는 권력에 대한 '공포감'이 단순히 정파 간의 권력교체가 아니

권력에 대한 공포심은 이른바 '살아 있는 권력'에게도 작용한다. 이명박정부가 비교적 일찍부터 '분권형 개헌'에 매달린 것을 두고, 스스로는 제왕적 권력을 휘두르면서도 다음 정권에서의 정치보복은 피하고 싶었던 공포심의 발로로 해석하기도 한다. 이명박의 끈질긴 개헌 제안이 주목받지 못한 것은 정치권은 물론 국민들이 그런 의도를 꿰뚫어봤기 때문은 아닐까?(한겨레, 2010년 10월 16일)

라 같은 정파 안에서도 존재한다는 것을 알아야 한다. 정치보복은 단순히 눈에 보이는 부당한 압제일 수도 있고, 눈에 보이지 않는 정치적 이득의 박탈일 수도 있다. 예컨대 주도세력에 의한 공천 탈락(공천학살이라는 살벌한 표현도 등장한다)도 '정치보복'일 수 있고, 심지어는 집권정당의 정책에 따른 정부의 정책변화도 수혜를 보던 국민들에게는 일종의 정치보복일 수 있다. 그런 관점에서 보면 정당공천을 민주적으로 결정하는 것이나 정책결정을 민주적인 방식으로 합의해 나가는 것, 또는 지역·계급·성별 등등의 차별을 금지하는 노력도 정치보복의 관리에 해당한다.

이명박은 그런 노력의 일환(?)으로 개헌을 추진하고 나름 열심히 노력했다. 그런데 2010년, 유시민이 "직접 협상을 하고 있는 분들에게 들었다"면서 한나라당 친이명박계와 민주당이 개헌 문제를 놓고 밀실 협상을 벌이고 있다고 폭로한다. 유시민은 MBC라디오 〈손석희의 시선집중〉에 출연해 "지금 이재오 특임장관을 비롯한 친이명박계 정치인들과 민주당 일부 정치인들이 비공개 협상을 하고 있다"고 밝히면서 그 개헌안이 "제가 전해들은 걸로는 대통령을 껍데기로 만들고 내치, 권력기관 운영을 국무총리가 담당하게 하고 총리를 국회에서 선출하는 이원집정부제, 또는 분권형 대통령제 개헌안"이라고 전한다.[6]

이명박은 결국 개헌을 성사시키지 못한다. 나는 이 사태에 대한 가장 날카로운 코멘트는 정계를 은퇴했다 돌아온 손학규에게서 나왔다고 본다. 그는 "자신은 무소불위이지만 다음 대통령은 힘을 분산시켜라 하는 것"[7]이라고 이명박의 개헌론을 정리했다.

영화나 드라마의 범죄 수사물에서 우선혐의대상자를 설정하는 가장 중요한 포인트는 대개 사건으로부터 누가 가장 이득을 얻었느냐이다. 세상일도 마찬가지 측면이 있다고 본다. 누군가 어떤 주장을 할 때 그 주장이 아무리 그럴듯해도 그 주장이 실현될 경우 주장하는 사람이 가장 큰 이익을 보는 경우에는 뭔가 설득력이 떨어진다. 반면 자신은 그 주장으로 인해 손해를 보는데도 뭔가 열심히 주장하고 있는 누군가가 있다면 그 주장에 다시 한 번 순수하게 귀를 기울여볼 필요가 있다.

물론 삐뚤어진 입에서도 바른 말이 나올 수 있고, 바른 입에서도 삐뚤어진 말이 나올 수는 있다. 그러니 무작정 삐뚤어진 입만 가지고 트집 잡을 일은 또 아니다. 어떤 정치인의 발언에도 진부한 정략이 숨어 있지 않는 경우는 매우 드물다. 하지만 또 그들의 손가락이 아닌 손가락이 가리키는 달을 바라봐야 할 경우도 있다. 그러니 '온 놈이 온 말을 하여도' 모든 것을 알아서 판단해야 하는 것은 결국 국민들 각자의 몫이다. 정치인들의 삐뚤어진 입도 바라보랴, 혹시 그 삐뚤어진 입에서 나올지도 모를 바른 말도 새겨들으랴, 국민 노릇 하기도 여러 가지로 고달프기만 하다.

2

노무현의 대연정 제안,
그 헌법적 수수께끼

2009년 5월 23일, 노무현이 죽음을 결심하고 봉화산 바위 위에 섰을 때 "내가 꼭 정권을 재창출해야 될 의무가 있습니까?"[8]라고 물었던 자신의 생각에 후회가 없었을까? 한나라당 박근혜나 이명박이 집권해도 "나라가 망하진 않는다"며 "대한민국은 이미 일정한 궤도 위에 올라와 있어 국민은 과거보다 여유 있는 입장에서 집권세력을 선택할 수 있다고 본다"[9]고 여유를 부렸던 유시민은 노무현의 죽음 소식에 무슨 생각을 했을까?

문재인은 상을 치른 후 노무현의 '자살'에 대해 "꼭 정치보복에 의한 타살로까지 생각하고 싶지는 않다. 다만 여러 가지 수사와 관련된 여러 상황들이 그분을 스스로 목숨을 버리도록 몰아간 측면은 분명히 있으니 타살적 요소는 있다고 말할 수 있다"[10]고 말했다. 상당히 정교한 입장 정리다. 정치보복이라고 할 수는 없지만 수사와 관련된 상황(아마도 피의사실의 일방적 공표와 선정적 보도 등)이 자살로 몰아간 측면이 있다는 의미일 것이다.* 사실 정치보복 문제와 별개로 수사 과정에서의 문제로 인해 피의자가 목숨을 끊는 사례는 아주 많다. 문제는 노무현의 경우 '정치보복'과 관련해 어떤 판단을 해야 하느냐이다.

노무현은 유서에서 "누구도 원망하지 마라"[11]고 썼다. 그는 죽기 약 한 달 전쯤 홈페이지에 "제가 알고 모르고를 떠나서 이미 밝혀진 사실만으로도 전직 대통령으로서의 명예도 도덕적 신뢰도 바닥이 나버렸"다면서 "도덕적 파산은 이미 어쩔 수 없는 일이지만, 한 인간으로서 누려야 할 피의자의 권리는 별개라고 생각했"고 "그래서 '사실'이라도 지키고 싶었"다고 피력했다.[12] 아마도 노무현 자신은 비리 사실을 몰랐고, 그것이 도덕적 파산을 막아줄 수는 없겠지만, 피의자의 권리를 보장받아 사실이라도 지키고 싶었다는 말일 것이다.

그렇다면 노무현 가족에 대한 피의사실 추궁은 정치보복일까? 만

---

* 하지만 나는 단순히 수사관련 상황이 노무현 죽음의 근원이라고는 생각지 않는다. 문재인은 노무현의 죽음에 대해 "참여정부의 도덕성이 무너지면서 개인적인 것에 그치지 않고 참여정부가 지향했던 가치까지 깡그리 부정당하는 상황이 되니 절망했던 것 같다"(「[단독] "노 전 대통령, 돈문제 대신 인정하려 했다"」, 인터넷 『한겨레』, 2009년 6월 2일)고 표현했다. 사실 노무현은 죽기 한 달 전쯤에 이미 "이상 더 노무현은 여러분이 추구하는 가치의 상징이 될 수가 없습니다. 저는 이미 민주주의, 진보, 정의, 이런 말을 할 자격을 잃어버렸습니다. 저는 이미 헤어날 수 없는 수렁에 빠져 있습니다. 여러분은 이 수렁에 함께 빠져서는 안 됩니다. 여러분은 저를 버리셔야 합니다"(「"민주주의-진보-정의 말할 자격 이미 잃었다, 헤어날 수 없는 수렁… 여러분은 저를 버려야"」, 《오마이뉴스》, 2009년 4월 22(최종23)일)라고 자신의 심경을 토로했다. 노무현은 도덕성 추락으로 인해 자신과 (부채의식을 가진) 자신의 지지자들 혹은 (그것이 지킬 만한 가치가 있든 없든) 자신의 신념과 자신의 지지자들이 추구하는 가치가 함께 묶여 추락하는 것을 견디지 못한 것으로 보인다. 그는 자신의 개인적·현실적 추락을 자신의 신념 혹은 지지자들의 가치와 분리해 자신의 신념과 지지자들의 가치는 살리고 싶어 했고, 그 분리의 유일한 방법이 자신의 개인적·현실적 소멸, 즉 자살이라고 판단했던 것 같다. 이후의 정치 상황으로 보건대 노무현의 선택은 절반의 성공은 한 것으로 보인다.

약 자연스럽게 비리가 포착됐다면 당연히 법적 추궁의 대상이 돼야 할 것이다. 문제는 권력의 비호를 받는 그보다 더한 비리도 널려 있는데 노무현 혹은 권력과 멀어진 수많은 사람들을 겨냥한 표적수사를 어떻게 생각해야 하느냐이다. 나는 정치인에 대한 표적수사, 즉 '선택적 법치주의'는 정치보복의 범주에 넣을 수 있다고 본다.

그렇다면 우리는 '선택적 법치주의'와 '공정한 법치주의'를 어떻게 구별할 수 있을까? 이는 학자의 이론이 아닌 백성의 직관으로 구분할 수밖에 없다. 어떤 건널목에서 수많은 차들이 신호위반을 하는데, 경찰이 그 차들을 모두 잡으려다 역부족으로 소형 고물차 한 대만을 잡았다면 그건 공정한 법치주의일 것이다. 하지만 모두 잡을 수도 있었는데 그러기는커녕 자신의 취향에 따라 자신(의 현직 상관)에게 잘못 보인 괘씸한 전직 상관의 대형차 한 대만을 겨냥해서 잡는다면 이는 '선택적 법치주의' 혹은 정치보복에 다름 아니다. 그리고 논의는 다시 앞에서 얘기했던 정치보복의 원론으로 돌아갈 것이다.

노무현은 자신의 죽음 앞에서 "타살적 요소"를 느꼈는지 모르지만, 그는 불과 4년여 전(2005년 7월)에 자신을 죽음에 이르도록 하는 '선택적 법치주의'의 보검을 휘두르게 될 한나라당과의 대연정을 제안했었다. 그냥 단순한 연정(혹은 거국내각)이 아니라 한나라당에게 '내각제 수준'의 총리권한을 주는 연정 제안이었다. 많은 사람들이 경악하고, 심지어는 무슨 일이 일어났는지조차 잘 이해하지 못한 채 논란이 일었다. 그 기본적 의문은 '왜 개헌을 하자면서 권력이양까지 하겠다는 건가, 그것도 한나라당과'라는 것이었다.

누가 보더라도(?) 생뚱맞은 권력이양 제안은 한나라당에 뭔가 그만한 대가를 기대하고 준 '선물'이었다. 더군다나 위헌적 선물이었다. 헌법상 국무총리는 "대통령의 명을 받아 행정각부를 통할"하도록 돼 있다. 그런데 대통령이 그 명을 내리는 권한을 국무총리에게 내각제 수준으로 이양하는 것은 정부형태를 변경하는 위헌적 사태다. 물론 이는 자신을 대통령으로 선출해준 유권자의 참정권을 침해하는 것이면서 동시에 정치적 신뢰를 배신하는 행위이기도 하다. 노무현은 도대체 무슨 대가를 기대하고 한나라당에 권력이양을 제안했을까?

핵심은 선거제도 변화를 전제한 개헌이었다. 그 선거제도라는 게 관례적으로 여야합의 없이는 바꾸기가 불가능했다. 그래서 한나라당에 현 선거제도 개혁에 응한다는 조건으로 정권을 선물로 넘겨주겠다고 제안했던 것이다. 사실 현행 국회의원 선거제도는 전술했듯이 언제나 한나라당에 유리하다기보다는 제1당에 유리한 방향으로 작동됐다. 제1당이 가장 유리하고, 제2당은 조금, 그리고 대체로 제3당이 가장 손해를 보는 경향이 있다. 그러니 잘만 하면 한나라당과 타협이 불가능한 것만도 아니었을 것이다. 문제는 어떤 선거제도냐 하는 것이다.

노무현은 시간이 흐른 뒤 (이미 충분히 예고됐던) 자신의 속내를 드러낸다. 그는 "가령, 지난 총선에서 한나라당은 영남에서 52.3%를 득표했습니다. 하지만 의석수에서는 66석 중 90%가 넘는 60석을 차지했습니다. 반면 32%를 얻은 열린우리당은 6%인 단 4석을 얻는데 그쳤습니다"고 말하며 그 핵심이 "선거구제 개혁"임을 분명히 했다.[13]

그리고 더 시간이 흐른 뒤 문재인은 "노 전 대통령은 한 정당이 특정 지역에서 3분의 2 이상 당선되지 못하도록 하는 제도를 생각하기도 했다"[14]고 인정한다. 하지만 그것은 다시 개헌정신을 상당히 훼손시킨 생각이다.

만약 노무현이 주장했듯 "헌법 정신의 본질을 훼손시키는 지역주의 정치구도를 극복하고 국민의 의사를 온전히 반영하기 위한 제도 개혁이 필요"[15]했다면 단순하게 독일식 정당명부 비례대표 내각제를 주장하면 됐다. 그런데 그의 생각대로 만약 "한 정당이 특정지역에서 3분의 2 이상 당선되지 못하도록 하는 제도"를 시행한다면 그것은 또다시 "국민의 의사를 온전히 반영하기 위한 제도 개혁"과는 거리가 멀어진다. 특정지역에서 한 정당이 100%의 지지를 받는다면 무슨 이유로 그 정당은 33.34%의 의석을 다른 정당에 넘겨주어야 할까? 이렇게 인위적으로 의석수를 조작하는 것이 지역문제 해결에 도움이 된다면 왜 전국적으로 정당끼리 1/2, 1/3, 1/4 등등으로 나눠가지면 안 될까?

하지만 정작 더 큰 문제가 남아 있었다. '한나라당의 역사성과 정통성을 인정해야만 하는가'라는 문제다. 국가가 다른 나라와 외교관계를 맺기 위해서는 먼저 국가승인을 해야 한다. 마찬가지로 우리는 이제 한나라당의 역사성·정통성을 승인하고 앞으로는 순수하게 오직 정책 차이만을 보고 선거 때 한나라당을 선택해야 하는 것일까? 광주학살을 당한 호남에서도 이제는 오직 정책 차이만을 보고 전국 평균 득표율만큼 전두환의 한나라당을 지지하는 게 지역문제 해결이고 정치발전일까? 노무현은 한나라"당의 역사성과 정통성에 대한 인식의 차이는 대타협의 결단으로 극복하자는 것"[16]이라고 답했다. 한마디로 "국민들이 약 30% 가까운 지지를 보내고 있는 한나라당은 극복의 대상이 아니라 대화의 상대이고 정책조율하고 합의하고 할 수 있는 파트너"[17]라는 것이었다.

하지만 이건 말이 다르다. 대통령 후보 시절 노무현은 "내가 대통령이 되면 한나라당은 와해된다. 초당적으로 정치질서를 재편할 목표를 갖고 있다"[18]고 했던 사람이다. 심지어 그는 자신의 대통령 당선을 위한 선거에서도 정몽준과의 나눠먹기(연정)조차 싫어했던 사람이다. 그뿐 아니다. 그는 자신을 후보로 공천했던 민주당의 역사성과 정통성조차 부인하고 법통을 단절하면서 열린우리당을 창당했던 사람이다. 그랬던 그가 한나라당과의 연정을 제안하고 한나라당의 역사성과 정통성을 국민적으로 인정하자는 제안을 한 것이다. 심지어는 "정치가 제대로 된다면 양대산맥이 계속 유지돼 가야 한다"[19]는 발언까지 했다. 오직 '지역문제' 해결을 위해서라는 아전인수의 정치공학적 비논리와 불온성이 그의 지지세력 분열을 더욱 촉진시켰음은 두말할 필요가 없다.

그런데 노무현의 개헌에 대한 집착은 임기 말에는 조금 이상한 형태로 갈팡질팡한다. 그가 애초에 가지고 있었던 문제의식은 대통령제하에서의 여소야대 문제, 지역별로 심화돼 나타나는 정당지지율과 의석점유율의 괴리 해결이 주된 핵심이었다. 그런데 원칙적으로 대통령제로는 설령 그것이 결선투표를 하는 대통령제라고 해도 여소야대가 발생할 가능성을 절대로 막을 수 없다. 따라서 만약 정당지지율과 의석점유율의 괴리를 함께 해결하려 한다면 분권형 대통령제나 내각제를 패키지로 도입해야 한다.

그럼에도 불구하고 2007년 1월, 노무현은 "대통령 임기를 4년 연임제로 조정하면서, 현행 4년의 국회의원과 임기를 맞출 것을 제안"[20]한다. 아마도 그는 (대폭 개헌의 어려움을 고려하여) 대통령·국회의원 동시선거 개헌만으로 여소야대의 확률을 줄이려고 최소한의 목표를 설정했던 것으로 보인다. 하지만 그건 여소야대의 확률을 줄이는 것뿐이고, 근본적으로 정당 지지율에 비례하는 정치세력이라는 문제의식은 후퇴한 것이라고 볼 수밖에 없다. 덧붙여 (나로서는 대통령제를 전혀 선호하지 않지만 대통령제를 어쩔 수 없이 전제할 경우) 동시선거보다는 결선투표제가 더 중요하다.

노무현은 마지막 순간까지 개헌에 대한 집착을 놓지 않았다. 위에서도 부분적으로 인용했지만 그는 2007년 제헌절엔 결선투표 대통령제, 내각제 및 기타 개헌 사항을 여러 가지 언급하며 차기 국회의 개헌 약속을 지킬 것을 촉구[21]했다. 그가 논의를 국민들에게 맡기는 차원에서 선택 가능한 대안만을 제시했다고 볼 수 있다. 하지만 그렇게 개헌에 집착해 의견을 내놓을 거리면 자신의 평소 문제의식인 '여소야대'와 '정당득표율과 의석점유율 괴리' 문제의 궁극적 해결책인 독일식 내각제, 최소한 정당명부 비례대표 분권형 대통령제를 왜 못 박지 않았는지 의아한 생각까지 든다.

어쨌든 노무현은 그렇게 대통령직에서 물러났다. 노무현의 발언에는 대통령 이전에는 느끼지 못했던 헌법 실현의 어려움을 대통령 직무수행 과정에서 절감한 듯한 소회가 많이 묻어 있다. 하지만 그의 개헌 구상은 (많은 사람들이 기억하진 못하지만) 즉흥적인 것이 아니었다. 노무현은 대통령 후보 시절 이미 "중·대선거구제를 통한 총선 결과를 토대로 다수당에 총리 지명권을 부여, 현행 헌법 체계하에서 내각제 또는 이원집정부제를 운영해볼 생각"이라면서 "임기 마지막해인 2007년에는 그동안의 정치개혁 성과를 토대로 대통령 중임제(4년), 내각제, 이원집정부제 등에 대한 국민의 뜻을 물어 개헌을 추진하겠다"[22]고 밝힌 바 있다. 다만 그것이 지역문제 해결이라는 자신만의 소명의식과 결합돼 전도된 집착을 보였을 뿐이다.

현실은 노무현에게 무자비했다. 그의 죽음이 웅변한다. 하지만 현실의 무자비함을 근원적으로 이해하지 못한 그에게도 업보가 있다. 단지 꿈을 좇는 낭만적 이상만으로도 의미가 있었다고 이해해주기에는 그의 실패가 남긴 현실적 후유증이 너무 크다. 단지 개헌을 낭만적으로 추구하다 실패한 후유증이 아니라 개헌을 함께 추진할 수 있는 현실적 동력(지지층)을 스스로 영원히 분해해버린 역사적 후유증을 말한다. 구체적으로 그의 낭만적 실패가 남긴 지금까지의 현실은 거대 한나라(새누리)당의 10년 집권이었다.

3

유사 이래 최초의
평화적 정권교체

1997년 12월, 제15대 대통령선거에서 김대중이 당선됨으로써 우리나라에서 유사 이래 최초의 평화적 정권교체가 이루어졌다. 한 나라의 정치가 1인 장기 집권체제에서 집권자 교체의 일당 집권체제로, 그것이 다시 정당들 간의 평화적 정권교체 체제로 발전해간다는 것은 생각만큼 쉬운 일이 결코 아니다.

전쟁론의 대가 클라우제비츠는 "전쟁은 다른 수단에 의한 정치의 연속에 지나지 않는다"[23]는 경구로 유명하다. 그런데 푸코는 "정치란 다른 수단에 의해 계속되는 전쟁이다"[24]는 명제로 그 경구를 뒤집는다. 누가 더 사실에 근접하고 있는 것일까? 그 대답을 위해서는 어쩔 수 없이 정치의 근원을 생각해봐야만 한다. 정치 이전에 전쟁이 있었을까, 아니면 전쟁 이전에 정치가 있었을까? 난 전자라고 생각한다.

정치를 낭만적으로 생각하는 많은 사람들이 있다. 그들은 논리에 승복하고, 아귀다툼 없는 타협을 하며, 약자를 보호하는 좋은 세상을 위해 정치가 존재하는 것이라고 생각한다. 그래서 그들은 그렇지 않은 비정한 정치를 볼 때마다 이해할 수가 없다. 하지만 이 세상에 논리에 승복하고, 아귀다툼 없고, 약자를 보호하는 전쟁은 없다. 만약 정치를 전쟁의 연장선 속에서 이해할 수밖에 없는 것이라면 오직 힘과 꼼수가 지배할 뿐인 정치의 속살도 이해할 준비를 해야만 한다. 말하자면 '그렇게 되기를 바라는 좋은 정치'와 '그 꿈이 무엇이든 있는 그대로의 정치'를 구별하고 대처할 준비도 해야만 한다.

국가 속에서 태어난 우리가 국가의 근원을 생각하기가 쉽지 않듯이, 민주주의 제도 속에서 태어난 사람들은 민주주의의 근원을 생각하기가 쉽지 않다. 좋든 싫든, 기이하든 평범하든, 일상의 질서에 대한 익숙함은 그 근원에 어떤 치부가 있는지, 그것이 유지되는 원리가 무엇인지에 대한 근원적 사고를 마비시키기 십상이다. 그래서 많은 사람들이 민주적이지 않은 현상에 대한 규범적·당위적 비판은 아주 잘하지만 전쟁이 아닌 민주주의, 즉 전쟁을 완화하면서 어떻게 '좋은 세상'을 만들어나가야 하는지에 대한 현실적 방안을 모색하는 것은 매우 무능력한 경우가 많다.

어쨌든 김대중은 그 전쟁의 외중에서 승리했다. 만약 정치가 전쟁의 연속이라는 푸코의 주장이 나름의 진실을 담고 있다면 김대중에 의한 기적적인 정권교체는 우리 역사에서 전쟁의 문법을 바꾼 획기적인 사건이었다. 이 정권교체를 통해 우리 공동체도 비로소 야만적이고 폭력적인 방법이 아닌 문명화되고 평화적인 방법으로 전쟁을 수행할 수 있는 가능성을 찾게 된 것이다. 이것은 당연히 기득·패권세력에게는 엄청난 충격이었을 것이고, 반기득·반패권세력에게는 바로 그만큼의 환희였을 것이다.

그렇다면 여기서 한 가지 궁금증이 생긴다. 우리의 1987년 헌법은 이러한 사태, 즉 정권교체라는 사태를 충분히 예상하고 준비하고 있었던 헌법일까? 헌법이 선거에 의한 평화적 정권교체를 보장하기만 하면 정권교체는 일상적인 현상일 뿐이라고 생각하는 사람들에게는, 즉 민주주의를 머릿속의 제도로만 생각하는 사람들에게는 이 질문은 별 의미 없이 들릴 수도 있다. 헌법이 멀쩡하게 선거에 의한 정권교체의 가능성을 보장하고 있는데 헌법이 정권교체를 예상했느냐 안했느냐는 질문은 심지어 해괴한 질문으로까지 들릴 수 있다.

하지만 우리 헌법이 이론상으로 정권교체의 가능성을 보장한다는 것과 실제로 정권교체가 일어날 가능성을 인정하고 체계적으로 대비했느냐는 것은 본질적으로 다른 측면이 있다. 나는 1987년 헌법은 관념이 아닌 현실로써 실질적인 반대세력 간의 정권교체 가능성을 진지하게 대비한 헌법이라고 생각하지 않는다. 1987년 6월 24일, 전두환 파쇼세력과 민주화 세력 간에 벌어진 건곤일척의 승부처에서 전두환은 노태우에게 항복하자며 이렇게 제안한다.

직선제를 해도 마, 이기지 않겠소?[25]

헌법은 추상화된 문장으로 돼 있다. 하지만 그 추상화된 문장 뒤에는 보이지 않는 우리의 구체적인 역사와 정치가 담겨져 있다. 만약 전두환세력이 선거를 치를 경우 정권을 내놓을 수밖에 없다고 판단했다면 그 전쟁터에서 어쩌면 다른 불행한 수단을 상상했을지도 모른다. 그들이 그 전투에서 승리하리라고 믿었던 것은 김대중·김영삼의 필연적 분열을 내다봤기 때문이었다. 그리고 어쨌든 결과적으로 그들의 전략이 맞았다.

문제는 1987년 헌법의 권력구조였다. 1987년 헌법 속엔 정권재창출을 확신했던 전두환세력, 오직 직선제를 통한 대통령 권력의 장악 외엔 아무 관심도 없었던 야당세력, 그리고 구체적인 개헌작업까지는 참여할 여력이 없었던 국민들의 의지가 함께 녹아들어 있는 셈이다. 이제 좀 더 자세히 1987년 헌법의 권력구조 이면을 들여다보자.

우리나라 국민들은 대체로 대통령제하의 여소야대 문제에 대해 그렇게 심각하게 생각하지 않는 경향이 있다. 아마도 미국 헌정사의 경험을 우리나라 헌정사의 경험으로 치환해 사고하는 착시현상 때문이 아닌가 한다. 하지만 미국의 정치상황과 우리나라의 정치상황은 많이 다르다. 단순히 민주 헌정질서의 길고 짧음의 문제가 아니다. 연방제인 미국의 정당문화는 단방제인 우리나라에 비해 중앙통제가 상대적으로 많이 약하다. 대통령이 법안통과를 위해 상대당 의원들까지 다방면으로 설득하는 것이 하등 이상하게 생각되지 않을 정도다. 이에 비해 우리나라는 거의 군대식 통제를 방불케 하는 정당문화를 가지고 있다. 한마디로 당과 당이 전쟁의 형태로 대치할 경우 우리나라는 미국과는 달리 거의 수습이 불가능할 정도로 정국이 경색될 수도 있다는 말이다.

그럼에도 불구하고 우리 국민은 (지금도 마찬가지지만) 당시 '한국 정치상황하에서의 여소야대 문제'에 대해 거의 무사태평이었다. 왜 그랬을까? 당시까지 선거에 의한 정권교체의 경험이 없었기 때문이다. 당시까지 우리나라 헌정은 독재권력과 독재권력을 뒷받침하는 여대야소 상황 속에서만 기능했다. 이런 상황이었으므로 전두환세력뿐만 아니라 누구라도 아직 경험해보지 못한 치명적인 '한국식 대통령제와 정권교체, 여소야대, 그리고 여전히 이어질 투쟁적 정치문화'의 불협화음에 대해 예지적인 두려움을 가질 이유가 없었을 것이다.

결국 우리 헌정사는 여소야대를 맞이할 때마다 (좋은 의미든 나쁜 의미든) 치명적인 정치적 격변을 겪는다. 예컨대 직전 총선 득표율 기준으로 사실상의 여소야대였던 1979년의 박정희 피살, 1990년의 3당 합당, 1998년 김대중정권의 정상적인 조각불능상태, 2004년의 대통령 노무현 탄핵소추, 2016년의 대통령 박근혜 탄핵소추가 역사적 사례다. 이러한 헌정사적 경험은 여전히 전쟁을 방불케 하는 '권력투쟁'의 문제이기도 하지만 헌법의 구조적 문제이기도 하다. 놀라운 사실은 이런 역사적 경험에도 불구하고 우리 국민은 여전히 '아무 대책 없는' 대통령제를 선호한다는 사실이다.

더욱 곤혹스런 사실은 우리나라 정부형태는 순수한 미국식 대통령제도 아닌 대단히 기형적인 구조의 대통령제라는 점이다. 이 정부형태 아래서는 여소야대 상황에서 정권교체가 일어나면 사실상 조각이 불가능하게 돼 있다. 대통령의 총리임명에 국회의 동의가 있어야 하

한국정치사에서 여소야대 정국은 매번 정치적 불안과 급변을 불러왔다.(왼쪽부터 10·26사건, 3당 합당, 김대중정부의 조각불능사태, 대통령 노무현·박근혜 탄핵소추) 이런 구조적 모순은 우리 헌법이 정권교체를 경험하지도 그 가능성을 예상하지도 못한 채 만들어지고 고쳐져왔다는 데 기인한다.

고, 대통령의 국무위원과 장관 임명은 총리의 제청이 있어야 하는데 여소야대 상황에선 총리임명을 둘러싼 대치를 해소할 방법이 없다.

실제로 이른바 DJP연합으로 정권교체라는 초유의 역사를 만든 김대중 정부는 집권 첫날부터 우리 헌법의 구조적 문제에 부딪힌다. 김대중이 총리로 지명한 김종필을 의회의 다수를 차지한 한나라당이 동의를 미루며 거부한다. 자신들이 초래한 절대절명의 'IMF 위기' 상황임에도 그들은 자신들의 헌법적 권리를 행사하는 데 아주 투철했다. 그러다 겨우 무기명투표방식에 의한 임명동의안 처리에 나섰는데 한나라당 소속 의원들의 '백지투표' 문제가 불거져 임시국회 회기가 종료되고 투표함이 봉인되었다. 일이 이렇게 되자 결국 김대중은 3월 2일 전 정권의 국무총리로 아직 법적 재직상태였던 고건으로부터 행정각부의 장에 대한 임명제청을 받은 뒤 고건의 총리사표를 수리하고 위 임명제청에 따라 행정각부의 장을 임명하면서 김종필을

국무총리 '서리'로 임명했다.

　이 문제는 한나라당 의원들이 권한쟁의심판을 청구해서 헌법재판소까지 갔는데, 결론만 말하면 5인의 각하의견과 3인의 인용의견 그리고 1인의 기각의견을 도출한 뒤 그해 7월에 가서야 비로소 각하[26]되었다. 여기서 재판관 이영모가 냈던 기각의견에 주목해보자.

　　국무총리의 궐위는 대통령으로 하여금 새 행정부 구성을 할 수 없게 하고 있는데도 헌법은 궐위된 국무총리의 직무를 누가, 어떤 방법으로 수행하는지에 관하여 아무런 규정을 하지 않고 있다. 헌법제정자는 이와 같은 특수한 경우를 예상하지 못하였고, 이러한 헌법규정의 흠(欠) 때문에 대통령의 국무총리서리 임명이 헌법에 합치되는지 여부는 해석에 의하여 가려볼 수밖에 없다.

　그런데 인용을 해야 한다는 3명의 소수의견도 있었다. 그들은 이렇게 주장했다.

헌법조항은 "국무총리는 국회의 동의를 얻어 대통령이 임명한다"고 명시하여 대통령이 국무총리를 임명함에 있어서는 "반드시 사전에" 국회의 동의를 얻어야 함을 분명히 밝히고 있다. 이는 법문상 다른 해석의 여지없이 분명하고 (후략)

여기서 흥미로운 상상을 한번 해보자. 만약 어찌어찌해서 고지식하고 문언적인 원리원칙에 투철한 헌법재판소가 국무총리는 하늘이 무너져도 "반드시 사전에" 국회의 동의를 얻어야 하고, 이를 지키지 않은 채 지금까지 모든 정권에서 편법으로 시행됐던 '총리서리'의 모든 법적 행위는 무효라고 결정했다면 우리 헌정은 어찌됐을까? 아니 그보다 왜 우리는 헌법을 이렇게 이상하게 만들어놓고 파생되는 부작용에는 그토록 무감각하게 살고 있을까?

아직 물어봐야 할 구조적 문제가 남아 있다. 우리 헌법상으로 5년 임기의 대통령과 4년 임기의 국회의원의 선거를 같은 해에 치르는 주기가 20년마다 돌아온다. 그나마도 4월의 국회의원 선거와 12월의 대통령선거는 8개월여의 격차가 있다. 그럼 생각해보자. 정권교체가 계속될 경우, 어떤 대통령이 여대야소 상황에서 임기를 마치면 다음 대통령은 반드시 여소야대 상황에서 임기를 시작한다. 이 대통령이 운이 좋아 다음 국회의원선거에서 여대야소 국회로 역전시킨다면 이제 그 다음 대통령은 불행하게도 또 반드시 여소야대 국회 속에서 임기를 맞이하게 된다. 그렇다고 한 정당이 영원히 대통령을 배출하고 다수당이 돼 여대야소가 지속되기를 바라는 것은 있을 수 없는 일이다. 자, 이 구조적 문제를 어찌해야 하는가?

우리나라 기자들은 총리가 새로 임명될 때마다 습관처럼 이른바 '책임총리'에 대한 견해를 묻는다. '책임총리'란 게 뭘까? 총리는 국회의 동의를 얻어 요란하게 임명됨에도 불구하고, 헌법상 총리의 역할은 그저 "행정에 관하여 대통령의 명을 받아 행정각부를 통할"하는 것뿐이다. 그럼 "대통령을 보좌"할 뿐인 총리가 자기 맘대로 국무위원과 행정각부의 장을 대통령에게 제청하는 권한을 행사하는 것이 책임총리의 의미일까? 이는 근원적으로 불가능하다. 대통령이 그 제청된 국무위원과 장관이 마음에 들지 않을 경우 어떡할 것인가? 영원히 국무총리의 제청과 대통령의 도리도리 거부를 반복하는 것이 헌법정신이고 책임총리의 역할일까? 결국 행정권은 행정부의 수반인 대통령의 뜻대로 행사하는 것이 헌법정신이고, 책임총리란 아무 의미 없는 비헌법적 수사일 뿐이다.

난 개인적으로 이런 이상하고 대책 없는 권력구조를 규정하고 있는 헌법을 가지고 그런대로 잘 살고 있는 우리나라 현실이 신기하다. 어쩌면 앞으로도 우리 헌정질서는 헌법규정보다는 전쟁 같은 정국대치와 그 정국에 대한 한국적 여론 압박으로 겨우겨우 유지돼나갈 가능성이 높다고 본다. 하지만 이건 정상적인 헌정의 모습이 아니다. 나에겐 헌법학자로서 소박한 꿈이 있다. 1987년 헌법의 대성취, 즉 '대통령을 내 손으로'라는 명제를 넘어 이젠 좀 더 체계화되고, 과학적이고, 민주적인 헌법을 갖고 싶은 꿈이다.

4

조용한 혁명,
헌법재판의 시작

아마도 (동의하지 않을 사람들도 꽤 있겠지만) 우리나라 헌정사에서 1987년 헌법이 가져온 가장 큰 변화는 헌법재판제도가 아닌가 한다. 내 생각엔 거의 획기적인 변화였다. 물론 1987년 헌법을 상징하는 것은 '대통령을 내 손으로'라는 명제다. 하지만 대통령을 내 손으로 뽑았던 경험은 1987년 헌법 이전에도 있었다. 대통령 직선제는 초유의 경험이라기보다는 조금은 낯설게 정상을 회복한 경험에 가깝다. 물론 대통령 직선제도 경험적인 측면에서 부정선거의 정도가 점점 완화돼왔다는 새로운 측면이 있긴 하다. 하지만 그것도 헌법재판제도가 자리잡아가는 경험에 비하면 빛을 잃는다.

그럼 우리나라에서 헌법재판제도는 1987년 헌법에서 처음 도입된 것인가? 물론 아니다. 헌법이 있고, 그 헌법이 현실을 통제해가기 위해서는 헌법재판이란 것이 있어야 한다. 우리나라의 경우에도 제헌

이래 줄곧 헌법재판제도가 있었다. 세계 최초의 근대적 성문헌법의 발상지인 미국의 경우에는 제헌 이후 얼마간의 시간이 지난 뒤 대법원 판례를 통해 이 헌법재판제도가 확립됐다. 하지만 우리의 경우엔 처음부터 대법원 판례가 아닌 명문의 헌법규정과 독립기관인 헌법재판소(경우에 따라서는 대법원 혹은 헌법위원회)의 권한으로 이 헌법재판이 시행됐다.

사실 1987년 헌법 시행 당시, 헌법학자들을 포함해 많은 사람들이 우리나라 헌법재판소가 오늘날과 같은 위상을 확보할 수 있으리라고 쉽게 예상하지는 못했다. 그도 그럴 것이 헌법재판이란 것이 1987년 헌법에서 최초로 제도화된 것도 아닌데 무슨 경천동지할 변화가 있을 것으로 확신했겠는가? 하지만 우리는 그간의 헌정질서 속에서 별 존재감이 없던 제도가 언젠가부터 대한민국의 운명을 결정해가는 모습을 보고 있다. 이는 마치 영화제작시엔 그저 그런 평범한 역할이라고 생각했던 조연배우가 영화가 상영된 얼마 후 모두의 예상을 뛰어넘어 주연배우에 버금가는 관심을 받고 있는 형국과 비슷하다. 도대체 무슨 일이 일어난 것일까?

헌법재판과 관련해 아주 중요한 에피소드가 있다. 1960~1970년대 우리나라가 베트남파병을 했을 때 일이다. 그때 많은 군인들이 죽고 다쳤다. 당연히 군인 등 유가족들의 국가에 대한 손해배상 소송이 증가했다. 그러자 박정희는 1967년 기존의 국가배상법을 새롭게 개폐해 군인 등에 대해 '이른바' 이중배상금지 규정을 삽입한다.

법 이론상 보상과 배상은 엄격히 구분된다. 행정법 차원의 '보상'이란 국가 또는 지방자치단체의 '적법한' 행위에도 불구하고 '특별한 희생'이 발생하였거나 아니면 위법행위와 관계없이 연금 등의 사회보장적 성격의 조절적 대가를 지불해주는 것을 말한다. 그리고 '배상'이란 공무원의 '위법한' 직무행위(혹은 영조물의 설치·관리상의 하자 등)로 인한 손해의 발생에 대하여 그 책임을 지는 차원에서 대가를 지불하는 것이다.

전쟁터에서 군인이 죽고 다칠 때 국가의 잘못 없이 희생되는 경우가 일반적일 것이다. 이 경우 보상만이 문제된다. 하지만 국가가 지휘·감독을 잘못해 사고가 발생하는 경우도 허다할 것이다. 이 경우 보상을 받았다고 해도 그 잘못에 대한 책임을 따로 물을 수 있어야 한다. 그런데 박정희정권은 그 정당한 권리행사를 법리에도 없는 법을 만들어 막아버린 것이다.

그런데 '놀랍게도' 이 법이 1971년 대법원에서 위헌판결이 난다. 지금의 관점에서 위헌판결이야 흔한 일 아니냐고 생각하는 독자도 있을 것이다. 하지만 그렇지가 않다. 박정희 집권 이후인 1962년 헌법 체제에서 그때까지 어이없지만 단 두 건의 위헌결정만이 있었을 뿐이다. 앞의 위헌결정을 포함해서 그렇다. 심기가 매우 불편해진 박정희는 유신헌법을 제정하면서 이 이상한 법률규정을 아예 헌법에다 집어 넣어버렸다. 우습게도 이 규정은 1987년 헌법 이후에도 살아남아 화석처럼 굳어 있다.

법률이 이상하면 상위 규범인 헌법을 토대로 위헌결정을 내리면 된다. 그런데 헌법이 이상하면 어떻게 해야 할까? 헌법재판소로서도 난감할 수밖에 없을 것이다. 실제로 헌법재판소는 '헌법조항이 헌법에 맞지 않는다'는 '난해한' 헌법소원을 제기받은 적도 있다. 헌법재판소는 이 난해한 헌법소원을 각하할 수밖에 없었고, 국가배상법 단서조항은 합헌결정을 할 수밖에 없었다. 이 화석 같은 헌법조항은 법리의 일관성을 저해하는 이상한 논리를 담고 있는 게 분명하다. 하지만 법학자들만 이 헌법조항을 스칠 때마다 고개를 갸웃거리고 넘어갈 뿐이다.

난 지금 무슨 말이 하고 싶은가? 헌법제도가 문장으로 존재한다는 것과 그것이 우리들 삶의 지표가 된다는 것은 사뭇 다르다는 말이다. 1987년 헌법에서 헌법재판소를 제도화했을 때 이 규정이 어떻게 우리들 삶에 영향을 줄지 쉽게 예측하기 힘들었다. 왜냐하면 헌법규정이 그 자체로 모든 것이 아니기 때문이다. 그래서 질문을 바꾸어야 한다. 왜 1987년 헌법의 헌법재판 규정만이 과거의 헌법재판 규정과는 판이하게 우리들 삶에 그렇게 큰 영향을 주고 있는가? 대답은 헌법재판 규정 자체가 아니라 그 헌법재판 규정을 지배하는 우리 사회의 민주화 능력에서 찾아야 한다. 헌법은 우리 사회를 지배하지만 동시에 우리 사회도 헌법을 지배하는 것이다.

우리 헌정사에서 규범 그 자체로만 볼 때는 오직 1987년 헌법만이 정상적인 민주헌법이라고 말할 수는 없다. 하지만 오직 1987년 이후에만 헌법이 민주적인 관점에서 정상적으로 작동하기 시작했다. 아직 갈 길이 멀지만 분명히 시작은 했다. 근거? 부인할 수 없는 간단하고 명백한 근거는 평화적 정권교체의 경험이다. 우리는 앞으로도 수 없이 반복될 정권교체를 통해서 많은 것을 배우게 될 것이다. 1인의 절대권력, 혹은 일당 지배체제하에서의 인간 행태와 수시로 정권교체가 되는 나라의 인간 행태는 많이 다를 수밖에 없다. 한 절대권력이 영원히 계속될 것 같은 착각 속에서 비루한 아첨을 일삼던 법조인·정치인·공무원·일반인 등등의 행태를 상기해보라. 독재권력하에서 헌법재판을 했던 법조인의 행태는 단순히 헌법 문장으로 이해할 수 있는 사태가 아닌 것이다.

우리는 개헌을 통해 헌법 문장을 다듬으려고 노력하는 만큼 사회를 민주화시키려고 노력해야 한다. 그것이 곧 헌법을 다듬는 것이다. 우리가 제 아무리 좋은 헌법 문장을 만들어놓는다 하더라도 우리 사회가 그 좋은 헌법을 운용할 능력이 없다면 그저 좋은 장식품에 불과할 것이고, 반면 헌법 문장이 다소 조악할지라도 우리 사회가 고도로 민주화돼 있다면 그 흠은 크게 문제되지 않을 수도 있다.

지금까지는 주로 헌법 문장이 아닌 그 헌법 문장을 뒷받침하는 사회의 민주적 능력에 대한 얘기였다. 이번엔 거꾸로 헌법 문장이 힘을 발휘해 사회의 민주화를 이끌 가능성에 대해 살펴보기로 하자. 다소 오해의 소지가 있는 아이러니한 예부터 시작한다.

2014년 12월 19일, 헌법재판소는 통합진보당의 해산결정을 내렸다. 한편 2015년 1월 22일, 대법원은 이석기 전 통합진보당 의원에 대한 내란음모 혐의에 대해 무죄를 선고했다. 여기서 민사절차에 따라 정당해산 결정을 한 헌법재판소의 판단과 형사절차에 따라 내란죄를 판결한 대법원의 판단을 동일선상에서 비교·비판하기는 힘들다. 하지만 정치·사회적 이슈가 된 '지하혁명조직 RO'의 실체와 통합진보당의 연계 문제에 대해 헌법재판소는 '안 봐도 안다'는 식의 통속적인 결정을 내린 것이 사실이다.

헌법재판은 법원에서 행하는 식의 사실판단을 하기에는 적합하지 않은 절차를 거친다. 그러므로 사실판단에 관하여는 대법원 판단을 지켜보는 것이 보다 합리적이다. 그런데도 헌법재판소는 서둘러 결정을 내렸다. 왜 이렇게 서둘렀을까? 통합진보당 정당해산사건 법률대리인단의 대변인 역할을 했던 변호사 이재화는 "대법원 판결이 나오면, 대법원 판결과 다른 결론을 내리기 어렵게 된다는 거예요. 그렇기 때문에 대법원 판결이 나오기 전에 (헌재가) 선수쳐버린 거예요. 그래서 대법원 판결과 다른 사실관계를 인정해서 해산 결정을 해버린 거죠"[27]라고 주장했다.

나는 여기서 이 사건 자체에 관한 본격적인 평을 하려는 것이 아니다. 나의 관심은 헌법재판소와 대법원의 관계에 있다. 우리는 종종 뉴스미디어에서 부처이기주의라는 말을 듣는다. 뉴스미디어가 아니라도 우리는 회사에서 조직이기주의 혹은 크고 작은 개개 인간의 이기주의를 경험한다. 보다 더 큰 상위 조직의 관점에서는 하위 조직의 경쟁관계 혹은 개인적인 이기심 같은 것이 부정적으로 작용할 경우 하찮고 치졸하게만 보일 수 있다. 누구나 공감할 수 있는 사례는 올림픽 대표선수를 선발하는 데 개입하는 (그들에게는 인생이 걸려 있고, 국민들이 보기에는 하찮은) 불공정한 파벌주의 같은 것이다.

하지만 여기서 한 걸음만 더 나가보자. 그런 하위 조직의 경쟁심 혹은 이기심이 반드시 부정적 영향만을 끼치는 것일까? 그렇다고 쉽게 말하기에는 생각보다 복잡한 메커니즘이 작동한다. 위 사안에서는 부정적으로 나타났지만 헌법재판소와 대법원의 기능분담이 민주화 역사에서 전적으로 부정적이었다고만 말하기는 힘들다. 만약 1987년 헌법이 조직 분리 없이 헌법재판을 대법원에 맡겼다면 우리 정치 상황을 고려할 때 현재만큼의 기능적 진전이 있었을까? 나는 분리된 조직의 조직이기주의가 헌법재판의 활성화를 위해 상당히 큰 도움이 됐다고 본다.

실제로 헌법재판소와 대법원은 1987년 헌법 시행 초창기부터 자기 조직의 영역 확보를 위해 상당한 다툼을 해왔다. 대표적인 사례가 1990년에 불거졌던 헌법 제107조 제2항의 명령·규칙에 대한 대법원 심사권이다. 이 헌법소원 사례[28]를 잠시 보기로 하자.

김○용은 법무사사무소 사무원으로 15년, 변호사사무소 사무원으로 12년을 종사해오면서 법무사가 되고자 법무사시험 준비를 해왔다. 그런데 법원행정처장은 법정기간 이상을 근무하고 퇴직한 법원공무원이나 검찰공무원만으로도 법무사 충원에 지장이 없다는 이유로 법무사시험을 실시하지 않고 있었다. 법무사법은 법무사업무의 수행에 필요한 법률지식과 능력이 있다고 대법원장이 인정한 자와 법무사시험에 합격한 자에게 그 자격을 부여한다고 규정하고 있었다. 그리고 그 법무사시험의 실시에 관하여 필요한 사항은 대법원규칙으로 정한다고 하고 있었다. 그런데 정작 그 시행규칙은, 법원행정처장은 법무사를 보충할 필요가 있다고 인정되는 경우에는 대법원장의 승인을 얻어 법무사시험을 실시할 수 있다고 규정하고 있었다. 말하자면 시험을 실시하지 않을 수도 있다는 말이었다. 그래서 청구인은 이런 상황이 말이 안 된다고 헌법소원을 제기했던 것이다.

결론만 말한다면 이 법무사법시행규칙은 위헌결정을 받았다. 이에 대법원이 발끈했다. 헌법에 따라 명령·규칙에 대한 최종심사권이 대법원에 있는데 무슨 월권이냐는 것이었다. 하지만 헌법재판소는 "명령·규칙 그 자체에 의하여 직접 기본권이 침해되었음을 이유로 하여 헌법소원심판을 청구하는 것은 위 헌법 규정과는 아무런 상관이 없는 문제"라고 판시했다. 말하자면 헌법 규정 그대로 위헌 여부가 "재판의 전제가 된 경우"가 아닌 헌법소원의 경우 헌법재판소에 그 위헌 심사권이 있다고 판시했던 것이다.

다소 길게 경과를 설명했는데 요지는 헌법재판소라는 별도의 조직 없이 대법원이 헌법재판을 겸하는 제도였다면 이런 결정이 나올 턱이 없다는 것이다. 이후로도 종종 헌법재판소와 대법원은 긴장관계를 노출시켜왔다. 법에 없는 변형결정(합헌 또는 위헌 이외의 결정)을 인정할 수 없다는 입장 등등이 그런 사례 중 하나다.

가장 최근의 긴장관계는 민주화 보상법과 관련한 사태다. 2015년 1월 22일, 대법원은 피해자들이 '민주화운동관련자 명예회복 및 보상 등에 관한 법률(민주화보상법)'에 따라 보상을 받았다면 국가와 화해한 셈이므로, 국가의 손해배상 책임은 없다는 취지의 판결을 내렸다. 하지만 지난 2014년 6월, 서울중앙지방법원 민사19부(부장판사 오재성)는 "합리적인 이유 없이 국가배상청구권을 제한한다고 의심할

대법원-헌재 '최고 사법기관' 기싸움…국민은 혼란스럽다

대법원과 헌법재판소의 '영역 다툼'을 걱정스럽게 보는 시선이 적잖다. 하지만 두 헌법기관의 긴장 관계와 경쟁은 사법권 내 절묘한 균형과 법치주의 진전에 크게 기여하고 있다. (헤럴드경제, 2015년 1월 26일)

상당한 이유가 있다"며 헌법재판소에 위헌법률심판을 제청했다.[29] 대법원은 헌법재판소 판단이 나오기도 전에 민주화보상법을 둘러싼 논쟁에 서둘러 종지부를 찍어버린 것이다. 위에서 말한 1971년 대법원 위헌판결을 상기하면 수십 년을 후퇴한 아이러니한 느낌마저 든다.

정리해보자. 헌법재판소와 대법원은 때로는 납득되고, 때로는 납득되지 않는 입장과 판례를 번갈아 내놓으며 서로 경쟁·견제하고 있다. 여기서의 내 관심은 그들이 내세운 법리 그 자체가 아닌 두 조직 간의 경쟁 메커니즘이다. 적어도 내 눈엔 그 메커니즘의 부정적인 측면보다는 긍정적인 측면이 더 큰 것으로 보인다. 만약 국민들 눈에도 그렇게 보인다면 미국식으로 헌법재판소를 대법원으로 통합하는 개헌은 하지 않는 게 좋다고 본다. 오히려 여력이 있다면 분리된 헌법재판소와 대법원의 민주적 통제 방법을 고민하는 것이 훨씬 바람직한 것으로 생각된다.

5

제9차, 불의와의 타협적 개헌:
공허했던 혁명구호,
'직선제로 독재타도!'

2014년 8월, MBC 〈일밤-진짜사나이〉라는 예능 프로그램의 여군 특집에서 화생방 훈련 모습이 방영됐다. 여기에 참여했던 여가수 지나의 수난 모습이 많은 시청자들에게 주목받았다. 그녀는 방독면을 잘못 착용했는지 화생방 막사에서 훈련 시작과 함께 견디지 못하고 사력을 다해 교관을 밀치며 뛰쳐나왔다. 그녀는 나중에 "눈이 뒤집어질 것 같고 어지럽고 목도 너무 아팠고요. 정말 패닉이 왔어요. 숨이 막혀서 죽을 수도 있겠구나라는 생각이 들었죠"[30]라고 인터뷰했다.

내 경험으로도 훈련소의 화생방 훈련은 무척 힘들었다. 하지만 지나만큼은 아니었던 것 같다. 내가 특별히 지나보다 더 정신력과 인내력이 뛰어났기 때문이 아니었다. 최루탄에 대한 약간의 예비지식이 큰 도움이 됐던 것뿐이다. 내가 입대했던 때는 박정희정권 말기였다. 그러다 복학하고 대학원에 다니던 전두환정권 말기에는 교문 앞에 가까운 은행나무 잎은 아예 사시사철 최루탄 분말로 하얗게 뒤덮여 있을 지경이었다. 그 무렵에 입대했더라면 화생방 훈련쯤은 거저 먹기가 아니었을까 싶다.

발악했던 전두환정권의 막바지로부터 벌써 많은 시간이 흘렀다. 지금 이글을 읽는 젊은 독자들의 상상력에 도움을 주기 위해 당시의 몇 가지 에피소드를 적는다. 이런 에피소드가 당시 상황을 대표하는 에피소드는 아니다. 하지만 평범한 일상의 전쟁을 어렴풋이 짐작케 해줄 수는 있을 것이다.

장면1 : 1986년 4월 29일, 연세대에서 벌어진 연합시위는 색다른 양상이었다. 공방의 전초전은 관례대로 학생은 돌로, 경찰은 최루탄으로 맞섰으나 시간이 흐름에 따라 경찰의 최루탄이 바닥을 드러내고 말았다. 급기야 전경들도 돌을 주워 던짐으로써 쌍방 투석전으로 바뀌어 마치 편싸움(석전石戰)을 벌이는 꼴이 되고 말았다. 교내 곳곳에서 불과 1~2m의 거리를 두고 격렬하게 대치한 결과 쌍방을 합쳐 60여 명이나 부상을 당했다.

시위가 가라앉은 오후 4시경 연세대부속 세브란스병원 응급실에는 가해자이자 동시에 피해자인 학생과 전경 10여 명이 나란히 병상에 누워 치료를 받았다. 서대문경찰서 소속 구모 의경은 학생들이 던진 화염병이 얼굴에 맞아 중화상을 입은 채 고통으로 몸부림치고 있었고, 연세대 학생 박모 군은 최루탄을 얼굴에 바로 맞아 얼굴 전체가 퉁퉁 부어오르는 중상을 입은 채 신음하고 있었다. 나란히 누운

학생과 전경들은 감정을 억제하려고 애쓰는 모습들이었다.[31]

장면2: 때는 바야흐로 1986년 5월 20일 밤 10시 10분경. 고려대 교직원들은 이틀간의 비상근무를 끝내고 학교 북문 쪽으로 퇴근하는 중이었다. 이때 어디선가 학생들이 시위 때 자주 부르는 '5월의 노래' 소리가 들려와 그들은 아연 긴장했다.

교직원들이 이 노랫소리의 진원지를 추적한 결과 북문 쪽을 지키던 전경 10여 명이 '무료하던' 나머지 땅바닥에 주저앉아 헬멧을 두드리면서 합창을 한 것으로 밝혀졌다. 교직원들은 안도의 한숨을 내쉬었는데, 한 직원은 "모처럼의 '빠른 퇴근'이 물거품이 되는 줄 알았다"면서 "전경들도 시위현장에서 자주 '시위노래'를 듣다보니 귀에 익어 자연스럽게 외게 된 것 같다"면서 실소했다.[32]

장면3: 임OO의 장남은 연세대 재학중 입대, 전경으로 차출돼 서울 서대문경찰서 소속으로 시위진압에 나서고 있었고, 차남은 연세대 2학년에 재학중이었다. 그들 형제는 1987년 들어서 4, 5차례 시위현장에서 맞부딪쳤다. 아버지 임OO는 '6월 12일에도 전경인 형이 최루탄에 쫓기는 대학생인 동생을 보았다고 고통스러워하더라'며 탄식했다.[33]

그땐 그렇게들 함께 살았다. 그때의 기억을 더듬으려니 지금도 코끝에서 최루탄 냄새가 나는 것 같다. 이런 일상사 말고 모두가 알고 있는 더 어둡고 잔인했던 피맺힌 역사적 사연은 굳이 여기서 다시 적나라하게 기억을 상기시키지는 않겠다. 모두가 그런 시절을 겪어내며 전두환정권과 싸워 힘겹게 얻어낸 헌법이 현행 1987년 헌법이다.

그런데 여기서 한 가지 당연한 궁금증이 생길 것이다. 당시 그렇게 나라가 혼란에 빠졌는데 경제는 어떻게 돌아갔을까? 나라가 망하기 일보직전 아니었을까? 2014년 10월 6일, 대통령 박근혜는 정치권의 개헌 논의에 대해 "개헌 논의 등 다른 곳으로 국가 역량을 분산시킬 경우 또 다른 경제 블랙홀을 유발시킬 수 있다"[34]고 말한 바 있다. 과연 개헌 논의는 그저 입 밖에 꺼내는 것만으로도 경제 블랙홀을 만들 만큼 위험천만한 것일까?

1987년, 대한민국 국민들은 전두환정권과 그런 사생결단의 개헌 논의를 했는데도 실질GDP성장률은 12.5%였다. 그 전해인 1986년 엔 11.2%, 그 다음해인 1988년에는 11.9%였다. 대한민국 역사상 유래 없는 성장을 했다. 참고로 경찰백서가 기록하는 불법폭력시위는 2008~2013년 사이에 역사상 가장 낮은 수위를 기록했지만 경제 성장률도 거기에 맞춰 역사상 가장 낮은 수준을 벗어나지 못했다.[35] 말하자면 시위는 시위고 경제는 경제라는 얘기다. 우리 경제에 가장 큰 충격을 줬던 IMF환란은 시위나 개헌논의 때문이 아니라 정권의 어처구니없는 경제정책 무능 때문에 발생했다고 봐야 한다. 난 개인적인 차원의 경제활동은 심지어는 목숨이 왔다 갔다 하는 전쟁터에서도 각자들 잘 알아서 열심히 하는 것이라고 생각한다. 개헌논의를 한다고 대한민국의 온 경제주체들이 돈 벌 생각은 하지 않고 개헌논의에만 빠져 있을 것이라고는 생각하지 않는다.

다시 돌아가서, 1987년 헌법 탄생에서 가장 궁금한 질문을 이제 본격적으로 해야 할 차례다. 잔인무도한 전두환정권은 왜 1987년 항쟁을 총칼로 진압하지 않았을까? 1980년에 그토록 잔인하게 광주의 살육을 자행하며 정권을 잡았던 전두환은 무엇이 두려워 1987년엔 그 같은 짓을 반복하지 않았을까? 이 질문에 올바르게 대답하는 것은 단순히 역사적 궁금증을 해결하는 문제가 아니라 역사적 진보의 동력을 이해하는 일이 될 것이다.

서중석은 전두환이 군 출동을 못시켰던 주요 원인을 대략 세 가지로 파악했다.[36] 쉽게 요약하면 첫째, 군을 동원했을 때 군의 총칼이 전두환 등 자신들에게로 향하는 쿠데타가 일어날 가능성, 둘째, 호남 출신 이한기 총리서리와 상대적 온건파가 포진해 있었던 내각의 반발 가능성, 셋째, 광주학살의 기억 등이 그것이다.

나는 서중석의 분석에 대체로 동의한다. 하지만 약간의 첨언은 필요하다고 본다. 위에서 말한 두번째 이유는 부수적인 이유일 뿐이다. 각료는 해임시키면 그뿐이다. 전두환 생각에 그들 따위가 마음에 걸려 하고 싶은 일을 못했을 가능성은 거의 없다. 혹 그런 이유 때문에 약간의 주저함이 있었다면 그건 오히려 다른 이유 때문에 주저하고 있는 그의 심리를 안정시켜주는 핑계와 위안 정도였을 것이다.

그렇다면 두 가지 이유만 남는다. 군부 쿠데타의 위험과 광주의 기억. 이건 모두 전두환 자신의 목숨과 관련된 이유다. 어떤 이유가 더 컸을까? 그건 쿠데타가 성공할 가능성과 민중혁명이 성공할 가능성, 둘 중 어떤 가능성이 더 큰가의 문제다. 이 두 가지 길의 성공 확률에 대해서는 누구도 확언을 할 수는 없을 것이다. 하지만 내게 굳이 선택하라면 난 민중혁명의 성공 가능성이 더 컸다고 말하고 싶다. 한마디로 군대를 동원하지 못한 전두환, 어쨌든 쿠데타를 일으키지 못한 군 모두, 광주의 기억이 치명적이었다고 본다.

한 가지 더, '광주의 기억'도 좀 더 구체적으로 말해둘 필요가 있다. 1980년 5월 광주는 크게 네 단계로 나눌 수 있다. 1단계는 5월 18일부터 21일 발포 전까지 자행된 학살단계, 2단계는 21일 반란군의 발포 이후 시민군이 반란군을 몰아내고 도청을 함락한 하루 동안의 무장 항쟁 단계, 3단계는 22일~26일까지 광주의 완전봉쇄 속에서 피어난 '절대공동체' 단계, 4단계는 27일 도청을 사수하고 최후의 결전을 벌인 순교 단계다.

이 중 전두환이 두려워했던 것은 무엇일까? 나는 전두환이 절대로 학살 단계를 두려워하지는 않았을 것이라고 확신한다. 말을 바꾸면 5월 광주가 학살만으로 끝났다면 전두환과 그 후예들은 앞으로도 쿠데타와 학살을 두려워하지 않게 됐을 것이다. 5월 광주가 전두환과 쿠데타를 꿈꾸는 군부의 가장 끔찍한 악몽이 됐다면 그건 해방과 도청 옥쇄일 수밖에 없다. 특히 도청 옥쇄는 앞으로도 우리 역사에서 쿠데타를 꿈꾸는 모든 반란자들의 기억하기 싫은 악몽으로 남을 것이다. 도청 옥쇄는 일방적인 학살만을 꿈꾸는 반란자들에게 이젠 쿠데타를 일으키려면 반란자 자신들도 목숨을 걸라는 역사적 경고였다. 그렇게 광주의 기억은 '광주의 공포'가 돼 역사의 위대한 자산이 됐다.

하지만 허무하게도 1987년 헌법개정 이후 첫번째 대통령선거는 주지하듯이 노태우의 승리였다. 민주정의당 노태우 36.64%, 통일민주당 김영삼 28.03%, 평화민주당 김대중 27.04% 신민주공화당 김종필 8.06%였다. 전두환세력이 무력에 목숨을 걸지 않고, 보다 손쉽게 대통령 직선제를 통해 정권을 장악하기로 결정한 것은 결과적으로 그들로선 회심의 선택이 됐다.

여기서 한 가지 의문이 든다. 1987년 헌법이 결선투표제 없는 5년 단임 대통령제를 채택한 것은 우연이었을까? 우연으로 보이지 않는다. 5년 단임 제도는 우선은 독재에 대한 국민적 트라우마의 반영이라고 볼 수 있을 것이다. 거기에 덧붙여 당시 정치를 장악했던 세력들로선 혹 대통령선거에서 낙선했을 경우를 대비한 일종의 보험 성격도 분명히 있었을 것이다. 그들 중 누구라도 4년 연임제를 도입했을 경우 낙선은 곧 재기불능 선고가 될 터였기 때문이다.

한편 결선투표를 제도화하지 않은 것도 정파 간의 정략적 타협의 산물로 보인다. 6월항쟁 기간 전두환은 노태우에게 권력을 넘겨주기로 작심하면서 (노태우는 이순자도 참석했던 것으로 어렴풋이 기억했다) 자신의 아들 전재국이 노태우에게 큰절을 하도록 시켰다.[37] 다음 대통령이 될 터이니 '잘 부탁한다'는 메시지였을 것이다. 전두환이 노태우 대통령을 확신했던 근거는 '야권분열 필승론'이었고 직선제와 김대중 사면은 패키지였다. 이 '야권분열 필승론'은 한화갑과 문희상에 의해 '4자필승론'으로 역逆전이[38]돼 김대중에게 수용된다. 그리고 김영삼은 자신이 대선 단일화 후보로서 결정적인 승기를 잡자 대권과 당권 분리안을 거부[39]함으로써 김대중 측의 '4자필승론'에 불을 질러버렸다. 결선투표제가 제도화되지 못한 것은 그럴 만한 사연이 있었다고 봐야 한다.

이와 관련해 선거 때만 되면 후보사퇴 압박, 즉 정치적 기본권 침해를 받는 제3후보들을 위해 정리를 한번 해보자. 현행 1987년 헌법하에서 대통령선거를 결선투표제로 변경하는 것은 개헌사안일까 입법사안일까?

우리 헌법은 "대통령의 선거에 관한 사항은 법률로 정한다"(제67조 제5항)고만 규정한다. 이 규정을 "최고득표자가 2인 이상인 때에는 국회의 재적의원 과반수가 출석한 공개회의에서 다수표를 얻은 자를 당선자로 한다"(제67조 제2항), 그리고 "대통령후보자가 1인일 때에는 그 득표수가 선거권자 총수의 3분의 1 이상이 아니면 대통령으로 당선될 수 없다"(제67조 제3항)는 규정으로 보완한다. 이 보완 규정은 모두 과반 미달 당선자를 예정하고 있으며, 더군다나 국회 결선투표의 경우에도 과반 의결정족수를 요구하고 있지 않다. 이를 감안할 때, 나는 우리 헌법은 애초부터 상대다수대표 선거제를 예정한 것으로 생각한다. 하지만 그 예정이 절대다수대표 선거제를 금지한 것인지에 대한 의견 차이는 있을 수 있다. 이런 해석적 혼란이 일어나고 있는 자체가 일종의 헌법적 흠결 현상 때문일 수 있다. 따라서 헌법재판소가 헌법흠결을 보완하는 의미의 해석적 변천을 해나갈 수는 있다고 본다.

어쨌든 어렵사리 쟁취한 1987년 헌법의 결과물은 허탈한 것이었다. 이 허탈함 때문에 난 그때부터 여태 가끔 이런 상상을 할 때가 있다. 만약 그때, 전두환이 수세에 몰려 내각제를 제안했을 때, 목숨 걸고 대통령 직선제를 위해 싸운 그 힘으로 독일식 정당명부 비례대표 내각제를 쟁취했다면 김대중, 김영삼의 분열과 경쟁은 오히려 정권 교체에 큰 도움을 주고, 그 결과 어렵지 않게 연립정권을 세울 수 있지 않았을까? 지난 역사에 대한 부질없는 상상이다.

4장

제5공화국

1

5공헌법의 '체육관선거', 적힌 그대로 읽어보기

우리 국민 중 5공헌법이 적고 있는 '체육관 선거 규정'을 '전두환의 얼굴'을 상기하지 않고 적힌 문자 그대로 진지하게 읽어보려고 시도한 사람이 몇 사람이나 될까? 별로 없을 것이다. (더군다나 오늘날에 와서) 그런 시도가 의미 있는지는 둘째 치고, 헌법규범을 정치적 기억과 관계없이 순수하게 읽어낸다는 것은 정신적으로 매우 힘겨운 고역이라는 점도 일독을 방해하는 요인일 것이다.

하지만 소문으로만 무성한 5공헌법의 실체를 확인하고 생각해보는 것이 그렇게까지 백해무익한 일은 아니다. 참고로 말하면 난 5공헌법은 적힌 문자 그대로 읽으면 박정희의 유신헌법보다는 그래도 진일보한 헌법이라고 생각한다. 야만의 역사도 한 걸음이라도 앞으로 나갈 수밖에 없었다면, 그 원인을 생각하며 일독할 가치는 있지 않을까 싶다.

단순하게 말한다면 1987년 6월항쟁은 1980년 헌법 제39조 제1항 "대통령은 대통령선거인단에서 무기명투표로 선거한다"는 규정에 반대해 일어난 항쟁이었다. 투쟁의 결과 이 규정은 1987년 헌법 제67조 제1항 "대통령은 국민의 보통·평등·직접·비밀선거에 의하여 선출한다"로 바뀌었다. 여기서 아예 1972년의 (유신)헌법까지 끌어다놓고 3자 대면을 시켜보자. 1972년 (유신)헌법 제39조 제1항은 "대통령은 통일주체국민회의에서 토론 없이 무기명투표로 선거한다"였다. 1972년 (유신)헌법에 등장하는 '통일주체국민회의'라는 정체불명의 개념도 흥미롭지만, 우선 일차적 쟁점을 말한다면 국민의 '직접'선거냐 '간접'선거냐 하는 것이었다.

　문장 그대로만 읽는다고 했으므로 문장 그대로 생각해보자. 국민이 직접 대통령을 뽑는 선거와 대통령선거인단이 뽑는 선거는 어떤 차이와 장단점이 있을까? 간접선거 무용론에 입각해 말한다면 간접선거를 하든 직접선거를 하든 어차피 국민은 바쁜 생업에도 불구하고 하루 쉬면서 선거를 해야 한다. 그런데 굳이 국민이 선거인단을 뽑고, 그 선거인단이 다시 대통령을 뽑는 이중 선거를 할 이유가 뭔가 하는 것이다. 당연히 선거인단의 의사가 국민의 의사와 일치하면 선거인단 선출은 그 자체로 쓸모없는 에너지 낭비고, 일치하지 않으면 민주주의 원칙에 맞지 않는다.

　믿거나 말거나 한 헌법 주석서는 1972, 1980년 헌법이 간접선거제를 도입한 이유에 대해 "그 이전에 실시되었던 대통령선거가 너무 가열되어 경제의 혼란, 국론의 분열을 가져 왔었다는 사실에 대한 반성에 근거하였던 것이라고 설명되었다"고 전해준다. 정말 그것이 이유의 전부였을까? 우리가 이런 식의 주장에 '그것도 일리는 있다'고 양보하기 시작하는 순간 예컨대 '대통령선거에 수반되는 천문학적인 선거비용, 지역·계급적 분열, 인기영합주의, 출마자에 대한 줄서기 등등 때문에 간선제를 하는 게 좋겠다'는 얘기가 곧 세상을 지배할 수도 있다. 우리는 이런 식의 주장에 어떻게 응수해야 하는가?

사실 그런 식의 주장은 단순한 의견차이의 문제가 아니라 민주주의를 둘러싼 이데올로기의 대립이라고 할 수 있다. 그 이데올로기적 도전의 결정체는 1972년의 이른바 유신헌법이다. 유신헌법은 통일주체국민회의를 "조국의 평화적 통일을 추진하기 위한"이라는 특별하고 과도기적인 목적만을 내세워, "온 국민의 총의"에 의한 "국민의 주권적 수임기관"으로 규정했다. 이 주권적 수임기관은 대통령을 '토론 없이' 선거하는 권한을 행사하고, 국회의원 정수의 1/3의 국회의원을 선거하며, 국회가 발의·의결한 헌법개정안을 최종적으로 의결·확정하는 권한을 가짐으로써 국회의 상위에 있는 최고기관이 된다. 말하자면 당시의 대한민국은 유신헌법의 논리에 의하면 오직 평화적 통일이라는 특별하고 과도기적 목적만을 가진 기이한 국가공동체였다고 할 수 있으며, 대통령은 그 총 수임자였다. 이런 식의 이데올로기에 의하면 선거에 부수되는 의견 차이나 토론, 비용, 그리고 감당해야 하는 부작용은 참을 수 없게 된다. 이것은 단순히 민주주의 국가에서 나타날 수 있는 제도 차이가 아니라 민주주의 제도를 인정할 것인가 말 것인가의 문제였던 것이다.

전두환은 유신헌법에 따라 11대 대통령에, 곧이어 5공헌법으로 12대 대통령에 당선됐다. 두 선거에서 그의 득표율은 각각 100%, 90.2%이었다. 똑같은 '체육관 선거'에서 이런 차이가 생긴 것은 5공헌법이 유신헌법보다 '문자 그대로' 보자면 눈꼽만큼이라도 나은 헌법이기 때문은 아니었을까?

　위와 같은 이유로 헌법 문언상으로 1972년의 유신헌법보다는 1980년 헌법이 한걸음 앞으로 전진했다고 평가할 수 있다. 대통령선거 방식으로만 보더라도 그런 평가는 가능하다. 1980년 헌법은 "대통령선거인은 정당에 소속할 수 있다"고 규정했다. 반면 유신헌법은 "통일주체국민회의 대의원은 정당에 가입할 수 없다"고 했다. 이 차이는 어떤 결과를 낳는가? 1980년 당시 대통령선거법은 대통령선거인단 "후보자는 합동연설회의 연설에서 특정인을 대통령후보자로 추천 또는 지지하는 의견을 발표할 수 있다"고 규정했다. 반면 유신시대의 통일주체국민회의 대의원선거법은 대의원이 되기 위한 "후보자는 합동연설회에서 연설을 함에 있어서 오직 후보자 자신의 경력·입후보의 취지와 유신과업에 관한 주견만을 발표할 수 있다. 다만, 어떠한 방법으로라도 특정인·정당 기타 정치단체나 사회단체를 지지 또는 반대할 수 없다"고 못 박았다.

말하자면 유신헌법은 국민들의 다양한 의사(예컨대 계급·지역·성별 등등)를 '총의' 개념으로 추상화시켜 그 근원적 이해관계의 대립을 사멸시켰다. 그 이해관계 자체를 사멸시킨 것이 아니라 그 이해관계의 대립은 심화시켜놓고 단지 그 이해관계의 표출만을 봉쇄시켜버린 것이다. 의사가 환자의 병을 키워놓고, 신음소리만을 못 내게 한 뒤 병을 고쳤다고 주장하는 논리다. 반면 1980년 헌법은 그 차이의 존재를 일정 부분 인정하여 정당으로 표출되는 정치적 의사표현을 적어도 법적 문언으로는 봉쇄하지 않았다.

1980년 헌법을 보면서 혹 미국식 대통령 간선제를 떠올릴 수도 있을 것이다. 하지만 미국은 우리와 달리 간선제를 채택할 수밖에 없었던 사연이 있다. 처음부터 미국의 국가체제 이념은 연방제가 모태가 된다. 남북전쟁 이후에는 연방 속 주정부의 독립성이 많이 축소됐지만 시작은 그렇지 않았다. 현재의 관점에서 보면 좀 이해되지 않는 측면도 있지만, 주정부의 독자성을 인정할 경우 단방제 국가의 의사형성과는 다른 측면이 있다는 것도 고려해야 한다.

미국의 국민은 연방의 시민이지만 주정부에 속한 주정부의 일원이기도 하다. 따라서 미국 시민은 연방국의 의사형성에 개별적으로 참여한다기보다는 연방에 속한 주정부의 의사형성에 우선적으로 참여한다는 측면이 있다. 이렇게 해서 주정부의 의사가 확인되면 주정부가 연방의 일원으로서 주정부의 의사를 표현하는 것이다. 현실적으로 미국의 정책이 모두 이런 식의 메커니즘을 바탕으로 하는 것은 아니겠지만 적어도 대통령선거에서는 이런 메커니즘이 바탕이 된다. 미국의 대통령선거인단 선거에서 주정부 주민의 다수의사를 점한 후보자가 주정부선거인단 전체를 독식하는 것은 이런 논리에서 나온다. 그 결과 미국 연방의 모든 시민을 단일 유권자로 간주해 과반수를 계산한 것과 대통령선거인단의 과반수가 다를 수도 있다. 하지만 그런 이변을 인정해야만 하는 논리적 어려움이 있는 것이다. 미국 역사에서 실제로 그런 이변이 몇 번 있었다. 최근에는 (플로리다주에서의 '부정선거' 논란은 차치하더라도) 고어와 힐러리가 그런 연방제 선거제도의 희생자였다.

물론 그런 논리도 절대적인 것은 아니다. 시간이 흘러 초창기 연방제의 의미가 변해가고 있는 현실에서 미국 선거제도에 대한 비판이 커지고 있고, 선거인단 독식제도의 폐기 등 일부 주에서 제도적 변형도 시도하고 있다. 하물며 우리나라는 단방제 국가체제다. 앞으로 북한과 연방제 국가가 되면 부분적으로 미국식 선거제도를 고려해야 할 측면이 있을지도 모르겠다. 하지만 지난날 5공식 대통령선거에서 미국식 선거제도를 연상하는 것은 무의미한 일이다.

이제 남은 문제를 한 가지만 더 정리해보자. 1987년 6월 24일, 전두환은 당시 국민당 총재였던 이만섭과의 요담에서 "선거인단이 선거인단 선거 때 자신이 약속한 대통령 후보를 찍도록 법적 구속력을 갖게 하면 직선제와 같은 것" 아니냐면서 대통령선거법 개정대안을 제시하기도 했다. 논리적으로 완전히 엉뚱한 발상은 아니다. 하지만 그럴수록 직선제를 하지 않고 그런 번잡한 과정을 거치는 데 대한 납득할 만한 이유가 있어야 한다. 참고로 미국의 선거인단도 대세와는 상관없지만 '배신'투표가 일어나기도 한다.

상상이지만 법적 기속력으로 선거인단을 묶어놓는다는 것의 정확한 의미도 모호하다. 대통령선거인은 누구를 지지할 것인가에 대한 사전 입장표명(공약)과 당선으로 일이 끝나는 것이 아니라 어쨌든 최종적으로 한 장소에 모여 형식적인 투표행위라도 해야 한다. 따라서 난감한 일이 발생할 수도 있다. 예컨대 어떤 선거인이 법적 규정에도 불구하고 투표날 술을 마시거나, 혹은 매수되거나, 사전에 상대방 후보 진영에 침투·암약해 당선됐거나 해서 끝까지 '배신'투표를 고집하거나 기권, 또는 무효투표로 저항하면 그의 투표를 어떻게 처리할 것인가? 공약을 우선시하면 체육관 선거는 불필요하고, 무효처리하면 국민의사는 왜곡된다.

여기까지 순 법리적인 얘기를 마치고, 조금 현실적인 얘기로 마무리한다. 전두환이 간선제를 포기하고 직선제를 받아들인 것은 김대중·김영삼의 분열을 확신한 것과 함께 간선제가 직선제보다 오히려 불리할지도 모른다는 일말의 현실적 계산도 있었던 듯싶다. 전두환은 (1986년 이전 언젠가) 한 언론인으로부터 간선제의 위험성에 대해 경고를 듣는다. 그가 받았던 경고가 그의 머릿속을 유령처럼 떠돌았던 셈인데 전두환이 전한 그 내용은 다음과 같다.

여당은 6000명의 선거인 후보한테 전부 정치자금을 대주어야 할 것 아니냐. 그러나 야당은 자기네 선거인 후보들한테 한 푼도 안 주어도 된다는 것이었다. (…) 야당은 정권 획득을 위해서 필사적으로 뛸 것이니 정신적 자세 면에서 비교가 안 된다는 것이었다. 그전에는 통대(통일주체국민회의 -인용자 주) 의원한테 차관대우를 해주었지만 5공화국에 와서는 선거인들한테 아무런 예우를 해주는 게 없지 않느냐. 즉 자금과 인선이 어렵고 정신적 자세도 문제라는 분석이었다.[2]

유신헌법의 통일주체국민회의는 상설 헌법기관이었다. 따라서 그 대의원은 (차관 대우) 직위가 유지된다. 유신시대의 엄청난 '이권'이다. 하지만 5공헌법의 대통령선거인단은 오직 선거를 위해서만 구성되는 한시적 조직이다. 전두환에게 충언을 하는 언론인에 걸맞게 현실적인 '이권' 메커니즘을 아주 잘 지적했다. 그 결과를 이제와 확인할 순 없지만 독재에 맹종하는 사람일수록 이권에 더 민감한 건 당연하다. 원래 정치권력이란 게 이권 없이 움직이는 건 아니지만 그래도 당시 야권에는 이권을 초월하는 민주주의라는 명분도 함께 작용하고 있었다. 그러므로 대통령 후보자가 직접 지휘하는 선거가 아니라 (이제는 경험으로 알게 된) 별 이권 없는 한시적 지위의 선거인을 뽑는 선거에 임하는 열정에서 독재 측이 불리함을 느끼는 것도 일면 일리 있는 과학적 분석이었다. 전두환은 이 문제에 대해 이렇게 판단하고 있었다.

나를 지지했던 선거인 중에도 약 500명 정도가 가산을 탕진하고 어려운 처지에 빠져서 내가 그런 사람들의 문제점을 뼈저리게 느끼고 있었을 때였다. 내가 대통령이 될 때는 선거인단이 되면 뭔가 보상이 있을 것으로 생각하고 이 사람들이 스스로 열심히 뛰어서 선거인이 되었다. 나는 말하자면 공짜로 된 셈이었다.[3]

전두환은 자신이 들어앉은 대통령 자리가 공짜라고 허튼소리를 하고 있다. 그의 대통령 자리는 공짜이기는커녕 인간성을 포기한 광주학살로 얻은 것이었다. 그 피의 대가는 역사 속에서 치르게 될 것이다. 사정이야 어쨌든 1987년에 이르게 되면 선거인단 선거인의 상황이 달라져 있는 것은 분명했다. 그리고 그 상황변화와 여러 문제점들은 간선제가 유지되는 한 지속될 것이 분명했다.

요점이 무엇인가? 일정 수준의 민주주의의 비용은 불가피하다는 얘기다. 독재적 대체수단이 그 비용 치르는 것을 결코 면제해주지는 않는다. 이는 전두환의 5공헌법에 대한 변명을 순 문언적으로 검토하는 경우에도 유도되는 분명한 결론이다.

2

전두환과 시대의
역겨운 사랑

새삼스레 까무러칠 독자도 있을지 모르지만, 전두환은 놀랍게도 이런 주장을 했다.

나는 평화주의자, 민주주의자다.[4]

히틀러가 유대인을 사랑한다고 주장하는 것만큼이나 황당한 얘기로 들린다. 하지만 전두환이 그런 소리를 한 이유가 있다. 우리는 종종 전두환이 6월항쟁 기간에 군대를 동원하지 않은 것이나 대통령단임을 실천한 것은 어쨌든 그의 공이라는 말을 듣는다. 위의 주장도 그런 맥락에서 나온 자화자찬이다. 우리는 유신헌법보다 5공헌법이 진일보하고, 박정희의 영구집권 권력욕보다 전두환의 장기집권 포기가 더 진일보한 것이라는 사실을 어떻게 이해해야 할까? 그의 주장대로 그의 개인적인 성향이 (적어도 박정희보다는) 평화주의자, 민주주의자여서 발현된 현상으로 봐야 할까? 그렇다면 광주학살이 부마항쟁의 진압에 비할 수 없이 잔인했던 원인은 어떻게 설명해야 할까?

역사에 우연이 개입하지 않는 것은 아닐 것이다. 하지만 그 역사적 우연을 포함해 우리는 시대의 역사 속에서 살고 있다. 전두환이라는 우연적 인물도 결국 시대 속에서 발현된다. 따라서 우리는 전두환이라는 우연적 인물이 왜 그때 그런 모습으로 발현됐는지를 살펴야 한다. 말을 바꾸면 전두환은 왜 유신헌법이 아닌 5공헌법을, 그리고 왜 영구집권 야욕 대신 단임제를 선택했는지를 시대 속에서 살필 필요가 있다는 말이다. 아이러니하게도 전두환은 자신의 입으로 직접 그 이유를 고백한다.

내가 내놓는다니까. 일단 넘기고 대사 치르고 89년에 개헌 논의 하자고 하니까 89년에 가서 내가 한 번 더 하려고 직선 개헌을 한다고 오해할 수 있고. 내가 속을 뒤집어서 보여 주나. 많은 사람들이 불신풍조에 젖어서 영구 집권을 하려고 한다는 오해가 머리에 꽉 박혀 있으니. 후진국 사람들이야 국민이 무지하니까 집권자가 평생을 해도 말이 없어. 우리는 국민이 너무 똑똑해서 의심도 잘 해. 불신하고 이해해 주지를 않아. 똑똑하기 때문에 나라가 발전되는 거지만. 외국 신문에서는 여당의 대통령 후보 선출을 민주주의 발전의 거보라고 평가하는데 우리만 언론이 평가를 안 해.[5]

한마디로 국민이 "똑똑해서" 전두환은 제 맘대로 못했을 뿐이다. 어떤 잔혹한 우연적 인물도 시대를 이길 수는 없다. 박근혜가 박정희의 유전자와 사고방식을 그대로 물려받았다 해도 그녀는 비극적인 박정희의 유신독재를 희극적으로 반복할 수밖에 없었다. 전두환의 5공헌법과 퇴임은 그가 "평화주의자, 민주주의자"여서가 아니라 도래한 평화주의, 민주주의 시대가 그에게 강요해 얻어낸 전리품이었을 뿐이다. 물론 역사 속에서 시대를 퇴행하는, 혹은 폭주하는 정치적 일탈과 왜곡이 다소 길 수도 있고 짧을 수도 있다. 하지만 시대와 발을 맞추는 것은 그저 시간문제일 뿐이다. 그러므로 우리는 시대에 굴복한 전두환을 특별히 치하해야 할 일말의 이유도 없다. 역사 속 시대의 공은 당대의 사람들이 누려야 할 명예고, 시대의 과는 당대의 백성들이 져야 할 책임일 뿐이다.

그런데 시시때때로 도처에서 지나버린 음울한 시대를 그리워하는 퇴행적인 사람들이 돌출하고 있다. 어쩌면 당연한 시대적 후유증이다. 그런 세상 속에서 그런 사람들이 지배적일 때 그런 시대가 융성했고, 그런 사람들이 굴복했을 때 그런 시대가 지났을 뿐이다. 하지만 그런 시대가 지난 후에도 그런 줄을 모르는 시대의 잔당들 혹은 돈키호테들이 나대는 것도 흔한 일이다.

2015년 2월에도 그런 인물이 툭 튀어나와 세상에 민낯을 드러냈다. 수원지법 부장판사 이○○이 그 주인공이었다. 보도[6]에 따르면 그는 (정권교체가 된) 2008년부터 인터넷에 극우적인 댓글 등을 (발견된 것만) 9500여 개 달아가며 암약하다 결국 꼬리가 잡혀 대법원이 진상

조사에 착수할 수밖에 없었다. 대한민국 부장판사라는 사람의 댓글 수준이 가관이었다. 예컨대 "(판사가) 전북 정읍 출신답게 눈치 잘 보고 매우 정치적인 판결을 했네요" "촛불폭도들도 그때 다 때려죽였어야 했는데 안타깝다" "도끼로 ×××을 쪼개기에도 시간이 아깝다" "빨갱이 한 놈 잡는 데에 위조쯤 문제되겠냐" "지금 청와대 주인이 노무현이었으면, 유족들의 연이은 비난과 항의에 고민하다 인천 바다에 투신하는 모습으로 국정 최고책임자로서 책임 있는 자세를 보여줄 텐데 그게 좀 아쉽네" "이런 거 보면 박통, 전통 시절에 물고문, 전기고문했던 게 역시 좋았던 듯"이라는 식이다. 굳이 코멘트를 덧붙일 정도의 정신수준은 아니다.

나는 웬일인지 이○○의 댓글 사건에서 수십 년 전 대학 영문학 강좌 때 (과제물 때문에) 읽었던 한 작품이 자꾸만 연상된다. 그 작품의 이름은 (이제는 거의 고전의 반열에 오른 듯한) 『제비뽑기』[7]다. 이 작품의 충격을 그때도, 지금도 그리고 앞으로도 결코 잊을 수 없는 이유는 작품의 기묘한 분위기 때문이다.

이 짤막한 소설은 아무 이유도 설명하지 않고 한 시골마을에서 벌어지는 제비뽑기 이야기를 기술해나간다. 너무나 평화롭고 한적한 시골마을, 꽃과 신록이 어우러진 화창한 초여름 날씨, 애들의 순박한 장난, 광장에 모인 이웃 간의 화기애애한 담소와 농담 속에서 마치 복권을 뽑듯 진행되는 제비뽑기 이야기다. 무엇을 위한 제비뽑기일까? 소설은 유쾌하기까지 한 일상적인 분위기 속에서 제비뽑기 이야기를 기술해나갈 뿐이다. 마침내 한 남자가 제비뽑기에 당첨되고, 뭔가 분위기가 뒤숭숭해진다. 남자의 아내는 '불공평'을 주장한다. 하지만 아무도 귀를 기울이지 않는다. 다음은 남자의 가족을 대상으로 제비뽑기를 진행하고 이번에는 '불공평'을 주장하던 남자의 아내가 최종적으로 당첨된다. 그녀는 광장에 홀로 선다. 그리고 그녀를 잘 아는 마을 사람들 모두가 그녀를 둘러싸고 돌을 집어 든다. 가장 다정한 인사를 나눴던 이웃 여인이 가장 큰 돌을 집어 든다. 이 행사는 마을만큼이나 오래된 전통의 풍년기원 희생제의였다. 그들은 돌을 던져 그녀를 죽이기 시작한다.

이것이 얘기의 전부다. 책의 띠지는 작가를 '미치광이 아니면 천재'라고 적고 있다. 도대체 작가는 무슨 얘기를 하고 싶었던 걸까? 1948년 처음 이 소설을 게재한 『뉴요커』는 업무가 마비될 정도의 항의편지와 전화를 받기도 했다고 한다. 그 행사가 벌어지는 마을을 가보고 싶다며 외부인도 참관 가능하냐고 묻는 질문까지 쏟아졌다고 한다. 궁금해할 것 없다. 그 마을은 우리가 사는 우리 마을이고, 우리는 날마다 제비뽑기 행사를 보고 있는 중이다.

이 소설의 기이함은 '일상적 평화와 잔혹한 희생'의 충격적 대비에서 나온다. 그렇게 잔혹한 일이 벌어지는 마을에서 어떻게 그런 일상적 평화가 유지될 수 있을까? 어떻게 해서 그 잔혹함은 우리들의 웃음, 농담, 애들의 장난, 안락한 일상사, 마을의 흐드러진 꽃과 우거진 신록을 조금도 방해하지 못하는가? 심지어는 나중에 제비뽑기에 당첨된 여인조차 날짜를 잊고 있다 설거지를 마치지도 못하고 앞치마를 두른 채 서둘러 나온 참이었다. 이유는 자명하다. 나만 아니면 되기 때문이다.

마을 사람들은 300여 명이나 되며, 내가 제비뽑기에 당첨될 확률은 1년에 고작 0.33%에 지나지 않는다. 가족을 포함한다 한들 그 확률이 공포에 질릴 만큼 커지는 것도 아니다. 나와 내 가족만 뽑히지 않는다면 이 행사는 그저 일상적인 연례행사에 지나지 않을 수도 있다. 나와 무관한 불행은 현실감 없는 딴 세상이고, 나는 일상적 웃음을 거두고 공포 분위기에 빠질 이유가 전혀 없다. 더군다나 이 행사는 어찌 보면 반드시 필요하다는 생각까지 할 수도 있다. 이런 희생제의가 있어야 내게 이익을 가져다주는 풍년이 든다는 것 아닌가!

전두환 시대가 아무리 공포 시대였다 한들, 그것은 나와는 전혀 무관한 공포라고 생각하고 그걸 공포로 느끼지 못한 사람들도 태반이었을 것이다. 주위엔 지금도 이런 말을 하는 사람들이 종종 있을 것이다. "전두환 때가 그래도 경제는 좋았잖아?"

어쩌면 일제강점기에도 독립운동만 하지 않았다면, 이승만 시절에도 공산주의자로 낙인찍히지만 않았다면, 독재시절에도 민주화운동만 하지 않았다면, 그런대로 잘 먹고 잘 살 수 있었을지 모른다. 시대의 공포는 나의 공포가 아니었을 것이다. 때로는 한발 나아가 지금껏 이런 말을 입에 달고 사는 사람들도 있을 것이다. "데모하는 놈들 다 때려 죽여야 한다니까. 그래야 경제가 살지!" 그들은 돌을 쳐들고 기꺼이 '나만 아니면 되는' 풍년기원 희생제의를 솔선수범하는 사람들이다. 그렇게 사람을 죽이고 평화롭게 아이들 손을 잡고 일상으로 돌아간다.

우리가 착시현상을 일으키기 쉬운 사실이 한 가지 있다. 그건 독재가 1인의 독재자와 나머지 사람들의 대립관계라고 생각하는 착시현상이다. 역사상 그런 독재는 없었다. 유사 이래 모든 독재는 독재를 보위하는 (상당히 많을 수도 있는) 소수와 독재에 의해 탄압받는 다수의 관계였다. 많은 사람들이 단순히 독재보다는 민주주의가 좋다고 생각한다고 해서 독재시대가 끝나는 게 아니다. 독재를 꿈꾸며 다수를 압제하는 소수에 대해 얼마나 많은 사람들이 저항할 능력이 있느냐가 민주주의를 실현할 수 있느냐의 요체다. 단순히 일회적인 민주주의가 아니라 지속가능한 민주주의를 위해서는 더욱 더 많은 소심하고 쩨쩨한 생활 속 지속가능한 저항능력이 요구된다. 우리는 그걸 해냈다. 아직 불완전하지만 그걸 해내고 있는 중이다.

판사출신 서태영이 쓴 『피고인에게 술을 먹여라』라는 책에는 전두환 쿠데타 이후 주변의 몇몇 판사들의 적나라한 모습이 기술돼 있다. 예컨대 이런 수준이다.

당시 전두환이 광주학살을 저지르고 국보위니 뭐니 하여 법을 마구 짓밟고 있음에도 비판하기는커녕 간접선거를 규정한 헌법개정안이 잘된 것이라고 말한 김 아무개 부장판사나, 배석판사들 방에 모여 전 장군님 어쩌구 한 김 아무개 판사(해양소년단 초대 총재를 지내는 등 곧 정치권에 발탁될 듯하더니 뜻밖에도 재임명에서 탈락함.)의 얘기에 귀를 쫑긋하는 뭇 판사들만 보이던 가운데 이일영 부장판사의 존재는 내게 커다란 구원이었으며—법관 중에도 의인이 있다는 점에서 그랬고, 그분이

대구 출신이라는 점에서 더욱 그러하였다.─그분의 의연한 자세는 법관의 모범이라고 생각했다.[8]

대한민국의 "법관 중에도 의인이 있다"는 놀라운 발견을 한 서태영의 글귀가 조금 처량하기까지 한다. 판사에게 대한민국 국민으로서의 특별한 교양과 인격을 갖추기를 기대하는 것이 자연스런 일인지, 아니면 그들도 다른 사람들과 똑같은 출세의 욕망을 가지고 오직 대법관이 되는 꿈만 쫓는 세속적 인간으로 생각하는 것이 자연스런 일인지는 모르겠다. 하지만 보통 사람들도 아무나 '전 장군님' 운운하며 살지는 않는다. 다만 그때는 대세에 따라 대낮에 대놓고 '전 장군님' 하며 사는 그런 판사들이 많았는지 모르지만 지금은 (수원지법의 부장판사 이○○처럼) 인터넷에서 주로 밤 시간에 은밀하게 암약하는 정도라는 것이 위안이라면 위안이다.

앞 소설에서 제비뽑기에 회의적인 남자가 다른 마을에서는 제비뽑기 폐지에 대한 논의가 있다고 한 영감에게 말을 건넨다. 그러자 그 영감은 이렇게 성마른 어조로 대꾸한다.

어리석은 미치광이들. 요즘 젊은 놈들은 입만 열면 불평불만이라니까. 조만간 동굴에서 원시생활을 하자고, 더 이상 일하지 말자고 주장해댈 거야. 어디 한 번 그렇게 살아보라고 해. '유월에 제비를 뽑아야 곡물이 금방 익는다'고 옛 어른들이 말씀하셨지. 제비뽑기를 안 하면 별꽃과 도토리로 끼니를 때우게 될 거야. 매년 해왔다고.

그 노인은 제비뽑기를 하러 앞으로 나가며 말한다. "칠십칠 년간 제비뽑기에 참여했지." 그 노인은 칠십칠 년간 무사했다. 누구에겐 최악의 불행인 제비뽑기 행사는 그 영감에겐 풍년을 가져다주는 틀림없는 행운의 잔치였다. 제비뽑기의 부조리함이 언제 그의 행운을 앗아갈지 모를 일이다. 하지만 행운에 중독된 그 영감은 어쩌면 제비뽑기를 이미 하나의 기득권처럼 느꼈을 것이다. 그러니 제비뽑기의 공포와 불합리를 느끼는 사람들을, 특히 젊은 사람들을 미치광이라고 생각한 것이다.

소설 속 그 영감이 낯설게 느껴지는가? 그렇지 않을 것이다. 사회의 부조리와 희생이 가져다준 잘못된 기득권에 중독돼 있는 우리 사회 김 아무개 부장판사, 수원지법의 이OO 부장판사, 그리고 우리 주위 도처의 누군가가 소설 속 바로 그 영감이다.

3

제8차, 잔혹했던 광주학살 개헌: 역사를 퇴행해간 기나긴 쿠데타

지난 2009년 5월, 작가 황석영은 대통령 이명박의 중앙아시아 순방에 특별수행원으로 동행했다. 당시 그는 카자흐스탄의 수도 아스타나에서 기자들과 만나 "해외 나가서 살면서 광주사태가 우리만 있는 줄 알았는데 70년대 영국 대처정부 당시 시위 군중에 발포해서 30~40명의 광부가 죽었고 프랑스도 마찬가지다. 그런 과정을 겪으면서 사회가 가는 것이고, 큰 틀에서 어떻게 가야 할지를 생각해야 한다"[9]고 말했다.

아무리 쓰라린 역사의 기억도 시간과 함께 퇴색하거나 혹은 그 역사적 의미가 변하기도 한다. 강산도 세 번이나 바뀌었을 30여 년의 세월이면 '1980년 광주'에 대한 황석영의 기억도 예전과 다를 수 있다. 어쩌면 그 기억을 이제는 제발 잊고 싶을 수도 있다. '큰 틀'을 생각하는 그이기에, 어쩌면 광주가 그의 '큰 틀'에서의 전진을 가로막는 일종의 역사적 장애물로 생각될 수도 있을 것이다. 물론 난 그의 그런 생각에 동의하지 않는다. 하지만 내가 정작 한스러웠던 건 조금 다른 차원의 이유에서였다.

왜 우리나라는 위대한 작가를 갖기가 그렇게 힘든가? 아니 그게 욕심이라면 시대를 대표하는 작가 몇 명쯤 갖는 게 우리에겐 그렇게 사치인가? 내가 여기서 작가론을 펼치고 있는 게 아니니 구체적으로, 한 사람 한 사람 열거하진 않겠다. 대한민국의 명망 높은 작가라는 사람들의 정신적 수준이 정말이지 이젠 지겹다. 지명도 높은 작가라는 이유로 시도 때도 없이 호명되는 그들의 유아기 수준의 정치적 발언을 듣고 있자면 거의 정신적 고문을 당하는 것 같다. 구체적 대상도 불분명한 인신공격성 발언은 그만두고 황석영이 내뱉은 말에만 초점을 맞춰보자.

황석영의 발언을 듣고 우선 내가 이해할 수 없었던 건, "해외 나가서 살면서"라는 말이다. 그런 역사를 꼭 해외에 직접 나가 살아야만 아는가? 그는 문맹인가? 아니면 해외에 나가 살지도 못해보고 글로만 접하고 이러쿵저러쿵 말 많은 사람들을 '우물 안 개구리'로 규정하기 위한 문학적 수사인가? 뭐, 본인이 그렇다니까 그렇다 치고, "광주사태가 우리만 있는 줄 알았는데"는 또 뭔가? 그가 큰 깨달음을 얻은 이유는 "70년대 영국 대처정부 당시 시위 군중에 발포해서 30~40명의 광부가 죽었고 프랑스도 마찬가지"라는 것이었다. 그는 영국이나 프랑스라는 '선진국'에서도 그런 사건이 있었다는 데 놀란 모양이지만, 그런 정도 깨달음이라면 굳이 해외에까지 나가 살아야만 가능한 건 아니라고 본다.

1960년 4월 19일, 이승만은 180여 명의 사망자와 6000여 명의 부상자(국가기록원이 소장한 4·19의거 사망자 및 부상자 명부에 따르면 경찰 4명을 포함해 모두 115명이 사망하고 277명이 부상한 것으로 돼 있다[10])를 발생시켰다.[11] 황석영은 4·19때 한창 감수성이 예민할 10대였다. 그럼에도 불구하고 그는 "광주가 나야. 나의 문학이고"[12]라고 말한다. (여러 구설수를 일단 제쳐놓고 말한다면) 그와 광주와의 인연은 모두가 알고 있다. 나도 개인적으로 그의 이름이 박힌 『죽음을 넘어 시대의 어둠을 넘어』라는 백지 표지의 책을 손에 쥐고 가슴이 몹시 두근거렸던 기억이 난다.

하지만 이젠 새삼스레 궁금해진다. 왜 황석영에게 4·19가 아닌 5·18이 그 자신이 됐고, 그의 문학이 됐을까? 4·19의 발포 희생자 숫자보다 5·18의 발포 희생자 숫자보다 많아서? 단지 그 이유 때문에? 도대체 그에게 4·19와 5·18의 차이는 무엇일까?

마지막 질문은 이런 것이다. 그는 "그런 과정을 겪으면서 사회가 가는 것이고, 큰 틀에서 어떻게 가야 할지를 생각해야 한다"고 말했다. 이 말뜻 속에는 '큰 틀'에서 사고하는 것이 막혀 있는 현재의 상황에 대한 각성의 요구가 있다. 그래서 묻게 된다. '큰 틀'에서 사고하는 것을 막고 있는 우리 사회 이데올로기의 정체가 과연 무엇인가? 예컨대 대한민국엔 그가 개사한 〈임을 위한 행진곡〉을 광주 5·18 기념식장에서조차 마음대로 부르지 못하는 이데올로기가 지배하고 있다. '큰 틀'에서 이런 이데올로기를 인정해야 한다는 것인가? 이명박을 수행하며 나란히 서서 기념사진도 찍고 하니까 자신이 쥐덫 같은 작은 틀에 갇혀 있다는 생각이 들었던 것일까?

전두환이 자행한 '광주학살'이 황석영이 언급한 또는 언급하고 싶을 많은 사건들과 다른 결정적 차이는 그 잔혹성에 있다. 발포나 희생자 숫자는 그 다음 문제다. '평시 쿠데타를 위해 1980년 5월 18~21일(발포 이전) 사이에 광주에서만큼 동족을 이유 없이 잔혹하게 학살한 경우'는 세계사에서도 유래를 찾기 힘들다. 물론 전쟁까지 범주에 넣는다면 얘기가 다르다. 대표적으로 후투와 투치 부족 간의 참혹한 학살도 있고, 1948~1950년 사이에 발생했던 우리나라의 잔혹한 동족 간 참상도 있다. 하지만 광주학살을 부족 간 내전으로 볼 수도 없고, 해방기의 내전 상황으로 보기도 힘들다. 광주의 특별한 상황을 이해하려면 평화시 쿠데타를 위한 다른 학살 사례를 비교해야만 한다.

황석영이 광주를 어떻게 기억하든, 전두환은 그렇게 쿠데타를 일으켜 정권을 잡았다. 그런데 전두환의 쿠데타는 통상적인 쿠데타에 비하면 상당히 장기간에 걸쳐 단계적으로 진행된 측면이 있다. 더군다나 처음부터 대놓고 '헌정중단'의 형식을 취하기보다는 집요하게 법적 형식과의 연관성을 찾았다. 이 때문에 사후 헌법재판소는 공소시효와 관련해 전두환 내란행위의 시작·종료 시점을 평가하는 데 약간의 어려움을 겪기도 했다.

예컨대 전두환은 합법적 형식의 보안사령관 자격으로 합동수사본부장을 맡아 김재규의 박정희 저격사건(10·26)을 수사했고, 그 자격으로 1979년 12월 12일 계엄사령관 정승화를 전격 체포했다고 주장하며, 5월 17일엔 전국주요지휘관회의 결의를 바탕으로 (1979년 12월 21일 당시 유신헌법 절차에 따라 취임했던) 대통령 최규하에게 비상계엄 전국 확대를 건의하는 형식을 따랐다. 심지어는 광주학살도 '과잉진압'의 이름으로 포장해 법적 행위에 대한 일말의 미련을 못 버린다. 이런 집착은 사실상 국무회의와 행정 각 부를 대체하는 국가보위비상대책위원회의 경우에도 대통령령을 통해 그 위헌성을 포장하는 것으로 이어지고, 5공헌법 부칙은 과도적 입법기관으로 "각계의 대표자"로 구성되는 국가보위입법회의란 조직을 규정한다. 전두환은 대통령이라는 권력도 전임 대통령 최규하의 '자발적' 사임, 기존 유신헌법에 의한 대통령 취임, 그리고 다시 5공헌법 절차라는 '법 형식'을 거쳐, 1981년 3월 3일에 7년 임기로 최종적으로 탈취한다.

물론 처음부터 끝까지 공포와 협박, 월권과 자의, 내용적 부당과 절차적 흠이 아니면 설명할 수 없는 그의 '법적 어불성설'은 굳이 여기서 모두 열거하기조차 숨이 차고 힘들다. 하지만 한 가지 생각해볼 사안은 있다. 전두환은 왜 굳이 이런 법적 형식으로 그가 끊임없이 자행한 무법천지의 쿠데타 행위를 포장하려 했을까?

비판적으로 법을 바라보자면 법은 이데올로기적 측면과 강압적 지배도구로서의 기능적 측면이 있다. 물론 관점에 따라 어느 한 측면을 강조할 수는 있겠지만 이데올로기의 영향이 강할수록 강압적 지배도구로서의 효과도 더 잘 발휘된다고 할 수 있다. 살인 깡패집단과 다를 바 없는 정치권력이라 할지라도 그것이 법적 외피를 뒤집어쓰고

1979년 12월부터 이듬해 5월 광주를 거쳐 1981년 3월까지, 전두환은 역사상 가장 오래 걸린 쿠데타를 통해 정권을 탈취했다. 나아가 전두환은 일일이 열거하기도 힘든 자신의 내란행위에 꼼꼼히 법적 정당성을 부여하고자 했다. 그러나 그렇게 법적 형식에 집착해가며 탄생시킨 5공헌법은 국가보위입법회의라는 초헌법적 기구에 의해 헌법으로서 권위를 상실했다.

우리를 지배하려고 할 때, 우리는 '법에 무신경한' 보통 살인 깡패집단보다는 그것에 훨씬 더 높은 권위 혹은 정당성을 부여하는 경향이 있는 것이다. 우리의 머릿속에는 법은 곧 정의라는 이데올로기가 각인돼 있기 때문이다. 말을 바꾸면 그것은 법이 때로는 마구잡이 폭력적 지배의 도구로서 기능하는 이유이기도 하다.

어쨌든 그렇게 참혹한 역사의 시간을 보내면서 5공헌법이 탄생했다. 1980년 5공헌법은 전문에서 4·19, 5·16을 삭제하고, 3·1운동만을 남겼다. 기본권 조항에선 (5공 시절과는 전혀 어울리지 않아 섬뜩한 느낌마저 주지만) '행복을 추구할 권리'를 신설했다. 그리고 통일주체국민회의를 폐지하고, 7년 단임의 간선제 대통령제를 규정했다. 특기할 만한 사실은 "대통령의 임기연장 또는 중임변경을위한 헌법개정은 그 헌법개정제안 당시의 대통령에 대하여는 효력이 없다"는 규정을 넣었다는 점이다. 전두환조차도 영구집권 포기를 헌법규범으로 명문화해야 할 정도였으니, 박정희의 영구집권 욕망에 대한 국민적 거부감이 얼마나 컸는지를 단적으로 보여주는 대목이다.

　나는 앞에서 이 5공헌법이 적어도 문자적으로는 그나마 유신헌법보다는 낫다고 말했다. 하지만 이는 헌법 본문 규정만 놓고 말할 때 얘기다. 5공헌법은 헌법 부칙에서 (나중에 언급하겠지만) 박정희의 1962년 '헌법(?)위의 법', 그리고 그것을 업그레이드한 유신헌법의 부칙(제4조와 제7조)에서 배운 기절초풍할 역대급 법리를 다시 등장시킨다. 5공헌법 부칙 제6조 제1항은 "국가보위입법회의는 이 헌법에 의한 국회의 최초의 집회일 전일까지 존속하며, 이 헌법시행일로부터 이 헌법에 의한 국회의 최초의 집회일 전일까지 국회의 권한을 대행한다"고 규정했다. 국가보위입법회의란 해괴망측한 기관이 과도기적으로 국회를 대신한다고 했지만 그래도 아직은 최악이 아니다. 부칙 제6조 제3항은 "국가보위입법회의가 제정한 법률과 이에 따라 행하여진 재판 및 예산 기타 처분 등은 그 효력을 지속하며, 이 헌법 기타의 이유로 제소하거나 이의를 할 수 없다"는 상상을 초월한 규정을 등장시킨다.

　5공 시절이 지난 지 벌써 오래지만, 그래도 앞날을 위해 한 번 생각해보자. 보통 부칙은 불가피한 경과규정이다. 그런데 국가보위입법회의는 국회의 최초 집회일 전일까지 국회 권한을 대행한다는 것이다. 그것만 해도 놀라운 일인데, 그 대행기관이 '국회의 최초의 집회일 전일까지, 즉 그때까지 제정할!' 법률은 이제 영원히 다툴 수 없는 신성한 규범이 된다는 것이다. 말하자면 국가보위입법회의는 007 살인면허 같은 특권을 받은 셈이었다. 이를 도대체 어떻게 이해해야 할까? 만약 국가보위입법회의가 새 국회 소집 전에 노예제·고문·강간·살인·절도·인신매매·착취·재산몰수·성차별·축첩·마약·새치기·고성방가·노상방뇨·음주운전·나라 팔아먹기 등등을 흔쾌히 장려하는 법률을 만든다면 어떻게 해야 하는가? 그런 법률은 헌법에 맞지 않다고? 부칙은 국가보위입법회의가 '국회의 최초의 집회일 전일까지 제정할' 법률은 새 헌법을 이유로도 이의를 제기할 수 없다고 하지 않는가?

5공헌법은 우리에게 헌법조항과 헌법조항(부칙)이 충돌하는 사태에 대한 법철학적 성찰을 요구한다. 전두환은 무소불위의 쿠데타적 의지를 발산하기 위해 한편으론 어처구니없을 정도로 법적 형식에 집착하면서 다른 한편으론 또다시 역대급으로 법적 형식을 파괴했다. 힘이 법이 되고, 다시 법이 힘이 되는 사태가 그가 권좌에 있는 내내 끝없이 순환했다. 그가 만든 사태는 법을 단순히 글자로만 이해할 수 없는 이유를 명명백백히 보여주었다.

그렇더라도 전두환 시대에 대한 모든 상념은 결국 우리에게 귀착한다. 전두환 시대에도 우리는 칸막이가 가려진 투표소에서 기표를 하고, 대통령과 국회의원 등 우리의 대표를 뽑았다. 물론 부정선거·부정개표가 심했던 건 길게 언급할 필요조차 없다. 그런데 전두환 정권을 위해 자기 의사에 따라 기표한 행위도 분명히 있었다. 5공헌법 본문이 유신헌법보다는 나았다고 볼 수 있으므로 국민투표를 통한 헌법개정은 그렇다 치자. 하지만 누군가 칸막이 기표소에서 자기 의사에 따라 대통령 전두환과 민정당 국회의원을 뽑기 위해 기표했다면 그 이유가 뭘까? 공포? 지역적·계급적 이익? 무지? 아니면 대안이 없다고 느끼는 자포자기?

나는 우리나라의 정치가 지금껏 전두환 일당 대 대한민국 국민의 일방적 싸움이 되지 못하고, 전두환을 싸고도는 대한민국 국민 대 전두환을 혐오하는 대한민국 국민의 싸움이 돼버린 데 대한 깊은 회한이 있다. "설마 그럴 리가?"라고 하면서 내 말을 인정치 못하는 사람도 분명히 있을 것이다. 그렇다면 지금껏, 아마도 앞으로도 당분간 시시때때로 신임 인사차 전두환의 사가를 방문해 큰절을 하거나 덕담을 듣고 싶어 하는 정치인들의 모습을 상기하기 바란다. 그들이 굽실거리는 것은 전두환을 향한 것이 아니라 그런 모습을 보고 만족해하는 전두환 지지세력을 향한 것이다. 슬프게도 이것이 자라나는 어린이들까지 모두 보고 배우고 있는 지금 현재 대한민국 정의의 역사적 수준이다.

5장
—

제4공화국

1

김재규를
어떻게 읽을 것인가?

무례하지만, 말도 안 되는 엉뚱한 상상을 한번 해보자. 일제의 대한제국 강점 야욕을 열렬히 옹호하는 안중근이라는 사람이 있었다. 1909년 10월 26일, 술을 잔뜩 마신 안중근이 단풍놀이 차 하얼빈역에 갔는데 마침 앞에 이토 히로부미가 얼쩡거렸다. 술에 취한 안중근은 흰 수염이 덥수룩한 이토 히로부미를 자신의 부인을 유혹해 첩으로 만들어버린 옆집 악덕 고리대금업자로 착각한다. 드디어 때를 만난 안중근은 평소 그를 살해할 목적으로 항시 소지하고 다니던 권총으로 이토 히로부미를 한 치의 망설임도 없이 쏘아 죽인다. 그러고는 '부채탕감 만세'를 소리 높여 외친다. 체포된 안중근은 이토 히로부미를 왜 죽였느냐는 일제 경찰의 추궁에 술이 덜 깬 상태에서 '흰 수염 때문에 죽였다'는 등 실존주의자 흉내를 내며 횡설수설하게 된다. 자, 이런 경우라면 우리는 안중근을 오늘날처럼 독립의 영웅으로 존경할 수 있을까?

누군가 이데올로기적인 행동을 한 사람이 있다면 그에 대한 평가는 단순히 사건의 결과만으로 판단할 일은 절대 아니다. 그가 어떤 사람인지, 무슨 생각으로 그런 행동을 했는지, 그 생각에 정당성이 있는 것인지를 따져 물은 뒤에야 그의 행동에 대한 최종적인 평가가 가능할 것이다. 더군다나 그의 행동이 역사 속에서 두고두고 회자될 수밖에 없는 의미를 담고 있다면, 관점의 대립은 증폭되고, 그 평가는 더욱 어려울 수밖에 없다.

우리가 '김재규의 1979년 10·26'에 대한 역사적 의의를 평가하는 데 다소간의 어려움을 느낀다면 그 가장 큰 이유는 그가 유신정권의 가장 깊숙한 이너 서클에 있었다는 사실 때문일 것이다. 누군가 의로운 일을 한 것 같기는 한데, 과거를 부정하고 의로운 일을 행한 그 인물이 구질서의 핵심일원이었다는 사실을 우리는 어떻게 받아들여야 할까? 법정에서 피고인이 돼버린 김재규는 상당부분 '내부 고발자' 혹은 '양심범(확신범)'을 둘러싼 법리적 쟁점의 중심에 서 있었다고도 할 수 있다. 10·26은 한마디로 유신체제를 지탱했던 인물에 의해 부정된 유신체제의 종말이었다. 우리는 이 역사적 사실의 의미와 한계를 동시에 이해해야 한다.

위에서 내가 말도 안 되는 상상까지 해가며 강조했던 '역사 이데올로기' 문제를 김재규도 정확히 이해하고 있었던 것 같다. 그래서 그는 자신의 행동을 둘러싸고 '이데올로기 혹은 해석적 대립'이 있을 수밖에 없다는 사실을 충분히 인지하고 '사후의 역사적 삶'을 대비했던 것으로 보인다. 물론 나는 지금 '사후의 역사적 삶'이란 말을 '사후의 역사적 자기 합리화'란 의미로 사용하는 것이 아니다.

당연하게도 10·26 이후, 김재규의 박정희 저격을 폄훼하기 위한 논리들과 옹호하기 위한 논리들이 일찌감치 충돌하기 시작했다. 그 서두는 10·26 사건의 계엄사령부 합동수사본부장을 맡았던 전두환이 꺼내든다. 누구라도 한 번 보면 절대 잊을 수 없는 가히 인상적인 외모를 갖추고 뉴스 미디어의 화려한 주목을 받았던 전두환은 사건 이틀 후인 1979년 10월 28일 오후 4시, 이렇게 중간수사결과를 발표한다.

> 김재규는 평소 대통령께 건의하는 정책에 대해서 불신을 받아왔고 자신의 모든 보고와 건의가 차지철 경호실장에 의하여 제동을 당하였을 뿐 아니라 평소의 개인적인 감정으로 양인의 감정대립이 격화돼 있었고 업무집행상의 무능으로 수차례에 걸쳐 대통령으로부터 힐책을 받았으며 이로 인하여 최근 요직 개편설에 따라 자신의 인책해임을 우려한 나머지 범행을 저지른 것으로 밝혀졌다.[1]

전두환의 수사결과 발표에 따르면 김재규의 거사 이유는 차지철과의 개인적인 악감정과 인책해임에 대한 두려움으로 귀결된다. 하지만 박정희를 죽인다고 자리보존을 하는 것도 아니니만큼 궁극적으로는 차지철과의 감정대립으로 '홧김'에 일을 저지른 것이 된다. 전두환의 의도에 걸맞게 말을 바꾸면 홧김에 차지철을 죽이다가 박정희까지 덤으로 죽인 것이다. 이렇게 되면 10·26은 막후에서 유신 권력을 둘러싸고 벌인 별 의미 없는 졸장부 김재규의 화풀이 정도에 그친다. 하지만 김재규는 이 문제에 대해 법정에서 확실히 입장을 밝혔었다. 다음은 법무사와 김재규의 문답이다.

> 법무사: 박흥주하고 박선호 피고인이, "각하도 오늘 살해하느냐" 했을 때, "물론이다" 이런 얘기를 했다고 그랬는데 말이죠. 애당초부터 차실장만 살해하려고 했는지, 그렇지 않으면 대통령 각하도 살해하려고 했던 건지 말이죠…
>
> 김재규: 제가요? 솔직히 말해서 차실장은 덤으로 보낸 거지…[2]

김재규의 행위에 대한 역사 이데올로기적 대립은 계속된다. 당시 김재규의 변호사였던 강신옥은 "자유의 물이 흐르는 강을 가로막고 있는 제방을 내가 제거했다"는 김재규의 구술유언 내용을 전한다. 반면 당시 군검찰관이었던 A는 "재판이 진행되면서 점점 그런 논리를 갖추어 가더라"고 전하면서 "죽음을 앞두고 이름이나마 역사에 남기고 싶었을 것"이라고 일축한다.[3]

진실이 무엇이든 우리가 알고 있는 역사적 사실은 김재규가 박정희를 쏘았고, 그는 유신권력의 핵심이었다는 것이다. 우선 사실을 하나씩 차분히 짚어볼 필요가 있다. 유신권력의 핵심 김재규는 박정희를 쏘기 10개월 전만 하더라도 박정희에게 충성을 다했다. 1978년 12월, 김재규는 당시 유정회의원으로 김종필의 측근이었던 김진봉

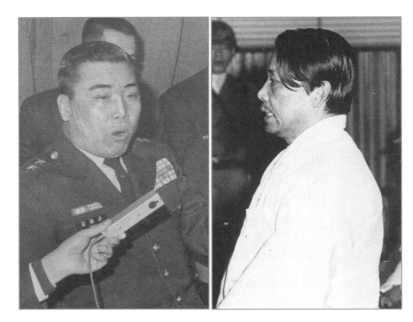

1969년 동해안지구간첩단 사건 발표에 나선 보안사령관 시절 김재규(좌)와 10년 뒤 10·26사건의 주범으로 법정에 선 김재규. 김재규의 진짜 속셈이 무엇이었는지에 대한 논란은 지금도 분분하지만 김대중의 말마따나 "민주주의는 쿠데타나 암살로 되는 것이 아니"었고, "국민 여러분 자유민주주의를 마음껏 누리십시오"라는 김재규의 바람이 이뤄지기까지는 한참의 세월이 더 필요했다.

을 남산으로 잡아다가 이렇게 을렀다는 것이다.

　　김의원, JP에게 이 말을 전하쇼. 옛말에 대권에 도전하면 3족을 멸한다고 했잖아. 나 김재규는 정권안보를 담당하는 정보부장이야. 누구든지 대권에 흑심을 품으면 가만두지 않겠어. 이승만 박사는 83세까지 대통령을 하셨지 않은가. 각하 나이가 이제 만으로 60밖에 안됐어. 내가 엊저녁에 각하와 술을 마셨는데 아직까지도 조니워커 한 병을 다 비우

고도 끄떡없으시더라고. 각하도 앞으로 20년은 더 할 수 있어.[4]

적어도 1978년 12월까지는 김재규가 박정희에게 충성을 다했다면 그때로부터 그가 박정희를 저격한 1979년 10월 사이에 무슨 일이 있었던 것일까? 심해지는 차지철의 만행과 개인적 악감정? 그런 거 말고 또 다른 사실도 살펴볼 필요가 있다.

1978년 12월 12일에 실시된 국회의원선거 득표율에서 박정희의 민주공화당은 31.7%를 얻어 32.8%를 얻은 제1야당 신민당에 뒤진다. 유신정권이 막다른 골목에 다다른 것이다. 1979년엔 YH사건, 김영삼 의원직 제명 사건, 김형욱 사건 등으로 숨을 쉴 수 없을 정도로 긴박한 국내정세에다가, 인권문제와 핵무기 개발의혹으로 인해 불편했던 한미관계까지 더해져 국내외적으로 어디서부터 손을 써야 할지 모를 지경이었다. 그리고 그 시대적 난국의 화룡점정은 1979년 10월 16일에 터진 '부마항쟁'이었다.

누구라도 김재규의 '속셈'이 무엇인지 알 수는 없다. 예컨대 그가 '궁정 쿠데타'를 의도한 것인지, 미국의 태도로부터 쿠데타 지지 시그널을 (잘못) 읽은 것인지 알 수 없다. 하지만 인정할 수밖에 없는 분명한 사실은 김재규는 '강경파'였던 박정희와 그 심복 차지철과는 달리 '온건파'였다는 점이다. 주지하듯이 김재규는 이렇게 증언했다.

그래서 그런 관계('부마항쟁' 상황 –인용자 주)를 각하께 그대로 보고 드렸습니다. "각하, 체제에 대한 저항과 정부에 대한 불신이 이렇습니

다"라고 보고하면서 각하의 생각을 좀 누그러뜨리려 했지만 또 반대효
과가 났습니다.

여기 변호인밖에 없긴 하지만 이 말씀은 밖으로 안 나갔으면 좋겠습
니다. 각하 말씀은 "이제부터 사태가 더 악화되면 내가 직접 쏘라고 발
포명령을 내리겠다" 이렇게 말씀하십니다. "자유당 말에는 최인규라는
사람과 곽영주라는 사람이 발포명령을 했으니까 총살됐지, 대통령인 내
가 발포명령을 하는데 누가 날 총살하겠느냐" 이렇게 말씀하셨습니다.

이런 문제에다, 차지철 경호실장 같은 사람은 캄보디아에서는 300만
명이나 희생시켰는데, 우리는 100만~200만 명 희생시키는 것쯤이야
뭐 문제냐는 얘기가 나옵니다. 들으면 소름끼칠 일들입니다.[5]

나는 김재규의 '부마항쟁'과 추후 그 대처방안에 대한 관점과 입장
이 궁극적으로는 핵심이라고 본다. 그가 권력 장악에 대한 무슨 속셈
이 있었든, 또 유신권력에서 어떤 충성을 해왔든 '더 이상 이렇게는
안 된다. 걷잡을 수 없는 희생은 막아야 한다'는 생각을 할 수는 있다
고 본다. 실제로 그는 그런 의미의 발언을 충분히 했고, 또 그것은 자
신의 과거 행적과 상관없이 얼마든지 가능한 생각이다. 역사적으로
도 이런 문제에 부딪혀 권력에 충성하다가 반기를 든 경우는 얼마든
지 있다. 김재규의 개인적인 상황(예컨대 차지철과의 관계)이 얼마든지
있을 수는 있다. 하지만 사건의 핵심을 거기에 묶어버리려는 것은 흔
히 동원되는 기득세력의 이데올로기적 수법으로밖에 볼 수 없다.

그렇다면 김재규는 오직 의인으로만 기억해야 하는가? 나는 김재

규가 독재의 희생이 커지는 것을 막고, 민주주의가 도래하기를 원했다는 사실, 그리고 역사에 '효율적 진보'라는 것이 있다면 그가 바로 목숨을 걸고 그것에 기여하기를 원했다는 사실을 결코 부정하지는 않는다. 하지만 그런 그도 어쩔 수 없이 '유신의 한계'에 갇혀 있었던 사람이다. 나는 단순히 김재규가 법정에서까지 박정희에 대해 깍듯이 예의를 갖추고, 박정희의 사적인 치부를 공개하지 않으려 최대한 노력했다는 점을 지적하고자 하는 것이 아니다. 그는 단순히 자신의 은인이자 충성을 다했던 상관에 대한 인간적 예의만을 다한 것이 아니라 그의 정신도 마지막까지 유신이념이라는 족쇄에 일정 부분 갇혀있었다는 점을 지적하고자 하는 것이다.

김재규가 진정 앞으로 도래할 민주주의 시대의 밀알이 되고자 했다면 그는 유신권력에 충성했던 자신의 행위에 대한 처절한 성찰이 우선됐어야 했다. 하지만 김재규에게서는 그 점을 찾기가 매우 힘들다. 김재규의 발언들에서 우선 눈에 띄는 특징은 유신정권에 충성했던 돌이킬 수 없는 행위에 대한 참회가 아니다. 오히려 자신이 유신정권에서 '온건파'였음을 강조하는 줄기찬 변명이 크게 강조된다. 이렇게 되면 그의 주장은 유신을 온전히 부정하는 민주주의자의 목소리라기보다는 오히려 '온건한 유신'을 위해 유신정권에 참여했던 것이 정당했다는 주장으로 들릴 수 있다. 이런 경우 유신체제 밖에서 민주주의를 위해 투쟁했던 사람들은 물을 것이다. "민주주의를 위해 우리도 그렇게 했어야 하는가?" '김재규가 유신 밖에서 투쟁하지 않았으므로 모든 것이 의미 없다'는 얘기가 아니다. 단지 '참회 없는 유신참여 변명'이라는 김재규의 민주주의자로서의 한계를 말하는 것이다. 그리고 바로 이 점이야말로 '유신체제를 지탱했던 인물에 의해 부정된 유신체제의 종말'이라는 역사적 사건의 한계였다.

10·26 사건이 발생한 뒤 『뉴스위크』는 김대중에게 "많은 사람들이 김재규를 민주주의의 영웅이라고 하는데, 어떻게 생각하십니까?"라고 질문했다. 김대중은 "민주주의는 쿠데타나 암살로 되는 것이 아닙니다. 국민의 힘으로 이루어져야 진정한 민주주의입니다"라는 인상적인 대답을 한다.[6] 이때 김대중의 머릿속에는 온전히 우리의 힘으로 이루지 못한 해방과 좌절된 4·19가 맴돌고 있었는지도 모른다.

결국 다시 그렇게 됐다. 공짜 민주주의는 없었다. 우리 역사는 온전히 우리의 힘으로 이루지 못한 유신종말로 인해 '광주학살'이라는 엄청난 대가를 치르고야 말았다. 이후 1987년 6·10을 거치고 나서도, 정권교체까지는 시간이 한참 더 걸렸다. 심지어 지금처럼 '비극적인 박정희의 희극적인 딸 박근혜'라는 역사의 간지가 화려하게 펼쳐지고 있음에도 불구하고 박정희를 완전히 소비하기까지는 더 많은 시간을 지루하게 낭비해야 할 것으로 보인다. 그때 그 시절, 우리는 그렇게 유신의 기둥 김재규가 앞당겨준 민주주의를 손에 거의 움켜쥐었다. 하지만 그 민주주의는 우리들의 움켜쥔 손아귀에서 모래알처럼 허무하게 빠져나가고 있었다.

2
유신의
추억

우리가 살아가는 세상은 태어날 때 우리에게 주어진다. 부모를 마음대로 선택할 수 없듯이 세상도 마음대로 선택할 수 없다. 어떤 세대는 좋은 시대에 태어나 행복한 인생을 향유하고, 어떤 세대는 나쁜 시대에 태어나 가혹한 인생을 견뎌낸다. 그래서 어떤 이는 스스로의 노력을 믿고, 어떤 이는 사주팔자를 믿는다. 우리가 살아온 시대는 어떤 시절이었을까? 우리는 그 속에서 무슨 일을 했을까? 아니, 할 수 있었을까?

1400만 명이 넘는 관객을 동원한 영화 〈국제시장〉은 '유신'처럼 어려운 시대를 견뎌낸 세대에 대한 '오마주'다. 그 시대와 세대에 대한 '패러디'가 아닌 '오마주'. 이것이 문제적 영화 〈국제시장〉의 이슈다.

지금은 권한이 정지된 상태지만, 그 유신 대통령을 아버지로 둔 대통령 박근혜는 이 영화의 돌풍이 좋았었다. 그녀는 2014년 12월 "최근에 돌풍을 일으키는 영화에도 보니까 부부싸움을 하다가도 애국가가 퍼지니까 국가배례를 하더라. 그렇게 해야 나라라는 소중한 공동체가 건전하게 어떤 역경 속에서도 발전해나갈 수 있는 것이 아니겠느냐"고 감상평(?)을 했다. 하지만 박근혜의 감상평은 감상 없이 나온 것이었다. 물론 그녀는 전문적인 영화평론가가 아니라 대통령이라는 바쁜(?) 직업을 갖고 있으니만큼 일일이 영화를 챙겨보기가 힘들었을 것이다. 하지만 시중 장삼이사들의 술자리에서도 본 척하는 영화평론은 비난받기 십상이다. 이 점이 문제되자 청와대 대변인 민경욱은 "(박 대통령이) 영화를 직접 본 것은 아니며 신문지상 등 언론에 많이 나와 이를 인용한 것"이라고 해명했다.[7] 그 한 달여 뒤 박근혜는 감상평과 선후가 뒤바뀐 영화 감상을 하며 눈물깨나 쏟는다.

이 영화가 이슈가 된 건, 그보다 먼저 영화평론가 허지웅이 『한겨레』 대담에서 "머리를 잘 썼어. 어른 세대가 공동의 반성이 없는 게 영화 〈명량〉 수준까지만 해도 괜찮아요. 근데 〈국제시장〉을 보면 아예 대놓고 "이 고생을 우리 후손이 아니고 우리가 해서 다행이다"라는 식이거든요. 정말 토가 나온다는 거예요. 정신 승리하는 사회라는 게"[8]라고 말한 내용이 보도되면서였다. 그는 "더 이상 아무것도 책임지지 않는 아버지 세대에 대한 문제가 다뤄져야 할 시점에 '국제시장'의 등장은 반동으로 보인다"며 "우리가 얼마나 괴물 같은 시대를 관통하고 있는지. 일종의 선동영화로 기능하고 있다"라는 글을 올린 바도 있다. 하지만 그는 자신의 발언이 〈국제시장〉을 '토 나오는 영화'라고 비평했다고 보도된 것에 대해서는 왜곡이라며 항의하기도 했다.[9]

도대체 〈국제시장〉이라는 영화를 둘러싸고 무슨 일이 벌어진 걸까? 허지웅의 발언이 일목요연하지는 않지만 그의 발언을 둘러싼 논란을 이해하면 우리사회를 잘 이해할 수도 있다고 본다. 이를 위해 우선 허지웅이 강조하는 '정신승리'라는 개념을 이해할 필요가 있다. '정신승리'는 루쉰의 소설 『아Q정전』의 주인공 아Q의 정신상태로부터 유래한 말이다. 류짜이푸의 설명을 들어보자.

> 아Q는 분명히 건달에게 대여섯 차례나 벽에서 쿵쿵 소리가 나도록 얼어맞았다. 그러나 아Q는 죽어도 자신의 실패를 인정하려 들지 않았다. 도리어 그는 승리는 자기의 것이라고 생각했다. (…) 정신승리법은 쉽게 말하면 바로 신화 같은 환상이나 일방적인 생각으로 세계를 변화시킬 수 있다고 보는 일종의 망상이었다. 때문에 아무런 도움이 안 되는 유치한 자기 만족은 그러한 우주관과 인생관 속에서 자아의 주변 세계에 대한 진정한 승리로 여겨지게 된다.[10]

말하자면 정신승리법은 이솝우화의 '신 포도 이야기'에 나오는 여우의 정신 상태와 비슷하다. 포도를 먹고 싶지만 포도를 먹을 수 없다. 여우가 이 현실적 패배를 극복하는 방법은 딱 한 가지밖에 없다. 합리화하는 것이다. 여우가 생각을 바꿔 '저 포도는 분명히 신 포도일 거야'라고 포도를 재규정하는 순간 승리한 것은 포도가 아니라 여우 자신이 되는 것이다. 여우로서는 만만치 않은 세상 역경을 정신'만' 합리화함으로써 패배감을 훌륭히(?) 극복할 수 있다. 어쩌면 이것이 여우가 '정신적 좌절감' 없이 살아갈 수 있는 유일한 생존전략인지도 모른다.

영화 〈국제시장〉의 주인공 덕수는 어려운 시대에 태어나 한마디로 '개고생'을 한다. 1950년대 한국전쟁 속 흥남부두 철수, 피난시절 국제시장, 1960년대 서독 간호사와 광부 파견, 1970년대 베트남 파병(견), 1980년대 이산가족 상봉, 덕수는 마치 '포레스트 검프'처럼 이모든 역사를 직접 경험하며 살아온 인생이다. 그는 무엇을 위해 그렇게 열심히 살았을까? 아니, 질문을 바꾸는 것이 좋겠다. 그는 무엇을 위해 그렇게 열심히 살 수밖에 없었을까? 물론 전쟁과 가난을 벗어나기 위한 것이었고, 가족을 위해서 그랬다(고 믿었다).

영화 속 덕수는 이야기의 끝 무렵 가족들의 모임에서도 한마음으로 어울리지 못하고 슬며시 빠져나와 혼자 방에서 독백한다. "아버지 내 약속 잘 지켰지예, 이만하면 내 잘 살았지예, 근데 내 진짜 힘들었거든예." 덕수 인생은 누가 보더라도 힘들었다. 그 힘든 인생을 누구에게 어떻게 위로받을 수 있을까? 아무도, 그 무엇도 위로해주지 않는다. 그렇다면 어쩔 수 없이 정신승리법으로 해결하는 수밖에 없다. 그래서 덕수 입에서는 이런 소리가 나온다. "내는 그래 생각한다. 힘든 세월에 태어나가 이 힘든 세상 풍파를 우리 자식이 아니라 우리가 겪은기 참 다행이라꼬." 하지만 아내 영자는 세상을 직시한다. "당신 인생인데, 그 안에 왜 당신은 없냐구요?" 이는 마치 '신 포도'라고 말하며 '정신승리법'을 구사하는 여우에게 '저 포도 시지 않은데 왜 못 먹냐?'고 타박하는 여우 아내와 같다. 그녀는 부부싸움 중의 국기 하강식에서도 덕수와 달리 웬 노인의 눈총을 못 이겨 겨우 일어나 가슴에 손을 올린다.

허지웅 논란으로 다시 돌아가면, 그의 발언은 분명히 '토 나오는 영화'라는 말은 아니었다. 그가 토가 나온다고 했던 것은 일단은 영화 속 덕수로 표현되는 '정신승리'의 사회였다. 영화 속 덕수는 그렇게 '개고생'을 했으면 누군가에게 최소한 원망이라도 해야 할 텐데 그것이 없다. 정말 세상에 대한 원망이 없는 것일까? 그리고 과연 그런 원망 없는 정신이 건강한 것일까? 나아가 그런 원망 없는 정신이 우리가 지향해야 하는 건강한 사회이고 나라일까?

그런데 여기서 사태를 악화시키는 '사실'이 있다. 그건 덕수가 원망 없이 순응한 결과 집도 사고, 행복한 가정을 이루는 '부'의 바탕도 일궜다는 사실이다. 여기서 허지웅의 '정신승리' 비유가 장벽에 부딪힌다. 아Q의 '정신승리'는 그저 견딜 수 없는 현실적 치욕을 합리화하는 정신적 생존전략이었지만 덕수의 순응은 정신적 합리화와 함께 자신의 물질적 부를 이루는 바탕이 됐다. 덕수가 세상까지 '실제로' 바뀌었다고 믿는 순간 그의 정신승리는 패배를 위장하기 위한 것이 아니라 인생을 승리로 바꾼 근원으로 자리매김하는 것이다. 여기서 덕수와 허지웅의 건널 수 없는 시선 차이가 발생하게 된다. 그리고 이것은 대한민국의 정신승리법이 간단치 않다는 의미이기도 하다.

허지웅은 "'국제시장'의 등장은 반동으로 보인다"고 했는데, 영화를 이용하는 우리 사회가 반동으로 보인다는 것인지, 아니면 영화 자체가 그런 성격을 띠고 있다는 것인지 조금 불분명하다. 나는 영화

체제에 무감각하게 순응함으로써 물질적 '부'를 일궈낸 〈국제시장〉의 주인공 덕수. 그러나 역사의 쟁점에 눈감은 이런 순응은 반동적이라고 할 수밖에 없다.

그 자체도 그런 성격을 띠고 있다고 본다. 어려웠던 지난 시대를 추억하며 불순한 시대를 정당화하는 '반동'적인 영화가 크게 성공했던 사례는 일본에서도 있었다. 영화 〈철도원〉이 바로 그 영화다. 이 영화는 오래전인 1999년에 개봉됐으니 언제나 일본이 우리보다 뭔가 조금씩 앞서가는 느낌이다. 심지어 이런 것까지….

영화 〈철도원〉의 주인공 오토는 철도원이다. 그는 하얀 눈으로 뒤덮인 풍경이 특히 인상적인 시골 마을 종착역 호로마이를 평생 열심히 지키며 살았다. 그는 얼마나 열심히 그 깡촌 호로마이역을 지켰을까? 오랫동안 아이가 없던 오토 부부에게 하늘의 선물처럼 딸이 태어난다. 하지만 하늘은 금방 그 선물을 거두어간다. 태어난 지 두 달쯤 된 딸이 어느 날 급작스런 열병에 걸린다. 딸이 죽어가던 그 순간에도 오토는 어김없이 역을 지키고 있었다. 그리고 또다시 아내가 깊은 병을 얻어 큰 병원에 입원한다. 그날도 오토는 역에 남아 있었고, 아내는 홀로 저 세상으로 떠난다.

그렇게 열심히 깡촌역을 지켰던 오토는 자신의 인생을 후회했을까? 후회 안 한다. 오토는 호로마이역의 폐쇄 결정을 알려주는 본사의 친구 아들에게 "후회는 없다"고 말했다. 그에게는 후회는커녕 철로변의 흰 눈밭에 쓰러져 죽는 순간까지 직업적 자부심만이 넘쳐흐른다. 일본인들은 아내의 죽음 앞에서도 "난 철도원이니까 집안 일로 울 수 없다"는 오토의 대사에서 눈시울을 적셨는지도 모른다. 그런데 바로 이 지점에서 〈국제시장〉에 열광한 우리나라 사람들과 〈철도원〉에 열광한 일본인들의 정서가 조금 갈린다.

두 영화 모두 '파시즘'적 성향을 보이는 국가주의에 충실하다. 하지만 우리나라 〈국제시장〉의 덕수는 국가주의 그 자체에 순응한다기보다는 가족을 위해, 먹고살기 위해, 가족 바깥에서 따로 노는 것 같은 국가주의에 무감각하게 순응한다는 느낌을 준다. 반면 〈철도원〉의 오토는 가족보다는 국가주의 그 자체가 우선이라는 확신을 철저하게 지니고 있다는 느낌을 준다. 그는 체계적으로 작동하는 국가주의를 위해 가족애까지 희생하는 모습을 실제로 보여줬다. 영화가 반영하는 이런 차이는 아마도 양국 간의 역사적 경험 차이에서 비롯된 것이 아닌가 한다.

일본의 국가주의는 제국주의적이고 체계적인 정통 파시즘의 경험에서 발현되는 지속적인 이데올로기다. 반면 우리나라의 국가주의는 식민지 경험과 반공 콤플렉스가 기형적으로 결합되어 국가로부터의 피해의식과 공포를 반영하면서 유사 파시즘의 형태를 띤다. 그러므로 덕수와 같은 태도가 나타나는 것이다. 덕수의 애국심에는 진정성이 보이지 않는다. 그가 큰 목소리로 애국가를 부르며 애국심을 온 장내에 입증할 때조차 기실 그 행태는 애국심이 흘러넘쳐서가 아니었다. 그건 그저 독일에 광부로 돈 벌러 나가기 위해 면접관에게 보여준 쇼맨십일 뿐이었다. 박정희의 국민교육헌장이 부르짖는 "스스로 국가 건설에 참여하고 봉사하는 국민 정신을 드높인다"는 신조는 덕수가 아닌 오토에게서 더 뚜렷하게 나타난다.

앞에서 난 덕수와 우리 사회의 심리에 대해 '정신승리법'만으로 온전히 설명하는 것이 "간단치 않다"고 말했다. 정확히 말하면 전형적인 정신승리라고 규정하기도 힘들다. 자신의 패배를 정신만 바꾸어 승리라고 자위하고 있는 게 아니라 자신들이 세상을 진짜 바꿨다고 보기 때문이다. 오히려 그들은 세상을 바꾼 '물질승리'가 보이지 않느냐고 물을지 모른다. 심하면 오히려 허지웅이 '정신승리법'을 구사하고 있다고 몰아갈 수도 있다. 우리나라의 유사 파시즘은 근거 없이 지속되고 있는 현상이 아니다.

따라서 우리나라의 유사 파시즘은 정통 파시즘보다 더 천박하고 속물적인 것으로 나타날 수밖에 없다. 덕수의 심리 속에 국가는 존재하지 않는다. 이것이 영화 속에서 사실상 국가 혹은 역사 이야기가 존재하지 않는 이유다. 덕수에게 국가는 애국심의 대상이 아니다. 그렇다고 분노의 대상도 아니다. 그것이 무엇이건 아무 관심도 없다.

말을 바꾸면 그것이 무슨 짓을 하건 아무 관심도 없다. 국가라는 대상은 개인(가족)이 물질적 이익을 위해 고군분투할 때 잠깐 스쳐지나간다. 그리고 삶을 위해 고군분투하는 개인 덕수는 자신의 이익실현을 위해 그저 국가(애국심)를 이용할 뿐이다. 국가에 무관심하며 국가를 이용하는 덕수와 그런 덕수를 포섭하며 그것이 권력적 지배에 도움이 된다고 믿고 자족하는 국가 속 위인은 환상의 찰떡궁합이다.

그렇다면 〈국제시장〉은 반동적인가? 그렇게 보인다. 감독 윤제균은 〈국제시장〉에 대해 "영화를 만들 때는 소통과 화합을 염두에 뒀는데 막상 개봉하니 소통과 화합은커녕 논란과 갈등이 생기고 좌우, 진보와 보수 등 나라가 양편으로 나뉘어 가슴이 아팠"다며, "아버지에 대한 헌사로 출발"했다고 착잡한 심정을 밝혔다.[11] 하지만 나는 그의 드러난 의도뿐만 아니라 드러나지 않은 무의식까지 신경 쓰인다.

문제는 윤제균의 역사를 보는 시선이다. 역사의 고통에 대한 에피소드의 부재를 말하는 것이 아니다. 영화 속 덕수는 결혼 등 행사에서 기념사진을 찍을 때마다 눈을 감는다. 윤제균도 눈을 감고 역사를 기념하고 있다. 내가 이 영화를 반동적이라고 보는 것은 윤제균은 어쩌다 눈을 감은 것이 아니라, 소통과 화합을 위해 '눈을 감아야 한다'고 주장하는 것처럼 보이기 때문이다. 역사의 쟁점이 눈을 감는 것으로 해결될 수는 없다. 현재 유신의 삶을 추억하거나 유신의 고통을 평가하는 우리의 역사수준은 〈국제시장〉 논란으로 대체해도 충분할 듯싶다.

3

제7차, 살벌했던
친위쿠데타 개헌:
'파시즘으로 잘 살아보세'

유신헌법은 헌법일까? 농담이 아닌 진지한 질문이다. 이것이 농담이 아닌 진담이라는 것을 인정받기 위해 약간의 헌법학적 수다가 필요하다.

헌법학 기본서에는 '국가에 고유한 헌법'이라는 개념이 등장한다.[12] 헌법에서 시대적 특성을 제거해버리고, 전 역사에 명멸한 모든 헌법의 공통적 특성으로 헌법을 정의 내리려는 시도다. 인류 역사를 살피면 국가에 통용되는 문자가 있든 없든, 깡패국가든 착한 국가든, 하나의 국가 규모 영역에서 어떤 세력에 의해 지배권·통치권이 확립된 이상, 거기엔 규범으로 파악할 수 있는 체제적·조직적 특징이 있다는 사실을 발견하게 된다. 우리가 이 규범에 헌법이라는 이름을 붙일 경우 '국가가 있으면 헌법이 있다'는 명제가 성립하게 된다. 그리고 그때의 헌법이 바로 '국가에 고유한 헌법'이다.

그런데 오늘날 '국가에 고유한 헌법'이라는 개념은 헌법학 기본서의 서두를 잠깐 스쳐지나가는 역할을 하는 것 외에는 사실상 거의 무용지물이다. 근대 이후의 국가는 과거와는 뚜렷이 구분되는 헌법을 갖게 되었기 때문이다. 그 역사적 기원은 1789년의 프랑스혁명이다. 1789년의 「인간과 시민의 권리선언」 제16조는 "권리의 보장이 확보되어 있지 않고, 권력의 분립이 확정되어 있지 않은 사회는 헌법이 없는 사회다"[13]라고 선언한다. 이렇게 해서 이제 '국가에 고유한 헌법'이라는 개념은 오직 근대 이후에 등장한 '근대 입헌주의 헌법'과의 비교·대비를 위해서만 의미를 갖는 신세가 됐다. 말하자면 현대를 사는 우리는 '국가에 고유한 헌법'이라는 개념에 굳이 크게 신경 쓸 필요가 없는 '근대 입헌주의 헌법' 시대를 살고 있는 것이다.

내가 앞에서 '유신헌법은 헌법일까?'라고 물었던 것은 유신헌법은 역사 속에 등장하는 모든 국가에 필수적인 '국가에 고유한 헌법'인가 하는 무의미한 질문이 아니라 '근대 입헌주의 헌법'인가 하는 질문이었다. 결론부터 말하면 유신헌법도 당연히 역사 속 모든 국가가 당연히 갖고 있는 '국가에 고유한 헌법'인 것은 맞다. 하지만 '근대 입헌주의 헌법'은 아니다. 즉 유신헌법은 오늘날 우리가 통상적으로 아무런 수식 없이 말할 때의 '헌법' 축에는 끼지 못한다. 덧붙이자면 우리는 유신헌법을 대한민국 헌법이라는 이름으로 갖게 됨으로써 시대를 수백 년 거슬러 올라가 살아야만 하는 역사적 치욕을 당한 셈이다.

나는 왜 망설임 없이 유신헌법을 헌법, 즉 '근대 입헌주의 헌법'이 아니라고 말하는가? 현대의 헌법은 다양한 모습으로 등장한다. 관점에 따라 좋은 헌법이 있을 수도 있고, 나쁜 헌법이 있을 수도 있다. 그리고 헌법을 규범적으로 잘 지키는 나라도 있고, 장식처럼 모셔놓고만 있는 나라의 현실도 있다. 하지만 유신헌법은 이런 차원을 떠난다. 유신헌법은 문자 구조적으로만 평가하더라도 프랑스의 「인간과 시민의 권리선언」이 문제 삼았던 '기본권 보장'과 '권력분립'과는 한참 거리가 멀다. 유신헌법은 권력분립의 형식만을 놓고 볼 때는 자본주의 체제 헌법이라기보다는 공산주의 체제 헌법에 더 가깝다고 할 수 있다.

유신헌법이 악이라면, 그 악의 꽃은 통일주체국민회의였다. 당시 유신헌법이 등장하기 전까지 전세계의 어느 누구도 듣도 보도 못한 통일주체국민회의는 도대체 어디에 쓰는 물건인가? 앞에서 잠시 언급했지만 충분히 반복할 만한 가치가 있으므로 유신헌법 제35조를 다시 읽어보자. "통일주체국민회의는 조국의 평화적 통일을 추진하기 위한 온 국민의 총의에 의한 국민적 조직체로서 조국통일의 신성한 사명을 가진 국민의 주권적 수임기관이다." 문장까지 조금 이상한 이 조항에 의해 주권자로서의 국민의 의사는 이제 통일주체국민회의로 넘어간다.

가장 이상한 건 이 통일주체국민회의의 존재 목적이 "조국의 평화적 통일"로 못 박혀 있다는 사실이다. 오직 조국의 평화적 통일을 위한 국가기관이 국가의 모든 권력의 원천이 되고 있다는 사실이다. 정말 이상하지 않는가? 박정희가 언제부터 조국의 평화적 통일에 목을 맸는지 모르겠지만, 그리고 우리 민족에게 아무리 조국의 평화적 통일이 중요하다지만 너무하지 않는가?! 평화통일이 제아무리 중요해도 국민은 옷도 입고, 밥도 먹고, 잠도 자고, 사랑도 하고, 공부도 하고, 일상적으로 출퇴근도 하며 살아가야 한다. 하지만 유신헌법은 생뚱맞게 반문한다. "도대체 뭐가 문제인가? 그 모든 일상사를 '조국의 평화적 통일'을 위해서 하면 되지 않는가!?" 그래서 그 목적'만(!)을' 위해 존재하는 통일주체국민회의가 국민의 모든 일상사를 포괄하는 국가권력의 행사자인 대통령과 국회의원 1/3을 선출하고, 거기에다가 국회 발의 헌법개정안 확정권 따위까지 가지겠다는 거였다.

1970년대 초는 냉전질서가 크게 흔들기 시작한 시기였다. 1969년에 발표된 닉슨의 괌 독트린은 아시아 분쟁에서 미국의 군사적 개입을 자제하겠다는 내용이었다. 1971년에는 주한미군이 감축됐고, 중국의 유엔가입과 대만의 축출이 이어졌으며, 1972년에는 닉슨의 중국 방문과 국교정상화가 실현됐다.

박정희는 냉전질서의 와해 속에서 반공체제를 유지할 수도 없었고, 포기할 수도 없었다. 하지만 묘수가 있었다. 그의 묘수는 '평화체제의 탈을 쓴 반공독재'라는 일종의 정치 사기극이었다. 박정희는 1972년 7월 4일, 북한과 자주·평화·민족적 대단결의 원칙에 의한 평화통일 원칙에 합의한다. 그리고 약 반년 후 유신헌법을 선포한다. 말하자면 온 국민의 충격적 관심 속에 발표된 남북대화가 사실은 평화통일을 위해서가 아니라 유신독재를 선포하기 위한 전도된 도구였던 것이다. 참고로 북한은 유신헌법이 공포된 1972년 12월 27일 다음날, '주체사상'을 지도적 지침으로 삼는 사회주의 국가 헌법을 선포한다.

어쨌든 과거는 흘러갔고, 그나마 박정희의 이 헌법적 사기극이 우리 역사에 한 가지 기여한 게 있긴 하다. 이 유신헌법 속에서 우리 헌법사상 최초로 '조국의 평화적 통일'이라는 용어가 '통일주체국민회의'라는 괴물 같은 규정과 함께 등장해 지금까지 살아남았다는 사실이다. 이제 어쩔 수 없이 우리 국민은 "대한민국의 영토는 한반도와 그 부속도서로 한다"는 영토규정과 모순적으로 공존하는 '조국의 평화적 통일'이라는 헌법 규범을 갖게 되었고, 헌법체계에 등장한 또 하나의 규범적 모순을 헤쳐 나가며 살게 되었다.

다시 통일주체국민회의 규정으로 돌아가면, 여기엔 가히 경악할 만한 용어인 '총의'라는 개념이 등장한다. 총의란 표준국어대사전 정의에 의하면 "구성원 전체의 공통된 의견"으로 돼 있다. 우리 국민들은 이제 총의라는 개념에 의해 '공통된 의견'을 가진 공동체 집단이 되었으며, 그 공통된 의견인 총의는 통일주체국민회의가 수임한다. 국민의 총의는 단순히 통일주체국민회의라는 '국민적 조직체'를 만드는 기초가 된다는 일회적인 의미가 아니었다. 그 총의는 예컨대 "통일주체국민회의에서 재적대의원 과반수의 찬성을 얻은 통일정책은 국민의 총의로 본다"고 함으로써 통일주체국민회의에서의 과반수 찬성은 곧 '국민의 공통된 의견'으로 간주된다는 의미였다.

유신헌법에 등장하는 총의라는 용어는 학문적으로 루소의 일반의지 개념을 염두에 둔 것일 수 있다. 하지만 루소가 국가를 이끄는 주권의 이념적 원천으로서 말했던 일반의지는 국민 과반수의 찬성이라든가 하는 구체적 행위로 확인할 수 있는 개념이 아니었다. 루소에 따르면 설령 국민 전체가 어떤 안건에 대해 만장일치로 찬성을 한다 하더라도 그것이 곧 일반의지인 것은 아니다. 루소는 항상 옳은 인민의 공통의지를 일반의지라는 개념으로 추상적·논리적으로 상상했을 뿐이다. 박정희의 유신헌법처럼 과반수를 넘으면 총의로 간주하고 반대자의 입을 닥치게 한다는 식의 싸구려 독재 논리가 아니었다.

박정희의 유신헌법은 총의 개념을 실현하기 위해 "통일주체국민회의 대의원은 정당에 가입할 수 없"다고 규정한다. 말하자면 총의를 실현하는 대의원은 정파적 이익과 무관해야 한다는 논리다. 그래서 통일주체국민회의 대의원 선거법은 후보자는 대의원에 당선되기 위한 합동연설회에서 "유신과업에 관한 주견만을 발표할 수 있"다. 그리고 유신헌법은 대통령도 통일주체국민회의에서 (심지어는 대통령 후보자의 유신과업에 관한 주견조차 듣지 못하고) "토론 없이 무기명투표로" 선출한다. 하지만 이상하지 않는가? 정파적 이익과 무관한 사람들이 뽑는 정파적인 대통령과 국회의원이라니!

우리가 유신헌법의 논리를 통해 확인할 수 있는 사실은 유신체제는 '극단적으로 무정파적인 탈을 쓰고 극단적으로 정파적인 이익을 추구했던 파시즘 체제'라는 것뿐이다. 말을 바꾸면 박정희의 유신독재는 남북관계에 대한 평계가 국가권력 행사의 모든 것이었고, 온갖 권력남용과 부정선거·투표를 통해 국민 과반수의 찬성을 얻으면 그것을 국민적 총의로 간주하고, 더 이상 일체의 다른 의견을 입 밖에 내는 것조차 허용하지 않겠다는 체제, 그 이외에 다른 아무것도 아니었다.

박정희의 유신헌법은 그 등장부터 화려했다. 1972년 10월 17일, 박정희는 전국에 비상계엄을 선포했다. 이 비상계엄은 박정희의 헌법적 권한이 아니라 헌정중단 사태였다. 당시 헌법에도 대통령의 비상계엄 선포권이 존재한다. 다만 그 요건은 "전시·사변 또는 이에 준하는 국가비상사태에 있어서 병력으로써 군사상의 필요 또는 공공의 안녕질서를 유지할 필요가 있을 때"였다. 당연히 당시 상황은 이 요건에 해당되지 않지만 일단 그렇다 치자. 가장 치명적 사태는 '국회해산'이었다. 당시 헌법에 따라 계엄 선포를 통고해야 할 국회를 해산시켜버린 것이다. 계엄의 해제를 요구할 수 있는 권한을 가진 국회가 사라져버린 것이다.

그렇다면 유신헌법 개헌을 위한 국회의 역할은 어디에서 해야 하는가? 당시 헌법은 개헌 제안권을 국회 재적의원 1/3과 국회의원선거권자 50만 인 이상으로 못 박고 있었다. 대통령에게는 개헌 제안권이 없었다. 박정희는 이 비상계엄에서 국무회의를 비상국무회의 체제로 바꾸고, 이 비상국무회의가 정지된 헌법조항(예컨대 국회)의 기능을 수행토록 한다. 더 이상 말이 필요 없는 헌정중단 사태였다. 앞에서 얘기한 전두환의 국가보위비상대책위원회도 적어도 형식적으로는 국회와 국무회의를 대체하는 건 아니었다. 박정희의 1972년 비상계엄은 명백하고 노골적으로 헌법적 형식을 파괴해버린 친위 쿠데타였다.

그 헌법파괴 형식에 관해 덧붙이자면 유신헌법 부칙 제4조는 "이

1972년 유신헌법 국민투표에 참여한 박정희 부처와 딸 박근혜. 아마도 찬성표를 던졌을 박근혜는 40년 뒤 새누리당 대선후보로 나서며 유신을 비롯한 박정희정권의 과거사에 대해 공식 사과한다.

헌법에 의한 국회의 최초의 집회일까지 비상국무회의가 대행한 국회의 권한은 이 헌법시행 당시의 헌법과 이 헌법에 의한 국회가 행한 것으로 본다"고 규정하면서, 부칙 제7조에서 "비상국무회의에서 제정한 법령과 이에 따라 행하여진 재판과 예산 기타 처분 등은 그 효력을 지속하며 이 헌법 기타의 이유로 제소하거나 이의를 할 수 없다"고 규정했다. 이 부칙규정은 (앞에서 말한 바와 같이) 5공헌법 부칙 제6조 제1항과 제6조 제3항 규정을 만드는 데 아주 나쁜 영감을 준다. 이에 관한 어불성설의 법리는 앞에서 얘기한 바와 같으니 반복하지 않는다.

2012년 9월 24일, 유신으로부터 많은 시간이 흐른 뒤, 새누리당 대선후보가 된 박정희의 딸 박근혜는 여의도 당사에서 기자회견을 갖고 5·16과 유신, 인혁당 사건 등 과거사에 대해 공식 사과한다.

5·16, 유신, 인혁당 사건 등이 헌법 가치를 훼손하고 대한민국 정치 발전을 저해하는 결과를 가져왔다고 생각한다. 이로 인해 상처와 피해

를 본 분들과 가족들에게 진심으로 사과드린다. 그 고통을 치유하기 위해 제 모든 노력을 다하겠다.[14]

그녀가 무슨 이유로 사과했든, 사과를 하기 전 입에 침을 발랐던 바르지 않았던, 진정성이 있든 없든, 역사는 그녀의 사과를 기록했다. 그렇게 기록된 역사의 사과는 잘 썩어 우리 민주주의 앞날에 소중한 거름이 될 것이다. 하지만 유신에 대해 역사 앞에 사과할 사람이 꼭 그녀뿐이었을까?

1972년 11월 21일, 유신헌법에 대한 국민투표가 실시된다. 그리고 91.9%의 투표율과 91.5%의 찬성율로 통과된다. 나는 지금도 궁금하다. 부질없는 상상이지만 만약 그때 공포와 부정 없는 공정한 국민투표였다면 유신헌법은 몇%의 찬성을 받았을까? 혹시 그땐 유신헌법이 그럴싸하게 생각됐는데 지나놓고 보니 좀 아닌 것 같다고 느끼는 사람들은 없을까? 지금 우리들은 훗날 사과를 하게 될 정치적 행위를 열심히 지지하고 있지는 않는가? 역사적 시간은 무심하게 흐르고 있다.

6장
───
제3공화국

1

제6차, 심야의 날치기 개헌: '딱 한 번만 더, 더 하겠다면 성을 간다'

2004년 3월 26일, 열린우리당 의장 정동영은 총선을 앞둔 시점에서 정치에 무관심한 젊은 유권자들에 대한 당부의 말을 해달라는 취재진의 요청에 이렇게 응답했다.

미래는 20, 30대들의 무대라구요. 그런 의미에서 한 걸음만 더 나아가서 생각해 보면 60대 이상 70대는 투표 안 해도 괜찮아요. 꼭 그 분들이 미래를 결정해 놓을 필요는 없단 말이[에]요.[1]

이 미래지향적 비호감 '노인폄하' 발언의 위력은 대단했다. 정동영은 당 지지율 하락의 책임을 지고 선대위원장직을 전격 사퇴했다. 아울러 비례대표 국회의원 후보직도 사퇴했다. 하지만 이 발언의 여파 때문이었는지 애초에 압승이 예상됐던 열린우리당은 가까스로 과반을 넘긴 승리에 만족해야만 했다.

정동영의 이 발언은 아마도 치밀한 준비를 거친 의도된 발언이라기보다는 무심코 나온 직관적 반응으로 짐작된다. 발언이 문제된 이후에도 그는 '대중적 인기'에 의존해야만 하는 직업적 특성상 거의 아무런 변명도 못하고 고개를 숙일 수밖에 없었을 것이다. 하지만 적어도 나는 그의 발언을 '선거란 무엇인가'에 대한 철벽같은 고정관념의 틀을 깰 인식전환의 계기로 삼을 수도 있다고 본다.

우리는 '민주적 선거'를 아주 단순하게 생각하는 경향이 있다. 가장 단순하게는 성인 국민이 1인1표만 행사할 수 있으면 그것이 곧 민주주의라고 믿고 더 생각하지 않는 경우다. 다행히 우리는 (아직 정교한 논의를 필요로 하지만) 헌법재판소의 결정에 의해 선거구간 인구편차 축소, 인위적인 선거구 획정(게리맨더링)의 금지, 지역구 투표와 정당 투표의 분리 등을 제도화하는 성과를 얻기도 했다.

문제는 그 외에도 '민주적 선거'를 위해 풀어야 할 수수께끼 같은 주요 쟁점들이 여전히 남아 있다는 점이다. 때마침 여기서 논해야 하는 박정희의 철지난 3선 개헌 이슈를 이 미래의 수수께끼를 풀기 위한 연습문제로 삼아보는 것도 유익할 것 같다.

사실 박정희의 3선 개헌 이슈를 한마디로 영구독재 집권 플랜의 일환이었으므로 그 자체로 '악'이라고 규정하고 논의를 간단히 끝낼 수도 있을 것이다. 하지만 그 경우 박정희의 3선 개헌 주장에 약간의 여지를 남겨주는 셈이다. 우리는 '당장의 독재음모가 아닌 제도로써' 왜 3선 금지라는 제한규범이 등장했는지에 대한 근원적 답까지 할 수 있어야 한다. 그래야만 우리는 민주주의의 본질에 대해 더 깊숙이 들어갈 수 있고, '민주적 선거'에 대해 더 근원적으로 사색할 수 있을 것이다.

1969년 5월, 박정희는 공화당 대변인 김재순을 청와대로 불렀다. 김재순은 박정희 앞에서도 "개헌에 반대합니다. 해서는 안 됩니다"라며 정면으로 반대했다. 그러자 박정희가 설득했다. "나 한 번만 더 하고 그 이상은 안 할 테야. 다음에 종필이한테 넘겨줄 거야. 도와줘." 김재순이 되물었다. "그리고 또 하신다고 하면 어떻게 하시겠습니까?" 이에 박정희는 조상에 대한 두려움도 없이 감히 이렇게 확약한다. "그러면 내 성을 갈겠어."[2] 이후 박정희는 유신헌법을 제정하고 아예 정상적인 선거도 없이 대통령을 또 했다. 주지하듯이 성을 갈지도 않았다.

어쨌든 1969년 9월 14일 새벽 2시 50분, 국회 제3별관에서 잠 못 이룬 122명의 의원들이 모여 3선 개헌안을 날치기 통과시킨다. 믿거나 말거나 당시 국회의장 윤치영은 얼마나 급했는지 의사봉이 없자 주전자 뚜껑으로 책상을 3번 두드렸다는 일화가 전설처럼 전해져 내려온다.[3] 그 주전자 뚜껑은 민주주의 역사 기념관 같은 걸 만들어 좋은 자리에 전시하면 좋을 텐데 누가 꼼꼼하게 잘 챙겨놓았는지 모르겠다. 이어진 10월 17일 국민투표에서 이 개헌안은 77.1%의 투표율과 65.1%의 찬성률로 너끈히 통과된다. 물론 부정선거의 영향력으로 얻은 표수는 이 통계만으론 알 수 없다.

여기서 박정희의 3선 개헌의 구체적·현실적 야욕은 조금 뒤로 밀쳐놓고 추상적인 얘기를 해보자. 선거가 민주제도의 핵심제도라면 대통령의 중임(혹은 연임)을 재선으로 제한하는 것은 어떤 경우에도 필수불가결한 선인가? 구체적 역사가 아닌 진공 속에서 제도를 논한다면 대통령의 단임제도가 절대 선은 아니듯이 대통령의 3선 혹은 4선, 심지어 중임이나 연임제한이 없는 것도 반드시 민주주의 원칙에 어긋나는 절대 악이라고 할 수는 없다. 민주주의를 절대화한다면 국민이 원하는데 왜 국민의 의사를 제한해야 하는가에 대한 대답이 쉽지 않기 때문이다.

그 민주주의적 대답을 더욱 어렵게 만드는 이런 극단적 질문도 있을 수 있다. 어떤 5천만 공동체가 있었는데 박유신이라는 인간 외에는 모두가 바보였다. 자신들의 처지를 잘 알고 있는 그 집단 바보들은 그래서 유일하게 바보가 아닌 박유신이 자신들의 대통령이 돼주기를 간절히 소망했다. 그것도 6년 주기로 한 번씩 집단 바보들의 정치적 의사를 확인하면서 박유신이 죽을 때까지 당선돼 나라를 영도해주기를 소망했다. 그런데 유감스럽게도 그 바보나라 헌법은 "대통령은 1차에 한하여 중임할 수 있다"고 규정돼 있었다. 자, 이 경우 이 헌법은 절대 선한 규범일까?

현실성 없는 바보스러운 상황설정과 질문에 진지하게 대답할 필요가 없다고 생각할 수도 있다. 인정하지만 내 질문의 요지는 이거다. 민주주의가 절대 선이라면 왜 인민의 뜻을 제한하는 3선 금지 규정 같은 것을 절대 선한 규범으로 받아들여야 하는가이다. 말하자면 당시 박정희가 독재음모 없는 대한민국의 가장 유능한 정치인이라는 상상적 가정하에서도 우리는 3선 개헌을 반대했어야 하는가라는 질문이다. 결론부터 말하자면 '그렇다'이다.

대통령제의 모델은 미국이다. 우리는 대통령의 재선만을 허용하는 미국 제도를 표준으로 생각하고 있다. 하지만 미국 헌법이 대통령은 4년 1차 연임만을 허용한다고 처음부터 규정해놓았던 것은 아니다. 그 이유도 궁금하긴 하다. 대통령은 어차피 '선출'된 왕이므로 국민의 선출 의사를 절대적으로 존중했던 것일까? 어쨌든 4년 1차 연임제는 초대 대통령 조지 워싱턴이 시작한 불문 관례였을 뿐이다. 워싱턴이 4년 1차 연임을 마치고 쓴 고별사는 의미심장하다.

> 파벌 대립은 여러 시대, 여러 나라에서 가장 경악할 범죄를 자행했던 바, 자연히 복수심으로 첨예해진 파벌이 번갈아 지배하는 것은 그 자체로 끔찍한 폭정이다. 문제는 이것이 결국 더 공식적이고 영구적인 독재로 귀결된다는 점이다. 혼란과 불행은 점차 한 개인의 절대권력 속에서 안전과 휴식을 찾도록 인간의 마음을 기울게 한다. 그리고 경쟁 파벌보다 유능하거나 운 좋은 지배 파벌의 수장은 조만간 공중의 자유를 파멸시키고, 이런 성향을 그 자신의 지위 상승이라는 목적을 향하도록 만든다.[4]

오늘날의 관점에서 보면 워싱턴은 정당을 지나치게 경계한 것으로 보인다. 그는 정당 간의 정권교체를 통해서 정치보복 문제가 해결되기를 기대했다기보다는 파벌 없는 선의를 통해 권력이 선용되기를 바라는 마음에서 자신의 임기를 4년 1차 연임으로 마무리한 것으로 보인다. 하지만 그의 의도가 어디에 있었든지 그가 세운 4년 1차 연임제 전통은 한 파벌이 영구집권 독재를 하는 것을 제도적으로 막은 셈이다.

이후 미국에서 4년 1차 연임제는 불문율로 유지되다 경제대공황과 제2차 세계대전을 거치면서 프랭클린 D. 루스벨트의 4선(1932년, 1936년, 1940년, 1944년)이라는 예외가 발생한다. 그는 4선째 임기 몇 달 만에 사망했는데, 그의 사후 3선 금지 개헌(1947년 발의, 1951년 비준된 수정 제22조)이 이루어진다.

이쯤에서 처음 제기한 질문에 대한 답을 해보자. 질문의 요지는 이런 것이었다. "민주국가에서 가장 유능한 인물이라도 연임제한 규범에 묶이는 것이 타당한가?" 워싱턴은 박정희보다 훨씬 뛰어난 업적을 남겼으며, 따라서 박정희보다 훨씬 더 유능하리라 기대하는 것이 전혀 이상하지 않았다. 더 분명한 사실은 그가 미국 국민의 절대적 신임을 받고 있었다는 점이다. 원한다면 3선 연임은 물론 더 이상이라도 얼마든지 계속할 수 있었을 것이다. 그런데도 그는 물러났다. 그의 고별사를 신중히 읽어 보건대 문제의식은 일회적인 데 있는 것이 아니라 제도에 있었다.

아무리 뛰어난 사람이 있더라도 임기를 제도적으로 제한하지 않으면 장래 위험을 초래할 수 있다는 것이 워싱턴의 예지였다. 대통령이란 자리가 거대권력이기 때문에 그러하다. 만약 그 자리가 1인에게 권력이 집중되는 거대권력이 아니라면 3선 금지는 보다 관대해질 수 있을 것이다. 예컨대 국회의원의 임기에 굳이 연임제한을 하지 않는 이유가 그렇다. 또한 민주주의가 진보할수록, 독재의 위험이 적어질수록 연임에 대하여 국민의 선택 폭을 높이는 것도 가능하다고 본다. 더군다나 연임제한이 없는 경우에는 대통령의 레임덕이란 것도 사실상 사라지는 장점까지 있다.

하지만 박정희나 이승만 시대의 연임 문제는 절대권력이라는 위험의 문제였고, 원시 민주주의라는 시대의 문제였다. 설령 백보를 양보해 박정희나 이승만이 대체 불가능한 대한민국 최고의 정치인이었다 하더라도 그들을 위해 민주주의의 틀을 깨는 것보다 3선 금지라는 제도를 살리는 것이 장기적으로 민주주의와 진보를 위해 훨씬 더 중요한 일이었다. 말하자면 바보나라의 대통령은 반드시 바보들을 상대로 나쁜 독재를 할 수밖에 없고, 어차피 바보들의 민주주의는 바보들 스스로 진보해 나가지 않는 한 희망이 없는 신기루일 뿐이라는 얘기다. 그러므로 박정희의 당시 3선 개헌 주장은 역사적으로 어떤 논리로도 부당했다.

실제로 3선 개헌 이후 치러진 1971년 대통령선거에서 박정희는 "여러분께 다시는 나를 찍어달라고 하지 않겠다"고 호소했고, 상대 후보였던 김대중은 "박정희가 헌법을 고쳐 선거가 필요 없는 총통이 되려 한다"고 예언했다.[5]

결국 박정희는 유신을 선포해 선거 자체를 없앰으로써 굳이 지키지 않아도 될 약속을 지켰고, 맞지 않아도 좋았을 김대중의 예언은 1년 뒤 현실이 됐다.

물론 선거란 수단이지 그 자체가 목적은 아니다. 위에서 말한 논지는 수단의 자의적 운용이 궁극적으로 목적을 해하는 위험과 그 우려였다. 그런데 때로는 굳게 경직된 수단으로써의 기존 선거제도 형식이 목적에 위협을 가하는 사례가 나올 수 있다는 점도 살펴야 한다. 예컨대 참정권과 나이의 문제다.

참정권에 있어서 나이의 하한은 있지만 상한은 없다. 왜 그럴까? 어린 연령대의 미숙함은 있지만 초고령대의 분별력엔 아무 문제가 없는 것일까? 어린 연령대에도 성숙한 인격이 있듯이 초고령대에도 노환 등 여러 이유로 무분별함이 가득한 인격도 있다. 현행 참정권 제한 연령은 사회통념상 평균적 판단능력을 기준으로 정하고 있을 뿐이다.

그런데 지금까지 초고령대의 참정권 제한이 이슈가 되지 못했던 것은 인구 분포상의 이유가 컸다고 본다. 보통선거가 실현된 이후 인류는 지금까지 폭발적인 인구증가세를 지속했으며, 고령 인구가 정책 결정에 참여하는 것에 대해 두려움을 느낄 이유가 없었다. 하지만 이젠 상황이 달라졌다. 생산력 없고 여생이 얼마 남지 않은 노인들이 자신들의 연령적 점유율을 높여가며 생산가능 연령층을 상대로 끝없이 자신들에게 유리한 정책결정을 강요해나간다면 세대간 극단적 대립이 야기될 수도 있다. 예컨대 당장 가까운 장래에 연금을 둘러싼 엄청난 힘겨루기가 시작될 수도 있다.

앞에서 거론했던 정동영의 '노인폄하' 발언으로 다시 돌아가보자. 나는 인류의 민주주의 선거 역사상 최초로 경험하게 된 새로운 상황

속에서 참정권의 최소 연령을 설정하는 것과 마찬가지 이유로 최고 연령을 설정하는 것도 고려해봐야 한다고 생각한다. 참고로 교황을 선출하는 콘클라베에 참석할 수 있는 추기경 연령은 80세까지로 제한되고 있다. 그래서 전체 추기경의 과반수를 조금 넘는 정도의 인원만이 교황 선출에 참여한다. 교황청은 콘클라베에 참여하는 추기경 연령을 왜 제한하고 있을까?

정동영의 '노인폄하' 발언은 우리에게 큰 화두를 던졌다. 어쩌면 이제 역사 속에서 3선 개헌보다 훨씬 중요해진 화두다. 그 화두를 무턱대고 비난만 할 일이 아니라 두루두루 생각해볼 일이다. 민주주의에서 선거의 문제는 생각만큼 녹록한 주제가 결코 아니다.

2

박정희와
조제프 푸셰의
놀라운 인생

다음 시 구절은 누구의 작품일까?

땀을 흘려라!

돌아가는 기계 소리를

노래로 듣고

(…)

이등 객차에

불란서 시집을 읽는

소녀야.

나는, 고운

네

손이 밉더라.

이 시 구절을 애송할 정도로 잘 알고 있는 사람들도 혹 있을지 모르겠다. 하지만 처음 접하는 독자에겐 깊이 생각할수록 조금 어려울 수 있다. 그래서 객관식으로 하겠다. 정답 ①김일성 ②박정희 ③하이네 ④박노해 ⑤조제프 푸셰.

정답은 박정희다. 그의 『국가와 혁명과 나』라는 저서에 적혀 있는 시 구절이다.[6] 이 책의 고스트 라이터 박상길은 시의 완성도에 문제가 있다고 보았는지 아니면 조판 문제 때문이었는지 아쉽게도 시를 전재하지 않고 중략했다. 시의 후반부만 본다면 김일성, 하이네, 박노해 모두 정답으로 찍을 수 있다. 하지만 전반부를 포함한다면 하이네나 박노해는 탈락이다. 사회주의 리얼리즘 계열이거나 파시스트의 작품일 가능성이 높다. 그렇다면 김일성과 박정희, 그리고 프랑스 이름(기억해두기 바란다)으로 혼란을 주는 조제프 푸셰 셋이 남는다. 이젠 그냥 찍어야 하는데, 쿠데타 이후인 1963년 당시의 (표절이 아니라면) 박정희의 시심이다.

박정희는 어떤 인격, 어떤 사상을 가진 인물일까?[7] 1917년 경북 구미시에서 좌절한 무반의 아들로 태어나, 대구사범학교를 졸업하고, 문경서부공립심상소학교(초등학교)에서 교편을 잡는 것으로 사회생활을 시작한 남자, 문경에서 교사로 재직 중 만주국의 육군군관학교에 지원했으나 연령 초과로 일차 탈락하자, 1939년 재차 응모하며 '한 번 죽음으로써 충성함 박정희(一死以ㅜ御奉公 朴正熙)'라는 혈서와 "일본인으로서 수치스럽지 않을 만큼의 정신과 기백으로써 일사봉공一死奉公의 군건한 결심"을 격정적으로 토로한 편지를 지원 서류와 함께 제출해 뜻을 이룬 남자[8], 이후 일본으로 건너가 일본 육군사관학교에 편입하여, 1944년 마침내 황군 육군소위로 임관한 후 만주군으로 복무한 남자, 광복과 대한민국 체제 이후인 1949년에는 "남로당에 가입하고 군 내에 비밀세포를 조직하여 무력으로 합법적인 대한민국 정부를 반대하는 반란을 기도"한 범죄사실로 (1심 군사법정에선 사형 구형에 무기징역을 선고받았으나) 재심에서 징역 10년에 형집행정지 처분을 받은 남자, 수사과정에서 좌익세포들의 명단을 술술 불어 넘기고 열 번 동안 그 체포 행사에 앞장을 선 대가로 중형을 선고받고도 유일하게 목숨을 건진 남자, 1961년 군사쿠데타를 일으켜 정권을 잡은 뒤에는 "우리는 공산주의를 반대하고 자유민주주의를 원칙으로 함을 벗어날 수는 없다"[9]고 우겨 한국과 미국의 순진한 사람들의 어안을 벙벙케 한 남자, 그러다 1972년엔 이른바 유신을 선포하고 허수아비 대의원들을 동원해 "토론 없이" 주기적으로 선출되는 영구 대통령을 꾀한 남자, 재혼한 아내가 저격당해 죽자 장례식장에 대한민국의 주요 종교 의례를 함께 거행해주며 명복을 빌어준 남자, 결국 학살진압 발언도 마다하지 않는 권력욕으로 심복에게 저격당해 생을 마감한 남자!

박정희 시대를 비판적으로 상징하는 단어로 강준만은 '기회주의'를 추천한다.[10] 적절한 것 같긴 한데, 뭔가 조금 부족하다. 그게 뭘까? 나의 사전엔 적절한 단어가 없는 듯해 아쉽다. 지금 나는 시대의 것, 더 나아가 시대를 초월해 나와 우리들이 모두 조금씩 연루돼 있는 동물적 본능 같은 것과는 조금 다른 개인적이고 아무나 쉽게 흉내 낼 수 없는 극단적 특성을 설명할 수 있는 특별한 단어를 찾고 있다. 왜냐하면 박정희는 우리 같은 범인들이 쉽게 흉내 낼 수 있는 그저 그런 정도의 기회주의적 특성을 소유한 인물이 아니기 때문이다. 우리의 기회주의란 기껏해야 요령껏 시류를 탄 채 필요하다면 필요한 만큼 태도나 행동을 조금 바꿔 강자의 어깨 뒤로 살짝 숨어 생존 혹은 조그만 이득을 챙기려는 소심한 이기심에 지나지 않는다. 그것도 잘해야 한두 번이고 그렇게 큰 성공을 거두기도 힘들다. 왜냐하면 범인들은 사실 단 한 번의 기회주의만으로도 인격적 밑천이 온 천하에 다 드러나 더 이상의 기회주의자가 되기조차 어렵기 때문이다.

하지만 박정희의 기회주의는 차원이 다르다. 그것은 자신의 정체성에 대한 완전한 부정을 전제로 하는 통 큰 기회주의다. 스스로의 과거 이념·논리·태도·행동에 대한 완전한 파괴, 자신의 과거를 자신조차 믿지 않고 기억하지 못하는 신비한 능력, 자신의 과거를 기억하는 타인을 오히려 정신적 혼란과 고통에 빠지게 하는 백설처럼 순수한 기회주의, 한 번이 아니라 열 번 스무 번이라도 인생의 시계가 허용하는 한 기회주의적 행태를 무한히 반복할 수 있는 차가운 열정, 기회주의를 예술적 차원으로까지 끌어올린 불멸의 정치사적 업보, 이는 오직 하늘로부터 특별한 재능을 선물받은 자만이 구현할 수 있는 불가사의하고 비인간적인 타락이다.

내가 아는 한, 대한민국 대표 박정희와 기회주의로 자웅을 겨룰 수 있는 인물은 전인류 역사를 통틀어 딱 한 사람밖에 없다. 그 인물은 프랑스 대표 조제프 푸셰다. 빅 매치를 기대했는데, 상대가 그다

박정희와 조제프 푸셰는 각각 대한민국과 프랑스 역사에 남을 기회주의의 화신이다. 이들이 양심, 의리, 인간관계, 이념 등 다른 모든 가치를 배신하고 내팽개쳐가며 추구한 끝모를 권력욕과 지배욕은 가히 학문적 연구대상이라 할 만하다.

지 유명한 인물이 아니라서 실망했을 수도 있겠다. 하지만 절대 방심하지 마라. 캐릭터와 커리어에 일장일단이 있는 데다, 나도 대한민국 사람인지라 웬만하면 박정희 편을 들어주고 싶지만, 그런 내 판단으로도 최소한 무승부다. 선수 소개가 끝나면 누구라도 괄목상대할 수밖에 없을 것이다.

조제프 푸셰는 어떤 시대, 어떤 인물일까?[11] 1759년 항구도시 낭트에서 대대로 선원 집안의 아들로 태어나, 오라토리오 수도회 학생이었다가 그곳에서 수학과 물리 교사로 사회생활을 시작한 남자, 혁명의 바람이 한바탕 휩쓸고 지나간 1792년에 국민의회 대의원으로 선출돼 다수당인 온건 지롱드당에 자리를 잡았던 남자, 운명의 1793년 1월 16일 국왕의 생명을 지키자고 어제까지도 열변을 토했지만 대세가 기운 것을 알고 루이 16세의 '사형'에 투표한 남자, 이제는 막 불기 시작한 급진주의 바람을 타고 지방 파견 국민의회 대표로 선발돼 그 누구보다 더 급진적인 반종교·반사유재산을 열렬히 주장하는 공산주의적 활약을 시작한 남자, 그러고는 리옹의 반란 진압자로 파견돼 신성모독을 즐기며 대학살을 자행한 남자, 혁명의 바람이 다시 바뀌어 파리로 소환돼 백척간두에 섰지만 어이없게도 자코뱅당의 총재로 선출되는 묘기를 선보이며 삼천초목이 떠는 실권자 로베스피에르 앞에 버티고 선 남자, 로베스피에르가 화들짝 놀라 그를 자코뱅당에서 제명시켰지만 오히려 그간 쌓인 국민의회 의원들의 증오심과 반발심에 불을 질러 로베스피에르를 처형케 해버린 남자, 이후 리옹의 학살에 대한 책임을 동료에게 떠넘기고 무사히 살아남은 남자, 바뵈프의 뒤에 숨어 선동하다 위기에 처하자 그를 부인하고 당연한 듯 살아남은 남자, 어려운 시절을 견디며 5인 집정내각의 수반격인 바라스의 밀정과 거간 노릇을 해가며 대부호가 된 남자, 급기야 1799년에는 5인 집정내각의 경무대신이 된 남자, 세상의 모든 정보를 손아귀에 쥐고 심지어는 보나파르트 나폴레옹의 아내 조제핀 보아르네까지 자신의 첩자로 만든 남자, 독재 집정관이 된 보나파르트 정부하에서 경무대신으로 수완을 발휘하며, 황제가 된 나폴레옹에 의해 1809년엔 오트란토 공작이 된 남자, 1815년 나폴레옹이 엘바 섬을 탈출해 집권한 뒤 다시 경무대신이 돼 유럽의 온갖 막후 외교를 수행했던 남자, 그 와중에 왕당파와 거래해 루이 18세와 미래의 밀약을 한 남자, 워털루에서 나폴레옹이 패배한 뒤 퇴위하자 1815년 6월 22일 마침내 5인 집정내각 수반이 돼 프랑스의 지배자가 된 남자, 7월 28일 루이 18세가 다시 파리에 입성한 뒤 경무대신을 지내다 최후로 실각한 남자, 조강지처가 죽은 뒤 30살의 나이차를 극복(?)하고 재혼한 젊고 가난한 귀족 딸이 남긴 당연한(?) 추문을 싸안고 유럽의 변방을 떠돌다 1820년 쓸쓸히 자연사한 남자!

어떤가? 이만하면 박정희와 견줄 수 있지 않겠는가? 다만 (감추고 싶은) 두 선수 간의 '국민적 후원' 차이가 있다는 건 고려해야 할 것 같다. 한국대표 박정희는 (요즘 와서야 큰 타격을 입었지만) 그간 많은 이들에 의해 영웅 대접을 받은 반면 프랑스대표 조제프 푸세는 지금껏 그 이름조차 거의 기억되지 않는 경멸적 대접을 받았다. 어쨌든 역사상 수많은 배신자와 권력지향형 인간들이 명멸했지만 박정희와 푸세, 이들 두 선수처럼 그토록 순수하게 종교/반종교, 왕당파/공화국, 공산주의/파시즘, 충성/배신, 전쟁/평화, 잔인/비겁, 근검/탐욕 등 보통의 소심한 인간이 상상할 수 있는 모든 대립물의 한계를 메뚜기처럼 자유롭게 넘나든 인간은 없었다.

이쯤 되면 진지하게 물을 수밖에 없다. 도대체 인간에게, 도덕이란, 이데올로기란, 삶이란 무엇인가? 경멸할 수밖에 없는 양심적 자유인인 그들이 싸질러놓은 정치적 업보를 우리는 어떻게 받아들여야 하는가? 앞서거니 뒤서거니 하면서 그들이 올라탄 시대의 대세는 결코 그들이 혼자서 창조적으로 만들어낸 인공적인 바람이 아니었다.

푸셰는 이렇게 말했다.

　　　　"나폴레옹을 배반한 것은 내가 아니라 워털루이다."[12]

　푸셰는 무덤에서 오히려 우리에게 이렇게 물으며 항의한다. "대세는 내가 만든 것이 아니다. 왜 내가 대세를 거슬러야 하는가? 왜 신념을 지켜야 하는가? 자신의 과거를 지키는 것이야말로 오히려 시대를 배신하는 것 아닌가?! 나는 대세 속에서 최선을 다했을 뿐이다!" 누구도 박정희와 푸셰에게 교훈을 줄 수는 없다. 푸셰는 푸셰처럼, 로베스피에르는 로베스피에르처럼, 박정희는 박정희처럼, 장준하는 장준하처럼, 각자 자기 식대로 살아갈 뿐이다. 다만 그들의 놀라운 인생은 우리에게 이념에 대한 한 가지 깨달음을 준다.

　일반적으로 말한다면 보수=우익/진보=좌익에 대한 스펙트럼을 대충 '자본주의적 기득권에 대한 이기적 집착/사유재산을 지양하는 평등 세상에 대한 믿음'의 진폭으로 가를 수 있다. 하지만 이런 기준을 피상적인 것이 되며 혼란스럽게 뒤바뀌는 상황도 있다. 예컨대 보수가 기득권을 놓치거나 진보가 기득권을 지켜야 하는 상황이다. 그래서 진보세력의 집권 상황을 '수구적 좌익 보수세력'[13]이라는 묘한 이름으로 지칭하는 경우도 생긴다.

　나는 피상적인 이념 차이 너머에 '(능력 때문이든 뭐든) 인간의 인간에 대한 지배 본능/인간의 인간에 대한 공동체적 배려'라는 태도 차이가 더 근원적으로 자리 잡고 있는 것은 아닌가 하는 생각이 들 때가 있다. 이런 구별 기준은 현실적으로 정치·경제적 지위와 일치하지 않아 현실적·과학적 인식이라고 주장하기는 힘들다. 그래도 난이 기준도 어느 정도는 쓸모가 있다고 본다. 예컨대 돈 많은 부자지만 공동체적 배려심이 넘치는 사람과 가난하지만 인간에 대한 지배본능을 억제하지 못하는 사람 중, 난 근원적으로는 후자가 더 보수적인 인물이 아닐까라는 생각을 한다. 어쩌면 역사는 후자보다 전자에의해 한걸음이라도 더 진보할지 모른다.

박정희와 푸셰의 마음과 인생을 지배한 것은 공동체적 배려심이아니라 인간에 대한 강한 지배 본능이었다. 물론 그들처럼 극단적이지는 않지만 그런 마음은 우리들 모두에게도 얼마씩은 있다. 문제는지향점이다. 그들은 문자 그대로 '강철처럼 강인하고, 백설처럼 순수하게 무이념의 이념과 무도덕의 도덕으로 인간 세상을 지배'하려 했을 뿐이다. 오직 그것만이 문제였다.

하지만 인류의 역사나 규범체계의 진보가 그들의 극단적인 인간성사례에 들어맞는 방식으로만 설명되는 것은 결코 아니다. 더군다나대세를 만드는 것은 그들이 아니라 우리들이다. 그러므로 약간의 괴리현상은 있겠지만 우리들이 만들어가는 대세로 얼마든지 그들을 우리의 뜻대로 복무시킬 수 있다. 그것이 역사가 우리들에게 주는 위안이라면 위안일 것이고, 축복이라면 축복일 것이다.

3

제5차, 군사 쿠데타 개헌:
박정희의 '예고된 음주 쿠데타'

〰️   1961년 5월 16일, 한 무리의 군인들이 떼를 지어 청와대에 쳐들어왔을 때, 당시 청와대의 주인이었던 대통령 윤보선의 입에서는 '비감과 실의 속에서 한탄조로' 혹은 '내통을 의심케 하는' 의미심장한 말이 새어나왔다.

온다던 것이 왔구나![14]

과연 무슨 뜻이었을까? 설마 '온다던 반가운 내통자들이 왔구나'라는 의미였을까? 윤보선은 자신의 이 '유명한' 발언의 뜻을 스스로 해명했다. 그는 "그 당시 정치적, 사회적 혼란상을 생각해 볼 때 매일 계속되는 데모로 하루도 평안한 날이 없고 '3월 위기설'이니 '4월 위기설'이니 하여 당장 무슨 일이 터질 것만 같은 상황이었다"면서 그

말뜻은 "'달갑지 않은 일이 기어이 터지고 말았구나' 하는 뜻으로 한 탄하는 심정에서 나온 말이었다"고 뒤늦게나마 자신의 진심을 꼼꼼히 기록으로 남겼다.[15]

인간의 말이란 곡해하려고 들면 한도 끝도 없다. 그러니 일단 그의 뒤늦은 해명을 믿기로 하자. 그래도 정작 중요한 문제가 남는다. 발언의 취지에 담겨 있는 사태의 심각성을 냉정히 다시 한 번 추궁할 필요가 있다. 그의 발언에는 당시 민주당정부가 박정희의 쿠데타를 사전에 충분히 인지하고 있었다는 명백한 의미가 담겨 있다. 다시 말해 박정희의 쿠데타는 당시 이미 식상할 정도로 충분히 예고된 쿠데타였으며, 민주당의 윤보선·장면 정부는 이 예고된 쿠데타조차 막을 수 없었던 최악의 무능한 정부였던 것이다.

그렇다면 대한민국 군의 작전권을 장악하고 있던 미국의 반응은 어땠을까? 주한 미8군 및 유엔군 사령관 매그루더는 청와대에서 윤보선에게 "지금 서울시내에 들어온 반란군의 병력이 대략 3600명에 불과"[16]하다며 이렇게 채근했다.

제1군 산하 병력 가운데서 3600명의 10배인 3만6000명을 동원하여 서울을 포위하면 혁명군은 곧 항복할 것이고 이 사태를 진압할 수 있습니다.[17]

하지만 윤보선은 쿠데타 진압 요청을 거절한다.

무엇보다 이 국가의 안전과 국민의 안전을 고려해야 하는 지금 호헌만을 생각할 수 없소. 국토와 국가가 있은 다음에 호헌을 생각할 문제라고 보는 것이오. 정부가 국민의 신망信望과 귀의심歸依心을 잃고 무질서와 혼란이 극도에 달한 이 때에 유혈비극과 적의 남침을 방지할 확고한 기본 보장이 없는 한 그대들의 진압군동원 승인 요청에 동의할 수 없음을 유감으로 생각하오.[18]

윤보선의 명분은 겉보기에는 오직 '(북한으로부터의) 국가의 안전과 (진압과정에서 위험에 처할지도 모르는) 국민의 안전'이다. 하지만 그것이 다가 아니었다. 그 명분의 안쪽에 쿠데타 진압을 거부하는 결정적 내심이 숨겨져 있다. 윤보선의 표현에 의하면 "정부가 국민의 신망과 귀의심을 잃"었다는 것이다. 어쩌면 이것이 사실상 그가 박정희의 준동을 수수방관한 근원일 수도 있다. 말하자면 쿠데타를 진압해봐야 국민의 신망과 귀의심을 잃은 정부를 구하는 것뿐이고, 그런 정부를 위해 북한군을 앞에 두고 모험을 감수할 필요가 있느냐는 의미다. 동석했던 미국의 대리대사 마샬 그린은 이런 윤보선의 태도가 안타까웠는지 이렇게 예언한다.

이 쿠데타가 성공하면 한국은 아마도 장기간 군사통치를 겪게 될 것입니다.[19]

그러면서 그린은 윤보선에게 "최근 실시되고 있는 보궐선거에서 민주당 소속 입후보자가 많이 당선되고 있어서 우리로서는 한국 국민이 장정권을 절대 지지하는 증거라고 보고 싶습니다"[20]라고 윤보선의 누워서 침 뱉기식 장면정부 폄훼를 반박한다.

그런데 여기서 잠깐, 잘 이해가 되지 않는 것이 있다. 왜 (워싱턴에서는 사태 직후에 뚜렷한 반응을 보이지 않았지만) 현장의 미국은 갑자기 착한 나라 코스프레를 하는 것처럼 그 좋아한다는 군사 쿠데타를 지지하지 않았을까? 요는 박정희 때문이었다. 박정희의 좌익 경력이 미국을 당황케 한 것이다. 미국이 아무리 쿠데타를 좋아해도 '이게 아닌데…'라는 생각이 들었을 것이다.

당시 혁명공약과 포고문을 직접 작성했다는 김종필은 "박 장군은 자기의 사상을 미국도 의심하고, 군 내부에서도 의심하는 데다 실제로 남로당에 연루된 혐의로 사형 구형까지 받았던 경력이 있어 좌익 콤플렉스를 아주 크게 느끼고 있었다"며 그래서 "'반공을 국시의 제1의로 삼고'라는 내용을 6개 공약 가운데 첫 번째로 집어넣었다"고 밝혔다.[21] 김종필은 박정희가 이 반공 국시 조항을 읽더니 자신을 보며 빙그레 웃으며 "혼잣말 비슷하게 '이거 나 때문에 썼겠구먼…'이라고 말했다"고 전한다.[22] 미국도 빙그레 웃고 안심한다.

어쨌든 박정희의 헌정파괴 쿠데타는 운 좋게 성공했다. 그의 쿠데타가 '음주 쿠데타'였다는 별로 듣고 싶지 않은 주장[23]도 있다. 굳이 인용을 하자면 처음에 박정희는 들통이 나 거사가 실패했다고 생각하고 청진동 뒷골목의 대폿집에서 술을 마셨다. 5월 16일 자정을 갓 넘긴 한밤중, 쿠데타 주모자 박정희는 술을 마신 뒤 6관구사령부에 자리 잡았다. 육군참모총장 장도영은 저녁 식사를 하다 쿠데타 첩보를 받고 506방첩대로 간다. 그런 상황에서 이뤄진 장도영과 박정희의 전화 대화는 '덤 앤 더머'의 대화가 따로 없었다. 둘은 쿠데타를 주제로 이렇게 정겨운 소통을 했다.

"아니 박 장군, 거기서 무얼 하고 있는 거요?"

"각하, 오늘의 거사에 대해서 자세히 말씀드리지 못해서 죄송합니다. 우리 혁명군은 출동했고 서울 요소요소를 장악하고 있습니다."

(…)

"박 장군, 오늘은 술도 취한 것 같고 계획이 이미 알려져서 부대 출동을 내가 막았소. 그만 집으로 돌아갔다가 내일 나하고 만나 얘기합시다."

"각하, 여러 부대에서 병력이 움직였습니다. 일을 반드시 이루어내고야 말겠습니다. 협조해 주십시오."

"글쎄, 쓸데없는 얘기 그만하고 어서 집으로 돌아가시오."

술에 취한 박정희는 집으로 돌아가는 대신 청와대로 쳐들어갔다. 그렇게 성공한 5·16은 (마치 자신과는 무관한 듯) 장면정부가 '국민들의 신망과 귀의심을 잃었다'고 자학하며 군이 피 흘려 지킬 가치가 없다고 본 대통령 윤보선, 쿠데타가 일어나자 재빨리 아무도 찾을 수 없는 수녀원으로 도망가 살 생각만 하고 있던 내각수반 장면*, (결국 숙청당했지만) 박정희와의 특별한 인간적 인연만을 믿고 양다리를 걸치고 기회주의적으로 행동했던 육군참모총장 장도영, 이 세 인물의 절묘한 역사적 합작품이었다. 그들 셋이 아무리 힘을 합쳐도, 쿠데타만 성공할 수 있다면 북한군 걱정 따위는 안중에도 없는 박정희, 취한 김에 이판사판으로 덤벼드는 박정희, 아무리 신세를 진 각별한 인간관계라도 안면몰수하고 배신할 줄 아는 박정희, 그 한 사람을 결코이길 수 없게 돼 있었다.

그건 그렇고, 웬만한 지성인이라면 보통은 4·19를 5·16에 의해중단된 '미완의 혁명'이라고 말한다. 한데 특이하게도 박정희는 5·16이 4·19를 계승했다고 주장한다. 그의 이설異說을 들어보자.

> 이렇게 볼 때 민주당이란, 간판만 다를 뿐 그 내용은 자유당과 조금도
> 다를 바 없었다는 결론이 나올 수밖에 더 없지 않은가. 4·19학생혁명
> 은 표면상의 자유당 정권을 타도하였지만, 5·16혁명은 민주당 정권이
> 란 가면을 쓰고 망동하려는 내면상의 자유당 정권을 뒤엎은 것이었다.
> 본인이 기회 있을 때마다 5·16군사혁명이 4·19학생혁명의 연장이라고
> 강조한 이유가 실로 여기에 있었던 것이다.[24]

박정희는 쿠데타로 정권을 훔친 것도 부족해 4·19의 정신까지 훔

---

* 5·16쿠데타 약 보름 전, 장면은 일본 히로히토에게 이런 축전이나 보내고 있었다. "이 뜻 깊은 천황의 탄신일을 맞이하여 본인은 한국정부와 국민을 대표하여 충심으로 축하의 뜻을 표하며 천황의 끊임없는 건강과 귀국의 번영을 기원하는 바입니다." 행정부 수반이 히로히토에게 보낸 이런 축전은 정부수립 후 최초의 일이었다. 「장총리가 축전 일본천황 탄신일에」, 『경향신문』, 1961년 4월 29일.

치고 싶었던 모양이다. 사실 문자로만 본다면 박정희가 4·19정신을 완전히 부정했던 건 아니다. 다만 자기식대로 왜곡했을 뿐이다. 1962년 헌법전문은 "4·19의거와 5·16혁명의 이념에 입각하여 새로운 민주공화국을 건설함에 있어서"라는 문구가 들어간다. 물론 이 헌법은 "국민투표에 의하여 개정"된 헌법이다. 하지만 자유로운 민주적 국민투표에 의해 성립한 헌법이 아니라면 자유로운 국민의 헌법의지로 인정할 수 없다. 즉 4·19는 그저 의거이고, 5·16은 혁명이라는 문구, 그것도 아주 정답게 한 쌍을 이뤄 열거된 문구가 자유로운 국민의 헌법의지라고 인정할 수 없다는 의미다.

박정희의 쿠데타로 인해 권력은 (장면 내각의 총사퇴와 계엄 추인이라는 약간의 법형식적인 절차를 거쳐) 이른바 군사혁명위원회로 넘어가고, 군사혁명위원회는 국가재건최고회의로 바뀐다. 그리고 6월 6일, 국가재건비상조치법이라는 전세계 헌정사상 아주 기묘한 '헌법 위의 법'이 탄생한다. 이 법 제24조는 이렇게 규정돼 있다.

헌법의 규정중 이 비상조치법에 저촉되는 규정은 이 비상조치법에 의한다.

우리가 헌법을 헌법이라고 부르는 이유는 그것이 모든 법의 상위법이기 때문이다. 그래서 하위 법률은 최고법인 헌법에 저촉되면 그 효력을 상실한다. 그런데 이 국가재건비상조치법은 헌법 위에 있다. 그래서 헌법이 국가재건비상조치법에 저촉되면 효력을 상실한다는

1962년 헌법공포식. 5·16쿠데타 이후 만들어진 1962년 헌법은 4·19정신의 계승을 표방했지만 그 실상은 4·19혁명을 좌절시키는 데 있었다.

것이다. 세상이 뒤집히니 법체계도 뒤집힌 것이다. 쿠데타로 인한 헌정중단 사태의 규범적 확인인 셈이다. 다행히 이 전도된 규범체계는 1962년 헌법 부칙에 의해 "국가재건비상조치법은 이 헌법의 시행과 동시에 그 효력을 상실"하고 "국가재건비상조치법에 의거한 법령과 조약은 이 헌법에 위배되지 아니하는 한 그 효력을 지속한다"는 규정에 의해 바로잡힌다.

　1962년 헌법은 미국식 대통령제를 지향한 헌법이다. 정당국가를 지향하고, 인간으로서의 존엄과 가치, 양심의 자유, 인간다운 생활을 할 권리 등 기본권이 새로 추가됐다. 미국식 대통령제를 지향했음에도 불구하고 부통령제 대신 국무총리제를 채택한 것이 특색이라면 특색이다. 하지만 1962년 헌법은 국무총리를 국회의 동의 없이 단순히 "대통령이 임명"하게 함으로써 현행 헌법상의 국무총리 제도와 같은 구조적인 문제를 발생시킬 여지는 없었다.

하지만 4·19를 계승해 5·16을 일으켰다는 박정희는 이 1962년 헌법을 발효시키는 것이 싫었다. 당연하게도(?) 불온한 욕망이 꿈틀거린 것이다. 1963년 2월 28일, 박정희는 조건부로 민정불참을 공언하지만 3·16성명을 통해 국민투표로 4년간 군정연장을 묻겠다고 말을 바꾼다. 물론 국민의 뜻을 굳이 물을 필요도 없었다. 박정희는 결국 4·19민주혁명의 폭발적 잠재력을 갖추고 박정희의 야욕을 지켜보고 있는 우리 국민과, 한국의 상황을 쓸데없이 악화시키고 있는 박정희를 못마땅하게 생각한 미국 케네디정부의 압박을 견뎌내지 못하고 7·27성명을 통해 민정이양을 약속할 수밖에 없었다.

1963년 10월 15일, 박정희는 선거를 통해 대통령에 당선된다. 하지만 부정선거와 반법치주의적 행태를 통해 끊임없이 절대권력을 장악해가는 박정희의 이후 정치역정이야말로 그의 5·16쿠데타가 4·19민주혁명의 계승이 아니라 명명백백한 부정이라는 것을 온 천하에 실증하는 것이었다.

7장

제2공화국

1

제2공화국과
시대의 역량

1960년 4·19민주혁명과 1961년 5·16군사쿠데타 사이에 대한민국 사람들은 무슨 생각을 하며 살았을까? 자유의 만끽, 아니면 무질서의 공포? 희망, 아니면 절망? 해방감, 아니면 불안감? 미래에 대한 민주적 열망, 아니면 과거에 대한 봉건적 향수? 이승만 독재정권을 일거에 타도해버린 새로운 세상에서 사람들은 그때 어떤 미래를 꿈꾸며 삶을 이어가고 있었을까?

지나간 시대의 '평균적 감성'을 과학적으로 도출하려는 시도는 넌센스에 가깝다. 하지만 시대의 단서에 미루어 이것저것 짐작해볼 수는 있다. 당시에 인기 있었던 대중문화를 꼼꼼히 살펴보는 것도 한 방법이다. 대중예술평론가 이영미는 4·19와 5·16 무렵의 영화들, 예컨대 〈로맨스 빠빠〉나 〈서울의 지붕 밑〉 같은 경향의 작품들을 살펴보며 시대의 감성을 짐작한다. 그녀는 이렇게 말한다.

이 시대의 대중예술 속에 비친 민심은 바로 이런 것이었을 것이다. 즉, 젊은이들에게 기대하는 바는 세상을 뒤집어엎는 혁명이 아니었다. 사법고시에 합격하고 해외 지사 책임자가 되어 비행기 트랩에 올라 쓰러지는 집안을 다시 세울 수 있는 능력 있고 효성스러운 듬직한 아들과 사위가 되어 달라는 것이었다. 무력하고 고루하며 심지어 어리석고 노욕老慾까지 부리는 아버지조차 너그러운 마음으로 포용하며 문제를 해결하는 아들과 사위가 되어주기를 기대하는 셈이다. 이렇게 해서 흔들렸던 가부장제적 가족은 복원된다.[1]

정치가 시대의 표상이라면 정치는 그 시대의 한계를 넘을 수 없다. 4·19가 미완의 혁명이라면 그 이유를 5·16 때문이었다고만 주장하는 것은 순리가 아니다. 근원적으로는 혁명의 동력 문제다. 그런 의미에서 "이승만 정권을 끝내는 데까지는 성공한 당시 민심은 가부장제적 질서의 회복과 재구축 이상의 해법을 생각할 능력이 없었다"[2]는 이영미의 관점도 진지하게 숙고할 수밖에 없다.

물론 시대의 최첨단을 개척하던 지성들이 꿈꾸는 세상은 당연히 그런 세상이 아니었을 것이다. 예컨대 시인 김수영이 꿈꾸었던 세상은 당연히 그런 세상이 아니었다. 시 속에서 터져 나오는 그의 절규는 현실의 어항 속을 뛰쳐나온 금붕어가 상상 속 자유의 대지 위에서 가파른 숨을 헐떡이는 것 같은 고통을 느끼게 한다. 김수영은 시대의 한계를 이렇게 절규했다.

'김일성 만세'/한국의 언론자유의 출발은 이것을/인정하는 데 있는데//이것을 인정하면 되는데//이것을 인정하지 않는 것이 한국/언론의 자유라고 조지훈이란 시인이 우겨대니//나는 잠이 올 수밖에//'김일성 만세'/한국의 언론자유의 출발은 이것을/인정하는 데 있는데//이것을 인정하면 되는데//이것을 인정하지 않는 것이 한국/정치의 자유라고 장면이란 관리가 우겨대니//나는 잠이 깰 수밖에.[3]

김수영의 미발표(게재 불허) 유작 시 「김일성 만세」 전문이다. 아마도 〈로맨스 빠빠〉나 〈서울의 지붕 밑〉에 공감하던 민심과 김수영의 「김일성 만세」 시심 사이의 간극이 바로 4·19의 역사적 한계가 될 것이다.

한만수는 김수영의 시 「김일성 만세」와 관련해 2009년 연구년을 보내던 컬럼비아 대학에서의 에피소드를 들려준다. 그 에피소드란 "공산혁명"이라는 깃발을 내걸고 유인물을 나눠주는 대학생들과 그저 힐끔거리며 지나치는 사람들 이야기다. 그러고는 "많은 사람이 거부감을 지닌다고 해서 무조건 그런 표현을 금지하는 건 잘못이다. 그런 점에서 '김일성 만세'는 리트머스 시험지 같은 구실을 한다. 가장 많은 사람들이 가장 강력하게 반대하는 의견조차도 그 의사표현 자체만은 허용할 수 있는가의 여부에 따라서 우리 사회의 건강성은 확인될 것이다. 주류의 의견과 다르다고 해서 소수의견을 금지하고 처벌하는 획일적 사회야말로 오히려 민주주의의 근간을 흔든다"고 주장한다.[4]

거의 동의한다. 하지만 첨언이 필요하다. 그의 주장엔 왜 한국과 미국에서 그런 차이가 발생하는가에 대한 사회과학적 설명이 빠져 있다. 그 차이는 단순히 관용하는 마음, 사회의 건강성, 혹은 언론의 자유에 대한 신념의 문제인가, 아니면 반드시 고려해야 할 다른 상황 논리가 있는 것인가? 질문을 조금 바꾸면 1960년에도 단지 생각만 민주적으로 바꾸었으면 '김일성 만세'라는 언론의 자유가 얼마든지 가능했다는 의미일까? 조금 더 앞으로 거슬러 올라가 6·25 전쟁 중에는 어땠을까? 왜 한국에서는 '김일성 만세'가 금지되는데 미국에서는 '공산혁명' 주장이 가능할까?

많은 사람들이 그렇듯이 한만수는 다수의 소수에 대한 억압 차원, 그래서 단순히 민주주의의 이상적 실현이라는 생각(신념)의 차원에서만 접근하고 있다. 그런데 이건 어떤가? 김일성 만세 혹은 공산혁명을 외치고 싶은 사람이 간단한 소수가 아니라 피지배 다수라면? 혹은 소수긴 하지만 어느새 다수가 될지 모르는 상황이고 현재의 지배 다수가 소수로 전락하는 것을 매우 두려워하는 상황이라면? 그리고 현재의 소수가 다수가 되는 순간 소수에 대한 관용은 없을 것이라고 믿고 있는 상황이라면? 물론 이론상으로는 이런 때에도 민주적 언론 자유는 멈춰서는 안 된다고 주장할 수 있다. 그래서 자본주의든 공산주의든, 다수든 소수든, 자유로운 백성이 나가는 길에 아무것도 거칠 것은 없어야 한다고 주장할 수는 있다.

하지만 '미국'을 포함해 역사 속에서 두려운 소수(혹은 피지배 다수)를 수수방관하는 국가권력은 거의 없었다고 보면 된다. 그렇게 보면

2009년의 '미국'이 '공산혁명'을 주장하는 사람들을 수수방관한 이유, 그리고 2017년 현재의 우리가 여전히 '김일성 만세'에 화들짝 놀라야만 하는 이유가 설명이 된다. 미국은 이제 '공산혁명'을 두려워하지 않고, 우리(중 아직 많은 사람들)는 '김일성 만세'를 두려워하기 때문이다. 만약 한만수가 본 장면이 2009년에 공산혁명을 선동하는 학생들이 아니라 2001년 9월 12일에 테러 동참을 선동하는 중동의 이슬람 유학생들이었으면 어땠을까? 어쩌면 테러에 대한 호들갑은 상처 입은 미국이 불감증 속에서 사는 우리보다 훨씬 더 심한지도 모른다. 언론의 자유는 단순한 신념의 문제가 아니라 위험과 그 위험에 대처하는 역량의 문제인 것이다.

우리 헌법재판소는 국가보안법과 관련해 미국 대법원 판례를 통해 발전된 '명백하고 현존하는 위험의 원칙'을 적용한 결정을 하고 있다. 다음이 헌법재판소의 입장이다.

> 법 제7조 제1항(국가보안법상 찬양·고무 등 조항 –인용자 주)은 그 소정의 행위가 국가의 존립·안전이나 자유민주적 기본질서에 해악을 끼칠 명백한 위험성이 있는 경우에만 적용되어야 한다.[5]

얼핏 아주 합리적인 해석처럼 보인다. 하지만 이런 논리야말로 언론의 자유나 관용의 문제가 단순한 민주적 신념의 문제가 아니라 역량의 문제라는 것을 고백하는 법리다. 말하자면 자본주의 국가권력은 오직 '명백한 위험성'이 없는 경우에만 자신의 근원을 위협하는 주의·주장에 관대한 것이다. 명백하게 위험하면? 물론 참지 못한다. 즉 인내의 한계는 국가권력이 신경 쓰지 않아도 될 정도의 불명료하고 사소한 소란이다. 참고로 헌법재판소는 "이러한 위험성을 갖지 아니한 행위 즉, 단순한 학문연구나 순수 예술활동의 목적으로 이적표현물을 소지·보관하는 경우에는 국가보안법 제7조 제5항이 적용되지 않"[6]는다고 크게 생색을 낸다. 헌법재판소의 이런 논리는 학문과 예술이 본질적으로 얼마나 체제 순응적인 속성을 지녔는지를 일목요연하게 드러내준다. 어쨌든 한국이든, 미국이든, 그 외 어떤 다른 나라든 인내의 한계수준이 높고 낮은 것은 단순한 신념이 아닌 역량의 문제다.

그렇다면 시대의 역량을 어떻게 평가할 것인가? 예컨대 어떤 사람은 우리 사회가 1960년이나 2017년이나 '김일성 만세'에서 위험을 느끼지 않을 역량이 있다고 평가할 수도 있을 것이고, 어떤 사람은 1960년엔 그 역량이 부족했지만 2017년 지금은 충분하다고 평가하는 사람도 있을 것이며, 또 어떤 사람은 그때나 지금이나 아직 역량 부족이라고 겁을 잔뜩 집어 먹은 채 살고 있는 사람도 있을 것이다. 많은 사람들이 그렇듯이 나도 최소한 마지막 경우처럼 식겁한 채 살고 있지는 않다. 국가보안법은 이제, 아니 진즉, 형법 등으로 대체해도 별 문제 없(었)다고 본다. 하긴 1945년 9월부터 37년간이나 계속된 야간 통행금지가 1982년 1월 해제됐는데, 그게 불안한 사람들도 분명히 있었(을 것이)다. 심지어 26년이나 지난 2008년에도, 경제위기를 맞아 야간통행금지 부활을 상상하던 이명박정부 사람들도 있었으니까.[7] 인간 삶의 안이한 관성은 스스로의 역량조차 깨닫지 못하게 하는 경우가 비일비재하다.

나는 4·19가 미완의 혁명으로 끝난 것이 못내 아쉽다. 하지만 그것이 혁명 동력이 부족한 결과였다면 그 미완의 역량을 인정하지 않을 수 없다. 다만 그 시대적 혁명 동력과 역량은 1960년대를 거치면서 급속히 커졌을 가능성이 높다. 박정희가 무리한 정치적 억압을 계속하지 않을 수 없었던 역사적 사실을 상기해보면 미루어 충분히 짐작할 수 있다. 어떤 시대가 민주적 역량이 부족해서, 독재에 순응하게 된 건지 아니면 독재에 역량이 짓밟혀서 민주적 삶이 위축된 것인지를 정확하게 확인할 방법은 없다. 그래서 일단 어쩔 수 없이 모든 역사는 시대를 살아가는 백성의 책임으로 돌릴 수밖에 없다.

여기서 분명히 해둬야 할 점이 한 가지 있다. 만약 궁극적으로 모든 어두운 역사가 시대를 살아가는 백성의 과라면 모든 영광의 역사는 시대를 살아가는 백성의 공으로 돌려야 한다. 예컨대 독재를 초래한 것은 역량 부족의 백성 책임이지만 경제개발이 잘된 것은 백성이 아니라 순전히 독재자 박정희 덕분이라는 주장은 비논리적인 이데올로기다. 독재를 초래한 것이 백성이 져야 할 책임이라면 경제개발을 성공시킨 것 역시 당연히 백성의 역량 덕분이라고 해야 한다. 말하자면 히틀러를 배출한 것이 독일 국민의 치부라고 말한다면 전후 복구와 발전을 성공시킨 건 당연히 독일 국민의 자랑이라고 말해야 한다. 마찬가지로 러시아혁명이 러시아 인민의 자랑이었다면 스탈린의 독재 역시 그 책임은 소련 백성들이 스스로 져야 할 몫인 것이다.

설령 박정희의 독재자로서의 역량을 강조하고 싶더라도 '반신반인'과 같은 우상화[9]는 오히려 '반인반수'와 같은 반발심만 불러일으킨다는 사실을 알아야 한다. 예컨대 김일성 우상화가 그의 역사적 평가에 도움을 주기는커녕 방해만 하고 있는 것을 상기할 필요가 있다. 생각해보라. 김일성의 역사 기록에 독립운동에 기여한 일정한 역사적 사실과, 온갖 다양한 과장, 심지어는 손오공 같은 역량을 발휘했다는 거짓까지 섞여 있다면 김일성의 독립운동이라는 역사적 사실까지 당연히 의심받는 수모를 겪지 않겠는가?

덧붙여 한 가지만 추가하자면, 우리 역사엔 수단과 방법을 안 가리고 오직 개인적 이득만을 위해 산 사람들과 그 후예들이, 거기에 더해 명예라는 망토까지 걸치고자 탐욕스런 시도를 하는 목불인견의 경향이 있다. 예컨대 일제강점기에 친일로 호의호식하며 살았으면서 식민지배에 부역한 것이 근대화를 도왔다는 명예까지 갖고 싶고, 독재에 편승해 잘 먹고 잘 살았으면 됐지 박정희의 독재가 없었으면 경제개발이 없었다며 명예까지 원하는가 하면, 지금도 온갖 경제적 이익을 독점하면서 자신들의 탐욕의 결과가 폭포수처럼 가난한 사람들에 떨어져 진보를 이룬다고 가당치도 않은 명예를 원하는 경향이다. 그들에게 권컨대, 부질없는 탐욕을 거두고 그냥 자신들이 원하는 한 가지, 즉 혼자 잘 먹고 잘 사는 물질적 이익만 추구했으면 한다. 그마나 그게 모두와 역사 앞에 정신적 선행을 하는 길이다. 4·19와 시대의 역량을 검토하며 느낀 역사적 삶의 단상이다.

2

제4차, 혁명적 소급입법 개헌: 법치주의와 혁명의 잘못된 만남

박정희정권이 종말을 향해 가던 1979년 4월 19일 오전 10시, 세종문화회관 별관에서 열린 4·19 기념식에서 당시 부총리였던 신현확은 이렇게 역사를 기념하는 기념사를 낭독했다.

> 19년 전 우국의 충정으로 불의와 부정에 항거하여 분연히 일어섰던 4·19의거는 우리가 지향해야 할 새로운 시대를 열게 하는데 커다란 계기가 됐다.[9]

당시의 4·19의거라는 표현이 새삼 눈에 띄지만, 달리 흠잡을 데 없는 '바른 말'이 담긴 기념사다. 하지만 문제는 이 기념사를 읽고 있는 입이었다. 이 기념사는 '비뚤어진 입'으로 읽히고 있었다. 의학적인 의미가 아니라 정치적인 의미다. 이 기념사를 읽고 있는 신현확은 이승만정부 각료(부흥부장관)였으며 3·15부정선거 혐의로 역사의 법정에 섰던 사람이다. 백성들이 "19년 전 우국의 충정으로" "분연히 일어섰던" 것은 바로 신현확 같은 사람들이 저지른 "불의와 부정에 항거"하기 위해서였다. 자신이 저지른 불의에 항거했던 사람들의 정신을 기리며 역대급 유체이탈 화법으로 기념사를 읽는 신현확! 하긴 우리 역사에서 그렇게까지 낯선 장면도 아니다. 그래도 난 매번 이런 광대극을 상기할 때마다 적응하기가 무척 힘들다. 19년 전, 신현확은 법정에서 재판장 정영조와 이런 문답을 하고 있었다.

재판장: 공무원을 선거운동에 동원하라는 최인규의 지시를 받고 부하에게 권한 일이 있나?신현확: 그런 일 없었습니다. 제가 이번 부정선거의 원흉까지는 아닌데….

(…)

재판장: 차관이나 국장급을 연고지에 출장시켜 선거운동을 하게 하지 않았는가?

신현확: 출장시킨 일은 있으나 선거운동은 안 했습니다.

(…)

재판장: (3월 15일 밤, 마산데모 사건과 개표진행 상황 등 때문에 열린 국무회의에서 득표수를 너무 많이 조작했으니 –인용자 주) 득표수를 시정해서 발표하자는 말들을 했지?

신현확: 지금이라도 시정하자고 말했습니다.

재판장: 시정이라는 말은 여당표를 줄여 발표하자는 말이지?

신현확: 아닙니다.[10]

신현확은 5·16 이후 '혁명재판소'에서 최종 3년 6월(원심 8년) 징역형을 선고받고 복역하다가 박정희 군사정권에 의해 1962년 12월 24일 가석방된다. 이후 그는 박정희 유신정권에서 부총리를 역임한 뒤, 최규하 정권에서 총리로 임명된다. 그러다 1980년 3월에는 『산케이신문』과의 회견에서 "유신체제를 전면적으로 부정하는 것과 같은 급속한 민주주의는 있을 수 없다"[11]고 민주세력을 도발한다. 그는 광주학살이 벌어진 다음 사임하지만, 12·12와 5·18 사건 공판 때는 "검찰 조사 때 미국 워터게이트 사건 당시 닉슨을 유죄확정 이전에 석방했던 것과 같이 전두환·노태우 두 전직 대통령도 국민화합 차원에서 석방하는 것이 바람직하겠다는 말을 한 적이 있다"[12]고 증언하여 '국민화합'에 찬물을 끼얹는다.

신현확은 우리 어두운 역사의 (자신의 말에 따르자면) '원흉'까지는 아닐지 모른다. 하지만 그는 그 속에서 그렇게 살았고, 그렇게 승승장구했다. 신현확은 "4·19의거는 우리가 지향해야 할 새로운 시대를 열게 하는데 커다란 계기가 됐다"고 기념사를 영혼 없이 낭독했지만 나는 신현확의 인생역정이 우리들 평범한 인생들이 '법이란 무엇인가'를 사색하는 커다란 계기가 될 수 있다고 본다.

4·19가 '혁명'이었다면 4·19 이후에 가장 먼저 할 일이 무엇이었을까? 헌정을 파괴하고 백성들의 피를 흘리게 한 '원흉'들을 처단하는 일이다. 하지만 가장 큰 '원흉' 이승만은 이미 해외로 도피해버렸

고, 이기붕 일가는 집단자살을 해버린 뒤였다. 그럼 이제 그 하수인들이라도 제대로 처리해야 했다. 하지만 '법!'이 말썽을 일으킨다.

1960년 7월 21일, 서울지법 판사들은 연석회의를 갖고 "정·부통령 선거법은 (내각제 ─인용자 주) 개헌과 더불어 폐지된 것"[13]이라는 내부 법리해석을 내린다. 선거법 위반으로는 처벌할 수 없다는 것이었다. 사실 선거법 위반만으로 재판받는 피고인 숫자는 10여 명 정도였고, 법 규정상 그 처벌 수위가 아주 높은 것도 아니었다. 하지만 문제는 법의 정신이었다. '법치주의와 혁명'은 애초에 궁합이 맞지 않는 물과 기름이었다. 당시 이 답답한 사태를 지켜보며 '어불성설'이라고 주장한 『경향신문』의 사설이 모든 것을 설명해준다.

> 본시 4월 혁명 직후에 부정선거 원흉처단을 위한 특별법이 제정되었어야 할 일이지만 국민들의 아량과 관용으로써 법치주의를 고수하되 혁명적으로 그 과업을 수행해야 한다는 것이 국민의 여론이라는 것을 생각할 때 그와 같은 현행법 적용에 있어서 형식주의를 버리고 민주적 혁명적 해석을 내려야 한다는 것은 말할 나위도 없다.[14]

애초부터 "법치주의를 고수하되 혁명적으로 그 과업을 수행"한다는 것은 꿈이었다. 태생적으로 기득질서를 부정하는 혁명과 기득질서를 옹호하는 법질서가 어떻게 하나가 될 수 있겠는가? 그렇게 법리적 혼란이 일어난다. 선거법위반에 대한 최초의 면소판결(부장판사 김재식)이 8월 13일 광주지법에서 내려진다.

그로부터 약 두 달 후, 역사를 자극한 문제의 10월 8일 선고공판이 열린다. 여기서 부장판사 장준택은 묘하게도 면소주장을 받아들이지 않는다. 그는 그 이유를 이렇게 설명한다. 형벌법규실효의 경우를 대별하면 "국가가 그 범죄적 성질을 인정할 필요 없는 경우"와 "법률 실효 후에 있어서도 행위의 반사회성 범죄성이 존속되어 있다고 고려되는 경우"로 구별할 수 있고, 예컨대 후자의 법리에 입각한 한시법의 경우는 "그 법률이 실효된 후일지라도 언제나 행위시 법을 적용해야 한다고 인정되어 왔다"는 것이다.[15]

그런데 문제는 형량이었다. 법정에서 형이 선고되는 순간 사형을 언도받은 유충렬 등을 제외한 피고인(과 가족)들의 반응은 '감격의 눈물' '박수' '대체로 만족한 얼굴' '어안이 벙벙할 지경' '감았던 눈을 뜨며 얼굴에 희색' 등이었고, 심지어는 '만세'까지 나왔다.[16] 물론 법정 밖의 시민들은 분노했다. 서울과 마산에서 시위가 발생해 "사형에 처하라!" "특별법을 제정하라"는 구호가 외쳐졌는가 하면, 4월혁명유족회와 민주학생총연맹 등에서는 논평과 성명을 발표했다.[17] 판결을 내린 판사 장준택은 가족 모두를 데리고 피신했고, 경찰관 5명이 빈집을 경비했다.[18]

우리는 장준택의 법리를 다시 꼼꼼히 살펴볼 필요가 있다. 그의 판결문엔 "헌법의 개정 없이는 특별법을 제정할 수 없을 것이며 헌법의 개정에 의하여 과거의 행위를 처벌하기 위한 신법률을 제정한다면 집권자의 교체시마다 헌법을 개정하여 종전헌법에서 보장된 국민의 권리의무를 임의로 개폐하는 결과가 될 것"[19]이라는 주장이 들어 있다. 말하자면 그는 선거법 위반 면소라는 형식적인 법리를 버리고, 관대한 처벌이라는 내용적인 실리를 챙긴 셈이다. 그가 보기에 대한민국 법치주의의 원흉들로서는 개헌 이후 특별법이 제정돼 처벌받는 것보다 면소주장을 포기하고 자신에게 관대한 처벌을 받는 것이 훨씬 나았다. 그는 그렇게 대한민국 법치주의의 원흉들을 위하는 것이 곧 대한민국의 법치주의를 위하는 길이라고 생각한 듯싶다.

하지만 장준택의 헌법관은 궤변으로 가득 차 있다. 그는 마치 "집권자의 교체시마다 헌법을 개정"할 수 있는 것처럼 말한다. 그의 눈에 헌법은 정권이 마음만 먹으면 언제라도 고칠 수 있는 권력의 부산물에 불과한 것이다. 더군다나 혁명의 원흉들이 저질렀던 반역 행위는 과거의 헌법, 법률이 보장하는 권리의무가 절대로 아니었다. 개헌으로 인한 선거법 폐지와 소급형벌 논란이 일었던 건 일종의 입법부실을 핑계 삼아 판사·변호사들이 궁리해낸 그럴듯한 법리였을 뿐이다. 장준택은 선거법 폐지론과 면소주장이 이유 없다는 것을 누구보다 잘 알았고, 강력하게 논파했다. 다만 그 논파는 개헌과 특별법 제정을 반대하기 위한 것이었다. 장준택의 판결문이야말로 법리는 주장하기에 따라 궁극적으로 누구의 편도 될 수 있다는 것을 상징적으로 잘 보여주고 있다.

1960년 10월 11일, 급기야 4·19 부상負傷학생들을 중심으로 한 약 50여 명의 학생들이 민의원을 점거하는 등 정국은 극심한 진통을 겪는다. 하지만 이 사태가 자극이 됐는지 1960년 11월 29일, 제4차 개헌이 이루어진다. 반혁명관련자들을 '강력하게 표적 처벌'하기 위한 특별법 제정의 근거를 부칙으로 규정한 개헌이었다. 당시 헌법은 개헌은 "양원에서 각각 그 재적의원 3분지 2이상의 찬성으로써" 한다고 돼 있었다. 그리고 드디어 이 헌법 부칙을 근거로 '부정선거관련자처벌법'과 그 처벌을 행할 '특별재판소 및 특별검찰부 조직법', 그리고 '반민주행위자 공민권 제한법' 등이 제정된다.

불행하게도 역사는 그런 '법치주의적 혁명' 노력을 별무소득으로 만들었다. 해가 바뀐 1961년 박정희는 5·16군사쿠데타를 일으켰고, 그는 국가재건비상조치법에 근거하여 특별재판소와 특별검찰부를 접수하여 '혁명재판소'와 '혁명검찰부'를 설치한다. 그 뒤 약 10여 개월 동안의 '쿠데타 재판'을 통해 3·15부정선거관련으로 경무대 앞 발포책임자 곽영주, 내무장관 최인규, 정치폭력배 이정재, 임화수, 신정식, 밀수범 한필국 외에도 『민족일보』 사장 조용수(2008년 사후 재심무죄), 사회당 조직부장 최백근까지 사형을 집행한다.

우리는 1960년 11월의 4차 개헌을 통해 '법치주의적 혁명'이 얼마나 형용모순의 지난한 작업인지, 그리고 세계사를 뒤흔든 혁명이 왜 그토록 반법치주의적 폭력으로 치닫는지를 이해할 수 있다. 혁명은 궁극적으로 과거의 법질서를 통해 자신을 정당화하지 않는다. 그럼에도 불구하고 4·19 같은 혁명적 상황에서도 굳이 법치주의에 의해 구질서를 타파하려는 노력을 한다면 그 이유는 폭력적 혁명의 부작용을 최소화하려는 것이다. 구질서의 기득권자들은 바로 그 틈을 파고든다. 법치주의와 혁명의 잘못된 만남이 시작되는 것이다.

우리 헌정사에서 소급논란이 일었던 것은 대표적으로 제헌헌법의 반민족행위처벌특별법 근거를 규정한 제헌헌법과 4·19 이후의 4차 개헌 헌법이다. 5·18특별법 제정 당시에도 개헌 얘기가 나오긴 했지만 개헌 없이 처리됐다.

우리는 여기서 소급형벌 금지라는 법치주의 원칙이 존재하는 이유를 생각해볼 필요가 있다. 그것의 주된 목적은 행위 당시에는 법적으로 죄가 아니었는데 나중에 법적으로 죄를 만들어 처벌하는 것을 금지하는 것이다. 하지만 이 원칙만을 절대적·형식적으로 고수하면 그 어떤 제국주의·독재국가의 지배계급에 맹종하는 사람들이 행위 당시에는 합법적으로 인정되는 반인륜적·반역사적·반민주적 범죄행위를 저질러도 나중에 그들을 절대로 처벌할 수 없다. 물론 이런 사태는 민주적 법치주의의 근본이념과 스스로 충돌한다.

그러므로 우리는 소급형벌(입법)금지 원칙을 아무 제한 없이 실현되는 신성한 이데올로기로 착각해서는 안 된다. 그것은 민주적 법치주의를 위한 파생 원칙이다. 말하자면 소급입법금지의 원칙은 민주적 법치주의를 조롱하고 그것에 도전하기 위한 근본원칙이 아니라 민주적 법치주의를 위해 민주적 법치주의와의 상호관계 속에서 제한적으로 실현되는 모순적 원칙으로 받아들여야 한다. 그렇게 받아들이지 않으면 언제든지 혁명(적 헌법)이 소급형벌(입법)금지의 원칙을 자유롭게 할 것이다.

3

제3차, 혁명적 내각제 개헌: 4·19혁명은 왜 내각제를 선택했을까?

1960년 4월 19일, 이승만은 3·15부정선거에 항의하는 국민들을 상대로 180여 명의 사망자와 6000여 명의 부상자(국가기록원이 소장한 4·19의거 사망자 및 부상자 명부에 따르면 경찰 4명을 포함해 모두 115명이 사망하고 277명이 부상한 것으로 돼 있다[20])를 발생시키며[21] 돌이킬 수 없는 최후의 폭정을 자행한다. 4월 20일, 이승만은 이 살육의 와중에서도 "우리가 법과 질서 그리고 정의의 원칙에 충실하는 일치단결된 국민으로서 서로 전진할 수 있게 되기를 오직 바라는 바이다"[22]는 담화를 발표한다. '법과 질서 그리고 정의의 원칙'을 깬 원흉이 일치단결된 국민 운운하며 적반하장의 발언을 공공연하게 내뱉고 있다. 하지만 그의 시간은 이미 지났다. 1960년 4월 26일, 이승만은 경무대로 찾아온 미국 대사 매카나기와 요담要談(4월 21일에도 있었다)한 뒤 몇 시간이 지나지 않아[23] 결국 다음과 같은 하야성명을 발표할 수밖에 없었다.

1. 국민이 원한다면 대통령직을 사임하겠다.

2. 3·15 정부통령선거에 많은 부정이 있다 하니 선거를 다시 하도록 지시하였다.

3. 선거로 인한 모든 불미스러운 것을 없이하기 위하여 이미 이기붕 의장에게 공직에서 완전히 물러나도록 하였다.

4. 내가 이미 합의를 준 것이지만 만일 국민이 원한다면 내각책임제 개헌을 하겠다.[24]

이승만은 이 하야성명에서 그간의 위헌·불법적인 폭압정치와 희생자에 대한 사죄를 하지 않았다. 학살사태에 대해서는 언급조차 하지 않았다. 기껏 그가 한 발언은 "많은 부정이 있다 하니"였다. 그는 마치 국정 총책임자가 아니라 어디서 떠도는 소문을 흘려듣고 유체이탈 화법으로 뒷북이나 치는 시중 장삼이사 같은 태도였다.

사실 정확히 따지자면 위 성명 2·3·4는 모두 불필요한 소리다. 2는 사임 전 대통령으로서 재선거 공고를 할 수는 있겠지만, 그 재선거가 선거전부무효나 당선인 사퇴 중, 어떤 이유로 실시되는 것인지 확정돼야 하므로 단순히 사임 전 '지시'로 해결될 일은 아니다. 3은 이기붕은 부통령 당선자 및 국회의장으로서 이승만과 다른 생각을 할 수도 있거니와 이기붕의 선출직에 대한 신상 결정은 이승만의 소관사항이 아니다. 그리고 4는 두말이 필요 없이 사임하는 그의 소관

하야성명 한 달 후 망명길에 오르는 이승만. 그는 독립운동시기 근거지였던 하와이에서 머물며 수차례 귀국 의사를 밝혔지만 과도정부 수반이었던 허정은 물론 뒤이어 정권을 잡은 박정희까지 이를 불허했고 1965년 90세를 일기로 오욕으로 점철된 생을 마감했다.

사항이 명백히 아니다.

그렇다면 1의 "국민이 원한다면"이라는 단서가 매우 의심스러워진다. 국민을 그렇게 학살하고도 국민의 뜻을 알 수 없으니, 2·3·4 조치를 하고 나서 '국민이 원하지 않으면' 사임하지 않고, 다시 재선거에 출마하겠다는 의미일 수 있다. 아마 이때까지도 이승만은 권좌에 대한 찰거머리 같은 미련이 남아 있었다고 해석하는 것이 타당할 것이다. 정말 징그러운 노욕이다. 하지만 자신의 욕망이 어디까지였든, 어쨌든 그는 떠나야 했다. 하와이로.[25]

그런데 이승만의 사임성명 중에서 조금 특이한 내용이 있다. 그것은 "만일 국민이 원한다면 내각책임제 개헌을 하겠다"는 내용이다. 당시 내각책임제는 이승만이 충분히 인지하고 있을 정도로, 그리고 이승만이 위기상황에서 위기를 탈출하기 위해 국민에게 던지는 미끼 제안으로 생각할 정도로 국민의 일반적인 여론이었을까? 다시 후술하겠지만 그 무렵까지 이어진 이승만과의 장기간에 걸친 개헌전쟁 속에서 국민과 야당에겐 대통령제=독재, 내각책임제=민주주의라는 통념이 자연스럽게 형성됐던 것으로 보인다.

1960년 6월 10일, 국회 본회의에서 헌법개정안기초위원장 정헌주는 헌법개정안 제안이유를 설명한다. 그는 발언 첫머리에서 이렇게 말한다.

제4대 국회의 최후를 장식하는 이 자리에서 불초 본위원이 우리 많은 젊은 학도들의 피로써 이루어진 이 내각책임제의 개헌안을 상정을 하고 그 제안이유를 설명하게 되는 것을 영광으로 생각하는 동시에 감개무량한 바가 있는 것입니다. 회고하건대 우리나라에 있어서 내각책임제를 실현하는 길은 대단히 멀고도 험난한 바가 있었다고 저는 생각하고 있습니다. 여러분이 잘 아시다시피 제헌국회 당시 내각책임제로서 성안이 되었던 헌법안이 하룻밤 사이에 대통령중심제로 변경이 되었던 그러한 역사를 우리는 가지고 있는 것입니다. 이 12년 동안 한국에 있어서 야당은 대통령중심제에서 오는 권력의 집중과 비대로부터 국민의 자유를 보호를 하고 부패를 방지하기 위해서 이 내각책임제를 실현하려고 꾸준히 노력해왔던 것입니다.[26]

정헌주의 감개무량한 감정이 드러나는 모두 발언인데, 그가 당연한 듯 전제하고 있는 "우리 많은 젊은 학도들의 피로써 이루어진 이 내각책임제의 개헌안"이라는 표현과 야당은 "이 내각책임제를 실현하려고 꾸준히 노력해왔던 것"이라는 표현이 눈에 띈다. 다시 얘기하겠지만 이승만과의 개헌전쟁은 사실 처음부터 대통령제와 내각제의 싸움이었던 것이 사실이다. 그런데 이제 4·19로 이승만이 물러났으니, 그리고 그간 대통령제를 통한 무자비한 독재와 부패를 경험했으니 내각제 개헌안이 국회에서 별 이의 없이 상정되는 것은 어쩌면 당연한 일이었을 것이다.

4·19정신을 담아낼 다음 헌법적 과제는 무엇이었을까? 언론·출판·집회·결사의 자유였다. 1959년 2월, 『경향신문』「여적」란엔 "선거가 진정다수결정에 무능력할 때는 결론으로는 또 한 가지 폭력에 의한 진정다수결정이란 것이 있을 수 있는 것이요, 그것을 가리켜 혁명이라고 할 것이다"[27]라는 글이 실린다. 이제나 저제나 크게 트집 잡을 일만 기다려온 이승만정권은 어마무시하게도 「여적」기사에 '내란선동' 혐의를 뒤집어씌우고, 이런저런 기사를 핑계거리로 함께 묶어 『경향신문』을 폐간시킨다. 이후 『경향신문』은 자신들의 예언이 현실화한 4·19혁명 발발시까지 발간을 못 하고 한동안 기다려야 했다.

『경향신문』 폐간 사건은 언론·출판·집회·결사의 자유가 얼마나 위기에 처했는지를 보여주는 대표적인 사례에 불과하다. 이승만정권은 관제데모와 집회 자유의 억압이 없으면 유지할 수 없는 정권이었다. 심지어 야당의 집회 활동도 자유롭지 못한 상태가 지속된다. 이런 경험은 4·19 이후 개헌안 내용을 확정하는 데 있어 중요한 계기가 된다.

제헌 이후로 지속돼온 언론·출판·집회·결사의 자유에 대한 헌법 문장은 "모든 국민은 법률에 의하지 아니하고는 언론, 출판, 집회, 결사의 자유를 제한받지 아니한다"는 것과 "국민의 자유와 권리를 제한하는 법률의 제정은 질서유지와 공공복리를 위하여 필요한 경우에 한한다"는 것이었다. 사실 정상적인 민주국가라면 이 법문만 가지고도 얼마든지 자유와 권리가 정상적으로 유지됐을 것이다. 하지만 법문은 현실권력의 해석에 의존한다. 권력의 억지 해석에 따라 "필요한 경우"를 겨우 벗어난 국민의 권리영역은 한도 끝도 없이 수축된다. 오죽했으면 『경향신문』 사설은 위 헌법 규정이 역이용돼 "『법률에 의하면 언론·집회의 자유를 얼마든지 제한할 수 있다』는 식으로 위정자들이 해석하고 있음은 늘 귀에 못 박히도록 들어온 바다"[28]고 한탄하기도 했겠는가?

1960년 6월 헌법은 위 헌법규정을 "모든 국민은 언론, 출판의 자유와 집회, 결사의 자유를 제한받지 아니한다"고 못을 박는다. 그리고 법률에 의한 제한은 "자유와 권리의 본질적인 내용을 훼손하여서는 아니되며 언론, 출판에 대한 허가나 검열과 집회, 결사에 대한 허가를 규정할 수 없다"고 대못을 박아놓는다. 이 헌법조항의 취지는 현행 헌법에서도 유지되고 있다.

개헌은 과거의 경험과 반성이 반영될 수밖에 없다. 이승만 시대의 경험과 반성은 예컨대 "정당은 법률의 정하는 바에 의하여 국가의 보호를 받는다"는 정당 활동 보호 규정, "공무원의 정치적 중립성"과 "경찰의 중립"을 위한 反관권선거 규정, "적어도 시, 읍, 면의 장은 그 주민이 직접 이를 선거한다"는 反권력독점적 지방자치 강화 규정, "선거의 관리를 공정하게 하기 위하여 중앙선거위원회를 둔다"는 공정선거 규정, "대법원장과 대법관은 법관의 자격이 있는 자로써 조직되는 선거인단이 이를 선거하고 대통령이 확인한다"는 反정치권력지향적 사법부 독립 규정 등이다.

나는 지금까지 4·19를 민주혁명으로 지칭했다. 예로부터 지금까지 우리 역사 속에서 백성들이 들고 일어나 최고권력자를 몰아낸것은 4·19가 유일하다. 그런 의미에서 4·19를 혁명이라 지칭해도 크게 어색하진 않다.

하지만 4·19가 혁명의 본원적 의미에서, 즉 과거의 질서를 부정하고, 오직 자신들 스스로의 논리에 의해 새질서를 구축한다는 의미에서의 혁명인지는 의문이다. 특별히 그것을 민주혁명으로 지칭하려면 舊헌법제정권력에 대한 전면적인 부정과 舊헌법의 완전한 파기가 전제돼야 한다. 그리고 오직 자신들의 논리로, 자신들이 헌법제정권력자가 돼 시원적으로 자신들을 정당화하는 헌법을 가져야 한다.

그런데 이런 법형식주의적 관점에 입각해 살핀다면 4·19에 의한 1960년 헌법은 구 헌법을 파기한 헌법이 아니다. 심지어 전면적인 폐지도 하지 않고, 개헌의 형식으로 법조문을 첨삭만 했을 뿐이다. 그런 의미를 굳이 강조해 말한다면 4·19는 혁명이라기보다는 민주주의를 규정한 구질서 헌법의 회복을 위해 저항권을 행사한 것에 가깝다고 할 수 있다.

하지만 우리는 사고의 틀을 넓힐 필요가 있다. 혁명은 순간적이고 일회적인 사건이 아니다. 혁명이 구질서의 파괴를 의미한다면 우리에게 민주혁명이란 봉건적 질서와 관념을 파기하고 민주적 질서와 관념을 확립하는 것이다. 이런 의미에서 본다면 우리의 혁명은 해방 후 지금까지, 더 거슬러 올라가면 조선왕조의 멸망으로부터 지금까지 추구해온 민주질서의 확립과정이라고 할 수 있다. 4·19는 그 과정에서 폭발적인 역할을 했을 뿐이다. 제헌헌법이 민주주의를 규정했다면, 그리고 4·19가 그 민주주의를 회복하려 했다면 그것은 단순한 저항이 아니라, 어떤 의미에서는 아직 온전히 우리 것이 아닌 민주혁명을 실현해가는 과정이라고 볼 수도 있다.

1965년, 시인 김수영은 '어느 날 고궁을 나오면서' 이렇게 상념에 빠졌다.

> 왜 나는 조그마한 일에만 분개하는가
> 저 왕궁 대신에 왕궁의 음탕 대신에
> 오십원짜리 갈비가 기름덩어리만 나왔다고 분개하고
> 옹졸하게 분개하고 설렁탕집 돼지같은 주인년한테 욕을 하고
> 옹졸하게 욕을 하고
> (하략)[29]

우리의 민주혁명은 왕궁과 왕궁의 음탕을 타도하는 것이다. 하지만 하루아침에 안 된다. 어쩌면 오히려 그 혁명은 일회적이고 폭발적인 사건이 아닌 지속가능한 일상적이고 옹졸한 투쟁을 통해서 끊임없이 실현돼야 하는지도 모른다. 그래서 왕궁과 왕궁의 음탕뿐만 아니라 설렁탕의 기름덩어리와도 투쟁해야 할지 모른다. 그것이 이승만의 노욕으로 대변되는 봉건적 관념을 타도하고 민주질서를 세우는 일이라면 우리의 삶이 모두 혁명이다.

4·19를 오직 일회적인 사건으로만 보고 1960년 헌법이라는 법형식적 기준으로 저항이냐 혁명이냐를 따지는 건 큰 의미가 없다고 본다. 우리 헌법은 사실상 1960년 헌법뿐만 아니라 1차부터 9차까지의 모든 헌법 변화를 제정이 아닌 개정이라고 표현했다. 특이하게 1980년 헌법은 스스로를 "제5민주공화국"이라고 표현하면서도 결국 개정이라고 자가당착적 표현을 하기도 한다. 이런 여러 측면을 고려하면 우리 헌정사는 사실상 하나의 공화국이 격변 속에서 지속된 셈이다. 이 속에서 우리는 이미 달성한 민주공화국 헌법의 퇴행을 막기 위해 저항하고, 동시에 더욱 진보하는 민주공화국 헌법에 도달하기 위해 혁명하는 역사를 지금까지 오래도록 지속해왔다고 봐야 한다.

제3부

제헌,
전쟁의 시작

헌법제정권력과 반反헌법제정권력의 모순은 일도양단되지 않고
잠복돼 있으며, 역사적 헤게모니에 의해 실현되고 끝없이 지양된다. (…)
조금 과장해 표현하면 '헌법을 포함한 모든 법문은
어차피 동상이몽의 모순적 숙명을 지니고 있다!'
다만 이 수상한 시절은 그 동상이몽의 꿈을 꾸는 것조차
점점 어렵게 만드니 가혹할 따름이다.

8장

제1공화국

1

제2차, 법치주의적 발달장애 '사사오입 개헌' : '죽을 때까지 대통령을 하고 싶다'

1954년 11월 27일 오후 5시경, 국회 본회의장에서 사회를 보던 국회부의장 최순주는 할 일을 하지 않고 침울한 표정으로 담배만 피워대고 있었다. '국회 본회의장 흡연'은 지금으로선 상상하기 힘들지만, 그때 그 순간의 최순주로선 그나마 담배연기가 그를 위로해주고 있는 유일한 위안거리였다. 하지만 언제까지 담배만 피워 물고 있을 순 없는 일이었다. 그는 할 일을 해야 했다. 그가 해야 할 일은 개헌안의 부결을 선포하는 일이었다.

투표결과를 발표합니다. 재석 2백2인 가에 백3십5표 부 60표 기권 7 표 부결되었습니다.[1]

순간 자유당 의원들은 아연실색한 표정으로 의석에 앉아 얼음처럼 굳어버렸고, 야당 의원들은 환호작약하며 일제히 의석을 뛰쳐나갔다. 그리고 당시 『동아일보』는 이 극적인 상황을 "개헌안 부결! 일괄 표결 결과 아슬아슬한 1표차"[2]라는 헤드라인을 달아 대서특필했다. 여기까지가 그냥 그대로 끝났어야 할 정상적인 헌정사 얘기다.

그런데 헌정사상 결코 지워지지 않을 막장 드라마의 대반전이 기다리고 있었다. 개헌안이 부결된 후 자유당 수뇌부는 이기붕의 집에 모였다. 머리를 맞대고 의논했으나 묘책은 없었고, 이기붕과 최순주는 저녁 늦게 경무대의 이승만을 찾았다. 이승만은 전전긍긍하며 찾아온 두 사람을 평온하게 맞았다. 설마 모든 게 끝났으니 이제는 초연해진 최고 권력자만의 도량? 역시 아니었다. 이승만의 입에서는 "135표면 개헌안은 통과된 것"이라는 기절초풍할 말이 흘러나왔다. 이 '사실'을 확인하는 기사[3] 내용은 이렇다.

이 같은 사실은 다음날 자유당 의원총회에서 이기붕 의장이 "개헌안이 135표로 통과됐다는 것은 이대통령의 뜻"이라고 밝힌 점으로 미루어 의심의 여지가 없는 듯하다.

기사는 "그(이승만 - 인용자 주)의 입에서 사사오입이라는 수학이론이 제기됐다는 흔적을 찾아 볼 수는 없"고 "자유당 간부들이 사후대책을 협의하는 과정에서 제기됐다는 의견이 지배적"이라고 덧붙인다. 뭐, 이 '사사오입' 용어를 누가 먼저 사용했느냐를 가지고 노벨상을 다툴 일도 없으니 됐고, 차라리 이 막장 드라마를 본격적으로 시청하기 위한 몇 가지 간단한 사전 지식이나 챙겨두자.

당시 헌법에는 "헌법개정의 의결은 양원에서 각각 그 재적의원 3분지 2 이상의 찬성으로써 한다"고 규정돼 있었다. 하지만 이승만정권은 참의원 구성을 하지 않았고, 헌법개정안은 민의원에 부의됐다. 당시 민의원의 재적의원수는 (개헌안 제안 당시는 202명이었는데, 의결시에는 진안 보궐선거 후였기 때문에 203명이었고, 이 때문에 언론에서 약간 착오가 있기도 했다. 그리고 재석의원이 202명인 것은 양일동이 혼자 결석으로 반대를 표시했기 때문이다) 203명이었다. 그렇다면 203×2/3＝? 이 산수의 정답은 135.333…이다. 한마디로 개헌안이 통과되기 위해서는 135.333…명과 같거나 그보다 더 많아야 한다. 여기서 이승만의 천재적인 꼼수가 작렬한 것이다. 0.333…명의 인간은 생각할 수 없으므로 사사오입해서 135명이면 딱 2/3가 된다는 것이다!

이승만의 '사사오입' 지침이 떨어지자 자유당 의원들의 충성경쟁이 시작된다. 그들은 11월 29일 상오 10시, 국회에 모여 자신들의 잘못된 산수풀이를 반성하고 정답을 바로(?)잡는다. 최순주는 헌법개정안 부결 선포를 취소하고, 통과됐음을 다시 선포한다.

지난 11월 27일 제90차 회의 중에 헌법개정안통과여부 표결발표시에 가 135표 부 60표 기권 7표로 부결을 발표했습니다. 그러나 이것은 정족수의 계산상 착오로서 이것을 취소합니다. (…) 통과됨이 정당함으로써 헌법개정안은 헌법 제98조 제4항에 의하여 가결통과됨을 선포합니다.[4]

사사오입 개헌안 통과 직후 무소속 의원 이철승에게 멱살 잡힌 국회부의장 최순주. 수학자까지 동원된 이 희대의 무리수는 당대 시민들에게 '안 되는 일은 사사오입해버려!'라는 유행어로 조롱받았을 뿐만 아니라, 적법절차와 형식의 원칙을 파괴한 가장 유명한 장면으로 헌정사에 남았다.

　　이후 벌어진 난장판 토론에는 당연하게도(?) 산수 전문가인 수학과 교수들의 명성(?)도 동원됐다. 발언권을 얻은 윤성순은 자신도 "3, 4년 동안 수학을 중학생에게 가르쳐본 경험이 있는 사람의 한 사람"이라고 말한 뒤 "특히 신문발표에 본다면 수학계의 태두인 인하공과대학장 이원철 박사 또는 서울대학교 문리과대학에서 다년 수학을 담당하시든 최윤식 교수의 입증에 의해서도 135명은 재적의원 203명의 3분지2인 것을 확증했습니다"고 주장한다.[5] 이어 희대의 사사오입파들은 제정신을 가진 반대파들의 집단 퇴장 속에 의사록 정정동의안을 의결하고 산회한다. 이렇게 한국의 법치주의는 이승만으로 인하여 발달장애 증상을 보이며 주저앉고 만다.

　그런데 이승만이 이렇게 무리한 개헌을 하면서까지 기어이 얻고자 한 헌법 내용은 무엇이었을까? 이 사사오입 개정헌법의 (본문도 아닌) 부칙 맨 마지막엔 "이 헌법공포 당시의 대통령에 대하여는 제55조 제1항 단서의 제한을 적용하지 아니한다"는 문장이 들어 있었다. 제55조 제1항 단서는 뭘까? "대통령과 부통령의 임기는 4년으로 한다. 단 재선에 의하여 1차 중임할 수 있다"는 것이다. 말하자면 대통령은 4년 임기를 두 번까지 할 수 있는데, 이승만에게만 중임제한을 없앤다는 것이 사사오입 개헌의 핵심이었다. 이것이 이승만이 사사오입이라는 상상을 초월한 무리를 해서라도 반드시 얻고 싶은 개정헌법의 내용이었다. 이제 이승만은 '국민이 원한다면' 죽을 때까지 대통령을 할 수 있게 된 것이다.

　물론 이 개정헌법에는 그 외 다른 개정조항도 있었다. 예컨대 국민투표제 채택, 대법관·검찰총장·심계원장(감사원의 전신)·대사·공사 등 공무원의 임명에 대한 참의원 인준권 부여, 국무총리제 폐지 등이다. 국무총리제는 정·부통령제를 채택한 제헌헌법 때부터 이상한 제도였으니 잘된 것이고, 다른 조항들도 특별히 이상한 점은 없다.

　그런데 이승만의 영구집권 가능성을 연 사사오입 개헌 파동에 묻혀 상대적으로 눈길을 끌지 못한 사실이 있다. 이승만은 이 사사오입 개헌안 제출 이전인 1954년 1월 23일에 경제관련 개헌안을 국회에 제출한다. 하지만 이상하게 3월 9일에 자진 철회한다. 그러고는 몇 달이 지난 9월 8일에 다시 사사오입 개헌안을 제출한 것이다. 무슨 일이 일어났던 것일까?

이와 관련해 연세대 대학원 교수 박명림은 주목할 주장을 폈다. 그는 "사회주의체제에 맞서 시장경제체제를 이식하려는 점령정책을 주도하였던 미국은 한국 건국헌법의 경제조항들을 일종의 국가사회주의a kind of State socialism 헌법으로 인식하고 있었"으며, "개헌안 철회 직후 시작된 자유당 일부와 우익단체의 초대 대통령 연임제한 철폐 운동에 비추어 이승만으로서는 권력구조 조항과 경제조항, 자신의 요구(임기연장)와 미국의 요구(경제개헌)을 교환하려는 의도가 있었음에 틀림없었다"[6]는 것이다.

실제로 사사오입 개정헌법은 이전 경제관련 '국유'조항을 모두 개정했다. 즉 제85조가 규정하고 있는 "광물 기타 중요한 지하자원, 수산자원, 수력과 경제상 이용할 수 있는 자연력은 국유로 한다"는 '국유' 조항이 "법률이 정하는 바에 의하여 일정한 기간 그 채취, 개발 또는 이용을 특허할 수 있다"로 바뀐다. 또 제87조 "중요한 운수, 통신, 금융, 보험, 전기, 수리, 수도, 까스 및 공공성을 가진 기업은 국영 또는 공영으로 한다. 공공필요에 의하여 사영을 특허하거나 또는 그 특허를 취소함은 법률의 정하는 바에 의하여 행한다. 대외무역은 국가의 통제하에 둔다"는 조항이 "대외무역은 법률의 정하는 바에 의하여 국가의 통제하에 둔다"고 휑하니 바뀌고, 이어지는 제88조 "국방상 또는 국민생활상 긴절한 필요에 의하여 사영기업을 국유 또는 공유로 이전하거나 또는 그 경영을 통제, 관리함은 법률이 정하는 바에 의하여 행한다"는 조항은 "국방상 또는 국민생활상 긴절한 필요로 인하여 법률로써 특히 규정한 경우를 제외하고는 사영기업을 국유 또는 공유로 이전하거나 그 경영을 통제 또는 관리할 수 없다"로 확실하게 '미국 취향의 자본주의' 헌법으로 바뀐다. 이 규정들은 현행헌법에서도 그 틀이 유지되고 있다.

그런데 궁금한 것이 있다. 미국은 '경제조항'을 원하고 '경제원조'를 줄 수 있다. 반면 이승만은 '영구집권'과 '경제원조'를 원하고 '경제조항'을 줄 수 있다. 따라서 '경제원조'와 '경제조항'의 교환은 쉽다. 그럼 '영구집권'은? 설마 '사사오입'이라는 '신의 한 수'를 산수 선진국 미국이…? 상상컨대 이승만의 재주에 맡겨진 끼워팔기 영구집권 개헌과 미국의 눈감아주기 묵계 정도라면 훌륭한 '교환' 품목이 될 수 있었을 것이다.

다시 사사오입 개헌이라는 어처구니없는 얘기로 돌아가자면, 우리가 이 사태를 특별히 어처구니없다고 생각하는 이유가 뭘까? 눈에 뻔히 보이는 형식에 관한 위반이기 때문이다. 이와 비슷한 사건이 2008년 7월 국회에서도 있었다. 미디어법을 두고 여야가 대립하다 방송법 투표를 종료했지만 재적과반 148석에 미치지 못하는 145명이 투표에 참여했다. 이에 국회부의장 이윤성은 재투표를 실시해 기어이 통과시켰는데 이것은 일사부재의 원칙을 위배한 것이었다. 이런 사태를 두고 당시 전북대 교수 김승환은 "이승만 정권 시절 사사오입 개헌을 헌정사에서 가장 부끄러운 일로 학생들에게 가르쳐왔다"며 "그러나 이제는 그것보다 더한 경우가 어제 미디어법 통과라고 해야겠다"고 항의했다.[7]

물론 이런 식의 법적 절차와 형식파괴는 변명을 할 수 없는 적법 절차 위반임이 틀림없다. 그런데 따지고 보면 우리 법치주의 역사에는 내용적 사사오입도 만만치 않게 존재한다. 심지어는 법정에서 사법살인을 하고, 국민을 학살한 뒤 법의 이름으로 정당성을 주장해도, 훈장도 받고 사면도 받는다. 문제는 이런 사태에서 그들이 내용적인 법리를 우기는 순간 사사오입이나 일사부재의 같은 형식위반과 비교해 보통 국민들의 눈에는 그 어불성설이 분명하게 드러나지 않는다는 점이다. 안타까운 일이다.

하지만 법에서 말하는 적법절차는 형식이든 내용이든 부당해서는 안 된다는 것이고, 그 위반의 중대성은 차이가 없다. 말하자면 우리는 법치주의를 앞에 두고 형식적 어불성설에 흥분하는 만큼 내용적 어불성설에도 흥분하는 자세와 관심이 필요하다. 참고로 우리 헌법재판소는 일관되게 이런 판시를 하고 있다.

현행 헌법상 규정된 적법절차의 원칙을 어떻게 해석할 것인가에 대하여 표현의 차이는 있지만 대체적으로 적법절차의 원칙이 독자적인 헌법원리의 하나로 수용되고 있으며 이는 형식적인 절차뿐만 아니라 실체적 법률내용이 합리성과 정당성을 갖춘 것이어야 한다는 실질적 의미로 확대 해석하고 있으며 (하략)[8]

사사오입 개헌 파동은 우리에게 법이란 무엇인가에 대한 숙고를 강요한다. 단지 '법=힘'이라는 의심을 불러일으키는 사태이지만, 유아기 수준의 법치주의를 겨우 벗어나려고 노력하는 우리로서는 그나마 한 가지 위안이 있다면 이런 것이다. 왜 그들은 처음엔 135표에 풀이 죽어 부결을 선포했는데, 사사오입 법리(?)로 무장한 뒤에는 기고만장해 가결을 선포했을까 하는 점이다. 문자 그대로 순수하게 '법=힘'이라면 1표든 203표든 그냥 몽둥이를 휘두르며 통과됐다고 선언하면 되지 않았을까?

다행스럽게도 그런 행동을 못하게 할 정도의 법치주의는 됐다. 최소한 1표가 아닌 135표 정도를 만들어서 사사오입이라는 억지라도 쓰게 만드는 그 힘이 바로 규범력이다. 법규범이 아무리 초라하게 보여도 법규범이라는 개념 자체가 없는 무법천지와는 분명히 다르다. 형식이든 내용이든 규범적 의미와 현실의 간극이 최대한 벌어지지 않고 최소한 밀착할 수 있도록, 그러면서 법의 의미가 계속 진보하도록 노력하는 일이야말로 사사오입 개헌이 우리에게 남긴 법치주의의 영원한 숙제다.

2

제1차, 조폭적 '발췌 개헌' :
'국회에선 대통령 되기 글렀으니
전시 민의를 앞세워 직선제로'

1960년대 베트남전 반전운동(혹은 누구나 어디선가 그 멜로디를 몇 번쯤은 들어봤음직한 노래 〈Blowing in the wind〉)으로 유명했던 가수 존 바에즈, 그녀는 이제 나이가 꽤 들어 젊은 사람들의 기억 속에는 그저 전설로만 존재할 것이다.

그런데 2007년, 그녀가 '노래와 신념'으로 다시 뉴스에 등장하는 일이 발생한다. 사연인즉 존 바에즈는 한 동료가수로부터 이라크전에서 부상당한 미군 병사들을 위한 위문공연 제의를 받는다. 베트남전 당시 (노래를 통해) 부상 미군병사들의 귀향을 돕지 못한 점을 후회했다는 그녀는 그 공연 제안에 선뜻 응하고 준비한다. 그런데 그녀는 군당국으로부터 별다른 이유도 없이 공연 4일 전 갑자기 불허 입장을 통보받게 된다. 참전 부상 병사들을 위한 위문공연조차 할 수 없는 유명 가수, 당연히 뉴스가 될 수밖에 없는 일이다. 왜 이런 일이 생긴 걸까?

존 바에즈는 이제 청춘이 아님에도 불구하고 그녀의 신념은 여전히 명쾌한 젊음을 유지했다. 그녀는 『워싱턴포스트』에 보낸 서한에서 "나는 비폭력을 옹호하고 40년전 베트남전을 반대했듯이 이라크 전쟁에 대해 분명히 반대해왔다"면서 소신을 거듭 확인했다. 그녀는 공연이 거부된 것에 대해 "아마도 내가 '반역자'라고 생각하는 병사들이 있었기 때문일 것"이라고 자신의 소감을 말했다.[9]

한 나라가 일단 전쟁에 돌입하면 누구라도 국민 입장에서 그 전쟁에 반대의 목소리를 내는 것은 거의 불가능에 가깝다. 정치인들의 잘잘못 혹은 이런저런 상황을 떠나 일단 전쟁이 벌어진 이상 무조건 이겨야 하는 지상과제가 앞에 놓여 있는지라 반전은 부질없는 한가한 주장으로 치부될 뿐이고, 자칫 목소리가 높으면 '반역자'로 몰리기 십상이다. 특별히 전쟁 초기엔 더한다.

제1차 세계대전을 막아보자고 결의했지만 무력함만을 보여줬던 제2인터내셔널, '제국주의 전쟁을 내전으로'라는 모토에서 스파이혐의를 받아야만 했던 레닌, 제2차 세계대전 와중에 4선을 했던 미국 대통령 루스벨트, 이라크 전쟁 개전과 함께 폭발적인 지지율 상승을 보인 미국 대통령 부시, 일일이 예를 드는 것 자체가 시간낭비일 정도다. 다만 우리가 관심을 기울여 군이 확인해봐야 할 한 인물이 남아 있다. 1950년 6월 25일, 전쟁을 맞은 대한민국 초대 대통령 이승만은 어땠을까?

제헌헌법은 대통령 국회 간선제를 채택하고 있었다. 여기서 이런 저런 복잡다단한 정치적 상황을 차치하고, 기록된 그대로의 법적 결과만 놓고 말한다면 이승만은 제헌의회에서 재적의원 198명 중 180표를 획득해 당선될 만큼의 정치적 영향력은 있었다. 하지만 1948년 7월 24일 대통령에 취임한 이승만은 1950년 6월 25일 전쟁 이전까지 자신의 정치적 자산과 인기를 극단적인 방식으로 소진하고 있었다. 제주 4·3사건, 여순사건, 반민특위해산, 좌우익 무력충돌, 농지개혁법 지지부진, 경제난 등등 어느 하나 그의 취임 직후 인기를 지탱해줄 수 있는 건 없었다.

거기에 한 가지 더 아이러니한 문제가 있었다. 우리 헌법이 제헌의원에 한해 그 임기를 2년으로 규정하고 있었다는 점이다.(제헌의회의 성격 문제에 관해서는 다시 후술하기로 한다.) 국회의원 임기 시작일은 국회 최초의 개원일이다. 제헌국회는 1948년 5월 31일 개원했다. 제헌일은 1948년 7월 17일이고, 이승만은 1948년 7월 24일 4년 임기의 대통령에 취임했다. 그런데 제헌헌법은 후임 대통령에 관해 "늦어도 그 임기가 만료되기 30일 전에 그 후임자를 선거한다"고 규정하고 있었다.

이런 헌법 규정에 따라 1950년 5월 30일에 2대 국회의원 선거가 실시됐는데, 이 총선은 문자 그대로 이승만의 그간의 인기하락을 그대로 반영한 선거가 될 수밖에 없었다. 더군다나 제헌의회 구성에 불참했던 세력들이 대거 참여해 의회 판도를 크게 바꿔놓았다. 총선결과는 정당별로는 친이승만 정파인 대한국민당 24명, 국민회 14명, 대한청년당 10명 등 총 57명이었고, 야당세력은 민주국민당 24명,

사회당 2명, 민족자주연맹 1명 등 총 27명이었다. 하지만 여야가 모호한 무소속이 126명이나 선출돼 이승만정권을 압박했다. 실제로 국회의장에 야권 성향의 신익희가 선출됐다는 사실이 2대 국회의 정치적 성향을 잘 보여준다.

이런 상황에서 6·25 내전이 터진 것이다. 그리고 모든 것이 달라진다. 21세기 미국에서도 다른 나라를 침공한 자신의 정부조차 반대하기가 어려운 실정인데 1950년대 한국에서야 오죽했겠는가? 이제 한국은 6·25 이전의 민심을 반영하는 국회와 6·25 이후 변화된 민심이 대립하는 상황이 벌어지게 된 것이다. 설령 6·25 이후 민심이란 것이 전쟁이라는 상황논리에 치받혀 어쩔 수 없이 강요된 것이라 할지라도 어차피 결과는 마찬가지다. 사실상 6·25는 1년이 지난 후부터는 소강상태에 빠졌지만 어쨌든 이승만은 '전시를 기회로' 국회를 공격할 수 있는 절호의 기회를 맞이한 것이다.

헌법 규정에 의하면 1952년 7월 23일은 대통령의 4년 임기가 끝나는 날이다. 그래서 늦어도 6월 24일 이전에 2대 국회의원들이 다음 대통령을 뽑게 된다. 이제 이승만이 집권을 연장할 수 있는 방법은 2대 국회가 다음 대통령을 뽑기 전에 불법적으로 궁정 쿠데타를 일으키거나 합법적으로 직선제 개헌을 하는 방법밖에 없다. 이승만은 두 가지 방법 모두를 공개적으로 결합해 공작하는 권모술수를 발휘한다.

우리 헌정사상 첫 개헌안은 1950년 1월 27일, 제헌의원들에게서 나온다. 이승만의 독주를 견제하기 위한 한민당의 내각제 개헌안이다. 하지만 3월 14일, 부결된다. 이승만도 반격한다. 2대 국회 구성 후인 1951년 11월 30일에 제안된 직선제 개헌안이다. 하지만 이 역시 이듬해 1월 18일, 압도적으로 부결된다. 그렇게 시간이 흘러갔고 본격적인 사생결단의 시기가 다가온다. 1952년 4월 17일에 반이승만 세력은 내각제 개헌안을 다시 제출했고, 1952년 5월 14일엔 이승만(정부) 측도 대통령 직선제 개헌안을 다시 제출한다. 이 두 개헌안 중 대통령 직선제 개헌안이 통과되지 않으면 이승만은 경무대를 나와야 한다.

이승만은 5월 25일 0시를 기해 임시수도였던 부산을 포함한 경남·전남·전북 지역에 비상계엄령을 선포한다. 그리고 26일 오전 10시 30분경에 국회의원 50여 명이 탄 버스를 헌병대로 강제로 끌고 간다. 뒤이어 일부 의원에게 국제공산당과 연루됐다는 혐의를 뒤집어씌운다. 국회도 응수한다. 28일, 국회는 부산지구에 한하여 비상계엄을 즉각 해제할 것을 결의한다. 하지만 이승만은 아랑곳하지 않고, 오히려 궁정 쿠데타를 획책한다.

그간 3개월여 동안, 대통령 직선제와 국회해산 여론몰이를 해온 이승만은 6월 4일, 성명서를 발표해 국회해산을 잠시 보류한다는 이상한 생색을 낸다. 이승만은 헌정중단에 대한 트루먼의 우려에도 불구하고, 6월 14일엔 국회해산에 대한 협박 공한公翰을 보내고, 30일엔 절충개헌안 통과 실패를 비난하며 국회를 해산하겠다는 '국회폐회식 치사'를 보낸다.

이쯤 되니 반이승만 세력은 이제 선택을 해야 했다. 국회해산을 당

국회를 통과한 발췌 개헌안에 서명하는 이승만. 이승만은 전쟁통에 직선제 개헌을 통해 권력을 유지하려 한다. 한편 20년 뒤 박정희는 직선제를 폐지함으로써 권력 연장을 꾀했다. 이승만과 박정희에게 직·간선 여부는 민주주의의 척도와 무관한, 권력 획득·유지에의 이불리에 따라 얼마든지 바꿔치울 수 있는 수단일 뿐이었다.

할 것인가, 아니면 내각제 개헌을 강행할 것인가? 하지만 사생결단의 충돌은 이승만과 반이승만 세력 모두 겁나는 일이었다. 이승만과 내각제 개헌파는 타협한다. 7월 4일, 양측은 경찰의 엄중한 호위(?) 속에 그간 친이승만 측에서 준비해온 억지스러운 발췌(절충) 개헌안을 통과시킨다.

이렇게 이승만 측은 헌법규정에도 없는 국회해산 공개협박, 국회의원의 불법적인 체포·감금, 계엄령과 경찰력을 동원한 공포분위기 조성, 발췌 개헌안에 대한 30일간의 공고절차 불이행 등의 난장판 속에서 자신들의 원을 이뤘다. 그런데 흔히 비판하는 이런 사안 말고

한 가지 눈여겨볼 중요한 대목이 있다. 이승만이 이 난장판 속에서 줄기차게 외친 것이 '민의'였다는 것이다. 예컨대 이승만은 이 '부산 정치파동'과 관련해 이렇게 주장하고 있었다.

> 이번 이 정치상 파동은 이미 다 알게 된 바와 같이 민중은 대통령을 직선하고 국회를 양원제로 헌법을 개정하기로 주장한 것이요, 국회에서는 자기들이 대통령을 선정하겠다는 이 문제로 민중은 민의를 따라서 헌법을 개정하고 민주국가 원칙대로 전 민족에 발표된 사명을 받아서 행해야 된다는 중에서 시비가 생긴 것이다.[10]

이승만은 이 개헌정국을 '독재하는 대통령/민주주의를 원하는 국회'의 싸움이 아니라 '민의/민의를 부정하는 국회'의 싸움으로 규정하고 있다. 이승만의 주장이 맞는가? 대통령제를 전제로 말한다면 대통령 간선제는 분명 이상한 제도다. 그런 면에서는 이승만의 주장도 일리가 있다. 그리고 이승만의 주장대로 6·25 이전의 민의를 반영하는 국회와 6·25 이후의 민의 그 자체 간에 괴리가 있을 수도 있다. 1952년 2대 대통령선거에서 자유당 이승만이 74.6%, 무소속 조봉암이 11.4%를 획득한 것을 보면 이것을 단순히 속전속결 관권선거 결과로만 말할 수는 없을 것 같기 때문이다.

하지만 이승만이 거짓과 억지를 부리는 대목이 있다. 민의는 왜 반드시 대통령제를 통해서만 표출되어야 하는가? 국회의원들이 민의와 상관없이 자신들이 2년 전(즉 6·25 이전)에 얻었던 기득권을 유지하기 위해 당시 헌법에 의한 대통령 간선제를 원했다면 국회가 민의를 배신하고 있다는 이승만의 주장이 유효할 수 있다. 하지만 그들은 독재를 반대한다는 이유로 내각제를 원했다. 당연히 내각제도 민의를 반영하는 훌륭한 수단이다. 따라서 당시의 정치파동은 이승만이 주장하는 대로 '민의/민의를 부정하는 국회'가 아니라 '오직 대통령 독재권력만을 탐내는 이승만/내각제로 민주주의를 실현해보려는 국회 다수'의 대립으로 보는 게 맞다.

그러므로 누구라도 정상적으로 사고한다면, 개헌문제는 '대통령제/내각제'를 둘러싼 의견대립이라고 보는 것이 순리일 것이다. 하지만 이승만은 이 순리에 따른 논쟁과 국회의 정상적인 권리행사를 부정하고, 오직 대통령제만이 민의라고 주장했다. 그리고 그런 논리를 근거로 폭력적인 억지 발췌 개헌을 성사시킨 것이다. 사실은 바로 그와 같이 대통령 권력을 독단적으로 행사해 무법천지를 만드는 사태야말로 왜 국회 다수가 내각제를 원했는지를 실질적으로 입증해준 명백한 증거라고 할 수 있다.

발췌 개헌은 당연히 그 자체로 세계 헌정사에 유래를 찾기 힘든 이상한 체제를 탄생시킨다. 개정헌법은 크게 대통령 직선제, 양원제, 국회의 국무원(내각)불신임권 등을 규정함으로써 대통령제와 내각제를 완전히 뒤섞어버렸다. 이승만은 그렇지 않아도 자신 때문에 뒤죽박죽 출발한 제헌헌법을 이젠 두말이 필요 없는 확실한 삼선 짬뽕으로 만들어버린 것이다.

발췌 개헌안이 통과되자마자 뉴스미디어(『동아일보』)에서도 당장 헌법 체계의 모순을 지적하고 나선다.[11] 즉 제헌헌법상 "국무원은 대통령과 국무총리 기타의 국무위원으로 조직되는 합의체"다. 그런데 개정헌법상 민의원은 내각제처럼 '국무원 불신임결의'를 할 수 있게 됐다. 그 경우 '국무원은 총사직'을 해야 하는 것이다. 그렇다면 "결국 국무원의 중심인 대통령까지도 불신임결의를 할 수 있도록 되어 있다"는 말? 하긴 헌법에도 없는 국회 해산을 하겠다고 설치는 대통령 이승만이었으니 헌법 규정이야 뭐래든 자기 맘대로 '조직규범으로서의 국무원엔 대통령이 포함되지만, 불신임 대상으로서의 국무원엔 대통령은 포함 안 됨'이라고 그때그때 귀걸이나 코걸이로 바꿔 걸면 그만일 수도 있었을 것이다. 그걸 알았는지 "조항해석에는 적지 않은 논의가 있을 것"이라고 우려했다. 덧붙이자면 희한하게도 발췌헌법은 대통령제와 내각제를 그렇게 뒤섞어놓고도, (이승만은 그냥 언제라도 자기가 하고 싶은 대로 하면 된다고 생각했는지) 국무원(내각)불신임권에 맞서는 국회해산권은 웬일인지 또 빠져 있다.

우리가 얼마나 헌법체계의 일관성을 무시하고 있는지는 제헌헌법을 살펴볼 때 다시 거론하게 될 것이다. 이 발췌 개헌안을 정리하며 뭔가 연상되는 게 있는데, 그건 우리가 체질적으로 짜깁기를 너무 좋아한다는 것이다. 외국 선진 문물을 발췌해 이것저것 짜깁기 하는 모양새는 입법은 물론이고, 다른 여러 분야에서도 쉽게 눈에 띤다. 이 것저것 좋은 것은 쉽게 다 취하려는 욕심 때문일까, 아니면 절묘한 타협의 예술일까, 그것도 아니면 아무 생각이 없어 그러는 것일까? 최소한 세번째만 아니었으면 좋겠다.

3

일민주의:
'나하고 뭉치면 살고
나하고 헤어지면 죽는다'

1945년 10월 16일, 이승만이 귀국한다. 그 다음날 그는 〈중앙방송〉을 통해 귀국보고를 한다. 그 대강의 요지는 이랬다.

> 33년 만에 고국에 돌아와 기뻐서 웃고 싶기도 하고 슬퍼서 울고도 싶습니다. 한국 안에는 벌써 60여개의 당파가 생겨났다는 말을 듣고 가슴이 아팠소. 뭉치라, 엉기라, 고집을 버리고 하루빨리 단합하라. 뭉치면 살고 헤어지면 죽는다.[12]

"뭉치면 살고 헤어지면 죽는다"는 이승만의 말(?)이 "나와 뭉치면 살고, 나와 헤어지면 죽는다"는 말이라는 것을 모두가 실감하는 데는 시간이 좀 걸린다. 어쨌든 그의 유명한 정치구호인 '뭉치면 살고 헤어지면 죽는다'가 일차적으로는 '당파'와 그리고 미소의 분할점령 후의 상황과 관련 있다는 것을 일단 기억해두자.

그런데 우리에게 마치 이승만의 창작처럼 알려져버린 '뭉치면 살고 흩어지면 죽는다'라는 말은 육군 장교 존 디킨슨이 작곡한 〈자유의 노래〉라는 곡의 가사였다. 이 노래는 1768년 『보스턴 가제트』지에 처음으로 발표됐고, 노랫말 중 인상적인 그 부분이 독립전쟁 중에 가장 인기 있는 격언 가운데 하나가 됐다.[13] 여기서도 한 가지 특기할 만한 점이 있다. 이 노랫말이 민심을 사로잡은 시기가 전시였다는 사실이다.

나라와 나라 단위가, 혹은 나라 단위가 아닌 내전상황이더라도 전시에는 마치 내부 모순이 존재하지 않기라도 하는 것처럼 지도자는 '일치단결'을 요구하고, 국민들도 그것을 당연하다고 느낀다. 그 전쟁이 별 긴장감을 불러일으키지 못하는 국지전이나 원정이 아닌 전면전일 경우 특별히 그렇다. 전시에 당파싸움? 경험상 틀림없이 좋은 당과 나쁜 당, 혹은 나쁜 당과 덜 나쁜 당이 있을 수 있겠지만 분명히 모두들 싸잡혀 반역자 소리를 들을 게 뻔하다.

그렇다면 그 노랫말을 구사한 이승만은 우리가 '하나로 뭉쳐' 싸울 '하나 밖의 상대'를 누구라고 생각했을까? 우선 그가 독립운동을 해왔으니만큼 '제국주의 일본/피지배 민족 한국'이라는 식민지 시대의 대립구도를 벗어나지 못한 오래된 습관적 구호였다고 생각할 수도 있다. 수십 년간의 관념을 어떻게 하루아침에 떨쳐버릴 수가 있겠는가? 미국 독립의 영웅 조지 워싱턴도 당파싸움을 싫어했지 않은가? 하지만 이런 경우라면 이승만은 몰락한 일본을 보면서 빨리 제정신을 차리면 됐다. 두번째 가능성은 이미 이때부터 이승만은 자본주의/공산주의 냉전적 대립구도를 설정하고 있었다고 할 수 있다. 자신을 중심으로 한 덩어리가 된 자본주의 세력이 공산주의 세력을 막아야 한다고 믿었을 가능성이다. 이 경우라면 그는 미국과 소련을 추월한 냉전반공주의자다. 세번째는 그저 단순히 난립한 정파를 자기중심으로, 즉 일인독재로 재편하기 위한 일종의 시대에 뒤떨어진 파시스트적 구호일 수도 있다. 물론 이 경우는 냉전구도와도 밀접한 관계가 있다. 좀 더 자세히 검증해보자.

대한민국 정부 수립 후, 집권한 이승만은 헌법이념은 내팽개치고 '국시'로서의 일민주의를 제창한다. 그의 일민주의는 이런 것이다.

나는 일민주의를 제창한다. 이로써 신흥국가의 국시를 명시하고저 한다. 우리 본대(우리는 본래 -인용자 주) 오랜 역사를 가진 단일한 민족으로서 언제나 하나요 둘이 아니다. 이 하나인 우리 민족은 무엇에고 하나이어야 한다.[14]

일단 그렇다 치자. 그런데 도대체 그가 말하는 그 '하나'는 무엇을 위한 하나인가? 이승만은 "일민주의란 무엇인가?"라는 질문에 "간단히 말하면 한백성 한민족으로 통일해서 부국강민으로 만들자는 주의인 것이다. 진정한 민주주의는 일민주의의 철저로부터인 것이다. (…) 진정한 민주주의란 빈부귀천 반상의 등급이 없이 동일한 법 밑에서 동일한 대우를 받고 살 수 있음을 말하는 것이다"라고 주장한

일민주의보급회총본부에서 발행, 보급한 일민주의 선전물. 이승만의 일민주의는 계급을 민족으로 환원시키는 파시즘적 경향을 담은 사이비 사상이었다.

다. 빈부귀천을 없게 한다는 말을 별 내용 없는 정치적 구호라고 생각할 수도 있다. 하지만 그 생각이 아주 공허한 것만은 아니다. 그는 공산주의자들만을 겨냥한 것이 아니라 일본이나 중국 등도 거론하며 진정한 민주주의가 "그 실에 있어서는 그 수효가 그리 많지 않은 것"이라고 말한다. 그러고는 "인민의 생활을 균등케 하자는 것"이라고 마무리한다.[15]

그럼 그의 일민주의 주장 중에서 핵심을 간추려보자. 우선 하나 된 민족이고, 다음은 진정한 민주다. 그리고 균등한 민중? 그럼 미문화원 점령으로 유명한 1980년대 민족통일, 민주쟁취, 민중해방의 기치를 내건 삼민투가 설마 이승만으로부터 영향 받은 것? 그냥 웃자는 농담만은 아니다. 우리는 살면서 같은 용어가 (특히 정치적으로) 생각이 다른 사람에 의해 전혀 다른 뜻으로 사용되는 것을 자주 본다. 어쨌든 다음 이승만의 주장에서 삼민투가 더 과격한지 이승만이 더 과격한지나 독자가 직접 한번 판단해보기 바란다.

> 하나가 미처 되지 못한 바 있으면 하나를 만들어야 하고, 하나를 만드
> 는 데에 장애가 있으면 이를 제거하여야 한다.[16]

파시즘은 공산주의, 그것도 계급환원주의적 경향을 보이는 국제공산주의 운동에 대한 반작용으로 발생했다. 따라서 파시즘은 궁극적으로 공산주의의 계급환원주의만큼이나 강렬하게 민족환원주의적 경향을 보인다. 단순하게 말하자면, 한쪽에서는 계급관념으로 민족모순을 해체할 수 있다고 믿고 있고, 다른 한쪽에서는 민족관념으로 계급모순을 해체할 수 있다고 믿는 것이다.

그런 목적을 실현하기 위해 파시즘은 무능한 자본주의(즉 부르주아민주주의)와 공산주의 모두를 비판한다. 그리고 그 모두를 넘어설 수 있다고 선전한다. 하지만 궁극적으로 파시즘은 공산주의적 계급투쟁 관념에 대한 반작용이므로 자본주의의 근원을 비판할 생각도 없고, 또 그럴 능력도 없다. 다만 그것은 공산주의가 자본주의 비판으로부터 혁명의 동력을 얻듯이 바로 그 혁명의 동력을 가로채 공산주의에 대한 반혁명'만'을 실현하려고 시도할 뿐이다.

1940년대, 세계사적인 흐름 속에서 파시즘은 반파시즘연합(부르주아민주주의와 공산주의의 연합)에 의해 장렬한 최후를 맞이했다. 하지만 반파시즘연합의 내부모순에 의한 새로운 냉전구도(부르주아민주주의 대 공산주의)는 아직 본격적으로 드러나지 않은 상태였다. 더욱이 한

반도는 기존의 제국주의적 파시즘의 피해국이었으므로 저항적 민족주의가 반공주의와 결합돼 반제국주의적 파시즘으로 등장할 수도 있는 제3세계적 조건 속에 있었다. 당대 세계사의 주요 모순이 한반도에서 응축된 채 폭발될 때만 기다리고 있었던 것이다.

후지이 다케시는 『파시즘과 제3세계주의 사이에서』라는 저작에서 바로 그 모순을 역사 이데올로기적 관점에서 파고들었다. 그는 '족청(조선민족청년단)계'가 바로 이 "역사적 틈새"에서 발생했다면서, "반공적이면서도 미국적이지는 않았던 초기 대한민국의 사상적 지형을 가장 잘 보여주는 세력"이라고 주장한다.[17]

물론 우리가 잘 알고 있듯이 그 미묘한 과도기적 중심에 이승만이 있었다. 그는 지나간 파시즘의 잔영인 동시에 다가올 냉전의 마중물이었다. 바로 그 점에서 이승만은 노회하다. 그는 파시스트라기보다는 '고종'(브루스 커밍스)이나 '부르봉'(레오나르도 버치)에 가깝다는 평[18]도 있지만, 그의 (적어도 관념으로는) 민족으로 계급을 해체하려는 강력한 의지, 경악스러운 학살 이력, 그리고 노회한 권력의지는 결코 웬만한 파시스트에 뒤지지 않는다. 다만 그가 실제 역사 속에서 파시즘적 본성과는 결이 많이 다른 미국식 부르주아 민주주의 이데올로기에 최소한의 예의를 표한 행동은 시대적 경향에 순응한 것일 뿐이었다.

여기서 우리는 아주 중요한 질문을 해야 한다. 만약 집권에 성공한 이승만이 파시즘적 경향을 담지하고 있는 인물이라면 그의 성공과 함께한 제헌헌법에서도 파시즘적 경향을 읽을 수 있는가? 나는 읽을 수 있다고 본다. 단적인 예는 제헌헌법 기본권 조항에 있는 "영리를 목적으로 하는 사기업에 있어서는 근로자는 법률의 정하는 바에 의하여 이익의 분배에 균점할 권리가 있다"는 규정이다. 아니, 이런 진보의 핵심 조항을? 지금 제정신? 얘기를 마저 들어주기 바란다. 유진오는 이 이익균점에 대해 이렇게 설명한다.

근로자의 이익분배균점권을 규정하였는데 이는 우리나라 헌법의 일 특색이라 할 수 있다. 자본주의경제는 근로자는 노임을 받고 기업가는 이윤(이익)을 받는 것을 기본구조로 삼고 있는 것인데 본 항은 근로자의 이익분배균점권을 인정하여 근로자가 기업이윤의 일부를 취득할 수 있는 것을 규정하였음으로 이 규정에 의하여 우리나라는 사회주의국가에 가까운 성격을 갖게 되었다 할 수 있다.[19]

그런데 제헌의회에서 위 규정을 제안한 인물은 족청의 문시환이다. 그는 이렇게 주장하고 있다.

결단코 이것은 공산주의를 본받은 것도 아니고 사회주의를 본받은 것도 아닙니다. 이미 세계 각국에서 실현하려고 하나 실현할 수 없어서 걱정하는 큰 조항입니다. 여기에 대해서 독일에서도 노동자가 경영에 참가할 수 있도록 되어 있읍니다. 독일 헌법 156조에 있고 155조에 이태리 헌법에 이것이 규정되어 있읍니다. 독일 나치스가 정권을 잡은 이후로 세계에 대해서 모든 죄악을 행한 것은 우리가 일점도 고려할 여지

가 없지만 그 나라 산업을 단시일에 부흥시켜서 그만한 공업력을 향상
시켰다는 것은 노무자의 큰 힘이 드렀다는 것을 우리가 생각해야 될 줄
압니다.[20]

이익균점권이야말로 생각이 다른 사람들이 같은 용어를 완전히 상
반되는 맥락에서 사용하는 사례 중 하나에 해당될 것이다. 한편에서
는 파시즘적 경향성을 띠면서 이 용어를 제안하고, 다른 한편에서는
사회주의적 입장에서 이 용어를 수용한다. 하나의 용어에 서로 상반
된 이데올로기적 경향을 함축한 모순이 잠복해 내재되는 장면이다.
이 모순은 4·19를 통해 폭발하고 박정희에 의해 제거된다. 그리고
또 다른 파시즘을 준비한다. 여기서 나치의 법학자로 명성을 떨쳤던
카를 슈미트의 발언을 들어보자.

　　모든 정치적인 개념, 관념과 용어들은 논쟁적인 의미를 가진다. 그것
　　들은 구체적인 대립관계를 취하며, 결국은 (전쟁이나 혁명의 형식으로 나
　　타나는) 적과 동지의 결속인 구체적 상황과 결부되며, 이러한 상황이 소
　　멸할 때는 모두 공허하고 유령과 같은 추상적인 것이 되어 버린다.[21]

'대립하는 용어로 대립하는 적'만 상정할 필요는 없다. '민주주의'처
럼 같은 용어로 대립하는 경우도 많다. 다만 나는 어떤 경우에도 카
를 슈미트처럼 '정치적인 것'을 '적과 동지'를 구분해 적을 절멸시키는
결단이라고는 생각하지 않는다. 우리는 헌법제정이라는 예외적인 상

황에서도 '적과 동지' 중 어느 한편이 절멸되기보다는 세력의 격렬한 재편성을 거쳐 모순적으로 함께 공존하는 것을 본다. 그 내재된 모순의 끊임없는 발현과 지양이 정치고, 그 규범적 조건이 헌법이다. 이런 상황은 오늘날이라고 특별히 다르지 않다.

2011년 2월, 동반성장위원회의 경제학자 정운찬은 "대기업의 초과이익을 협력사와 나누는 '협력사 이익공유제' 도입을 추진하겠다"[22]고 말했다. 그러자 보름쯤 뒤 한국 최대 재벌 이건희는 자신의 과문함을 무기삼아 발끈했다. 그는 "부정적이다 긍정적이다를 떠나서 도대체가 경제학 책에서 배우지도 못했고 누가 만들어낸 말인지 사회주의 국가에서 쓰는 말인지 자본주의 국가에서 쓰는 말인지 공산주의 국가에서 쓰는 말인지 모르겠다"[23]고 목소리를 높였다.

헌법제정권력과 반反헌법제정권력의 모순은 일도양단되지 않고 잠복돼 있으며, 역사적 헤게모니에 의해 실현되고 끝없이 지양된다. 그러므로 예컨대 '이익균점'처럼 헌법의 문장은 그 자체가 아니라 그 문장이 실현되는 역사적 헤게모니가 중요하다. 조금 과장해 표현하면 '헌법을 포함한 모든 법문은 어차피 동상이몽의 모순적 숙명을 지니고 있다!' 다만 이 수상한 시절은 그 동상이몽의 꿈을 꾸는 것조차 점점 어렵게 만드니 가혹할 따름이다.

4

1945년 8월 15일,
그 날의 풍경:
광복인가 건국인가?

〰️   　　1948년 8월 15일, 분단된 한반도의 대한민국 정부수립 선포 기념식사에서 대통령 이승만은 이런 관념을 표현했다.

　　외국 귀빈 제씨와 나의 사랑하는 동포여러분, 8월 15일 오늘에 거행하는 이 식은 우리의 해방을 기념하는 동시에 우리 민국이 새로 탄생한 것을 겸하여 경축하는 것입니다. 이 날에 동양에 한 고대국인 대한민국 정부가 회복되어 40여 년을 두고 바라며 꿈꾸며 투쟁하여온 결실이 표현되는 것입니다.[24]

　　이 역사적인 기념식사에 담긴 이승만의 관념을 자세히 살펴볼 필요가 있다. 그는 지금 "민국이 새로 탄생"했고, 그 (대한)민국은 이 땅에 존재했던 고대국가의 역사를 모두 승계하는 나라며, 면면히 이어져온 그 국가의 "정부가 회복"됐다는 선언을 한 것이다. 즉 예부터 줄 곧 있어온 우리나라가 새로 탄생했고, 그 정부가 회복됐다는 의미다.

그런데 문제는 "민국이 새로 탄생"(재건)했지만, 원래의 탄생은 3·1 운동을 계기로 1919년에 이미 '건립'됐다는 것이다. 내 멋대로의 주장이 아니다. 제헌헌법 전문에 그렇게 적혀 있다. 즉 "유구한 역사와 전통에 빛나는 우리들 대한국민은 기미31운동으로 대한민국을 건립하여 세계에 선포한 위대한 독립정신을 계승하여 이제 민주독립국가를 재건함"이라고 적고 있다. 우리는 1919년에 이미 "기미31운동으로 대한민국을 건립"했으며, 1948년 대한민국은 "민주독립국가를 재건"한 것이라는 의미다.

그런데 지금 이런 문제를 왜 그렇게 열심히 따지고 있는가? 너무나 분명한, 혹은 1948년 당시 별 무리 없이 인정됐던 역사적 사실을 이제 와 부정하는 사람들 때문이다. 예컨대 '경제사' 전공의 서울대 교수 이영훈이 그런 사람이다. 그는 2006년 7월에 쓴 「우리도 건국절을 만들자」란 칼럼[25]에서 "대한민국은 모든 나라에 있는 건국절이 없는 나라이다"라고 주장했다. 이는 사실이 아니다. 오히려 나라를 처음 세운 날을 기념하는 의미의 건국절이 있는 나라는 거의 없다. 그는 "몇 년 전 미국 보스턴의 하버드대에 들른 그날은 우연히도 미국의 건국기념일이었다"고 했지만 아마도 건국기념일이 아니라 독립기념일Independence Day이었을 것이다.

이영훈이 미국의 그날을 직접 경험하고 감복했던 모양이므로 미국의 경우를 살펴보자. 미국의 독립기념일은 왜 7월 4일인가? 이 날, 즉

1776년 7월 4일은 필라델피아에서 13개 식민주 대표들이 모여 독립선언문을 채택하고 공포한 날이다. 그렇다면 이날 미국은 실질적으로 독립 상태에 있었을까? 천만의 말씀이다. 미국은 독립을 위한 전쟁중이었다. 심지어 독립을 기약할 수 있는 전황도 아니었다. 전쟁은 1783년의 파리조약으로 비로소 끝이 나고 영국은 미국의 독립을 인정한다. 그러고도 한참 후인 1789년 4월 30일에 가서야 독립전쟁의 영웅 조지 워싱턴이 대통령으로 취임함으로써 정부가 수립됐다. 정확히 말하자면 미국은 독립적인 영토·국민·정부·헌법·주권 등, 아무것도 없는 상태에서 독립의 의지만을 표출한 독립선언서를 근거로 이날을 독립기념일로 기념하고 있는 것이다. 그리고 미국인들은 보통 이 날을 (이영훈처럼) 건국기념일로도 생각한다.

미국의 경우를 우리에 대입하면 1919년 3월 1일이 우리에겐 독립기념일이 될 것이다. 우리도 이날 실질적으로 독립을 쟁취한 것이 아니라 온 겨레가 독립의지만을 보인 것이지만 미국식으로 생각하면 독립기념일로 삼기에 충분한 조건이다. 물론 독립의 실질적인 조건을 갖춰 이승만이 대통령에 취임하고, 정부수립을 선포한 것은 1948년 8월 15일의 일이다. 하지만 미국도 전쟁 후 독립의 실질적인 조건을 갖춰 워싱턴이 대통령에 취임함으로써 정부를 수립한 날을 독립기념일로 기념하는 것은 아니지 않은가?

다만 미국의 경우 '건국의 아버지'들이 아메리카 원주민의 나라를 계승할 생각이었다기보다 새로운 나라를 건국한다는 생각이 지배적이었을 것이다. 그러므로 미국인이 독립기념일을 곧 건국기념일로 생각한다고 해서 이상한 일은 아니다. 하지만 우리는 당시나 지금이나 태고부터 이어져온 우리나라 역사를 모두 계승할 준비가 돼 있다. 그러므로 3·1 독립기념일을 곧 건국기념일로 생각하는 건 좀 이상하다. 뭐 굳이 이날을 '건국'과 관련지어 기념하고 싶다면 이날은 태초의 우리나라 건립을 기념하는 '건국기념일'이라기보다는 장구한 세월 동안 면면히 이어져온 우리나라가 근대적 형식으로 새로 출범한 '공화국 창건 기념일' 정도는 될 수 있을 것이다. 그리고 알다시피 태초의 나라가 시작된 날을 기념하는 것이 목적이라면 우리에겐 '건국절' 격인 개천절이 있다. 나는 이렇게 생각하는 것이 상식적이라고 본다.

자, 그렇다면 이것으로 얘기 끝인가? 아니다. 진짜 얘기는 지금부터다. 우리는 그 이유를 알아야 한다. 이영훈 등은 왜 그렇게 1948년 8월 15일에만 단절적으로 집착하는가? 공평하게 묻자면 이영훈 등을 반대하는 사람들 예컨대 '광복회'는 왜 그렇게 1919년 3월 1일에 집착하는가? 그 대답은 이영훈의 칼럼에 숨어 있다. 그의 주장을 찬찬히 읽어보기 바란다.

광복은 우리의 힘으로 이루어지지 않았다. 광복은 일제가 무리하게 제국의 판도를 확장하다가 미국과 충돌하여 미국에 의해 제국이 깨어지는 통에 이루어진 것이다. 또한 광복을 맞았다고 하나 어떠한 모양새의 근대국가를 세울지, 그에 관한 준비가 되어 있지 않았다. 내가 통설적인 의미의 광복절에 별로 신명이 나지 않은 또 한 가지 이유는 일제에 의해 병탄되기 이전에 이 땅에 마치 광명한 빛과도 같은 문명이 있었던 것처럼 그 말이 착각을 일으키기 때문이다.

이 주장은 그가 진짜 하고 싶은 가장 은밀한 속말의 포장쯤에 해당한다. 우선 이 포장부터 벗겨보자. 이 주장에 따르면 광복을 위한 독립투사들의 목숨을 건 노력은 하찮은 것이다. 그는 "광복은 우리의 힘으로 이루어지지 않았다"고 주장하지만, 그럼 한번 상상해보자. 당시 2000만 인민 모두가 독립의지는커녕 일제와의 합병을 너무나 좋아한 나머지 어떤 강대국이, 심지어 일본 스스로 우리를 독립시켜주겠다고 제안하면 2000만이 합심하여 엄청 화를 내는 형국이었다고 가정해보자. 우리가 과연 독립할 수 있었을까? 패전제국의 식민지가 당연히 독립되는 것은 결코 아니다. 그렇다면 선혈들의 독립투쟁이 실질적으로 독립에 아무 기여도 못한 하찮은 것이었다고 평가할 수 있을까?

이영훈은 계속 기세를 올린다. 그는 "광복을 맞았다고 하나 어떠한 모양새의 근대국가를 세울지, 그에 관한 준비가 되어 있지 않았다"고 단언한다. 과연 그랬을까? 물론 모든 독립운동가들의 생각이 같지는 않았다. 하지만 제헌헌법이 계승한다고 선언한 대한민국 임시정부를 기준으로 말한다면 분명한 미래의 청사진이 있었다. 제헌헌법을 기초한 유진오는 "본인은 제헌헌법초안을 기초할 때 대한민국임시헌장과 대한민국건국강령의 이념을 제헌헌법에 반영하려고 많은 노력을 하였다"라고 증언했다.[26] 이영훈은 이 증언 또한 하찮다고 주장할지 모르지만 그가 유일하게 집착하는 1948년 헌법을 기초한 사람의 증언이니 존중해야 하지 않겠는가?

이영훈은 계속 주장한다. "일제에 의해 병탄되기 이전에 이 땅에 마치 광명한 빛과도 같은 문명이 있었던 것처럼" 생각할 필요가 없다는 것이다. 맞다. 그랬다. 그래서 나라를 빼앗겼다. 그런데 그의 이런 주장을 듣고 가장 좋아할 사람은 아마도 '친일세력'일 것이다. 이영훈의 말 뒤에는 그 '광명 없는' 조선을 일제가 식민지로 지배하며 오히려 고맙게도 근대화를 시켜줬다는 논리가 연결되면 딱 좋을 듯싶다. 그런데 묻자. 빼앗긴 나라가 꼭 잘나서 되찾아야 하는가? 그리고 한번 못나진 나라는 영원히 잘날 수 없으니 그 못난 나라의 인민은 영원히 지배당하며 사는 것이 순리인가? 이런 논리가 인간세상의 보편적 논리가 될 수 있는가?

이제 포장을 뜯었으니 본격적으로 속살 얘기를 해보자. 지금도 간헐적으로 문제를 일으키는 '건국절' 세력이 1948년 8월 15일에 목을 매는 진짜 이유가 있다. 그것은 그때의 분단정부 수립에 김구 등 임시정부(독립운동) 세력이 많이 참여하지 않았다는 사정과 깊은 관계가 있다. 오히려 이승만의 그 분단정부 수립에 반공으로 치장한 친일세력이 많이 참여했다. 이 사태는 무엇을 의미하는가? 만약 대한민국의 건국을 모든 과거와 단절한 채, 1948년 8월 15일로 삼는다면 반공으로 치장한 친일세력은 어이없게도 단박에 건국유공자가 되는 것이고, 김구를 중심으로 하는 독립운동세력은 졸지에 '이 자랑스러운 대한민국의 발전'에 아무것도 기여하지 못한 국외자로 비난받을 처지가 되는 것이다. 그러니 그들은 1948년 8월 15일을 둘러싼 이데올

"대한민국 수립 표현은 정통성 회복" vs "친일 면죄부"

오늘 국정 역사교과서 편법 공개

교육부 장관 '독립투사 폄훼 없다'
'헌법에 명시된 임정 법통 계승해
수립됐음을 명확히 서술했을 뿐'

400여개 시민단체 일제히 반발
'친일파를 건국 공로자로 만들어
'건국절 사관' 집필… 폐기하라'

2000년대 중반 뉴라이트 인사들에게서 촉발돼 국정교과서 문제에까지 이어져오고 있는 '1948년 8월 15일'의 명명에 관한 논쟁은 독립운동세력과 단절된 대한민국의 정통성을 새로 만들어 이에 편승하고픈 친일세력의 이데올로기 투쟁이라고 볼 수 있다.

로기 투쟁에 집착할 수밖에 없는 것이다. 하루아침에 역사적 전세를 뒤바꿀 수 있는 로또 같은 기회가 어디 흔한가?!

문제는 이런 속마음은 겉으로 잘 드러나지 않는다는 데 있다. 그래서 논쟁이 겉도는 경우가 흔하다. 만약 '건국절' 세력이 "우리는 그런 의도는 절대 없고, 단지 다른 나라가 모두 기념하는 건국절이 우리나라엔 없으니 우리도 8월 15일을 건국절로 만들어 기쁘게 기념하면 어떠냐고 주장한 것뿐이다. 그러니 그렇게 종북좌빨 같은 말투로 함부로 넘겨짚지 말라"고 우기면 좀 난감하긴 하다. 그들에게 "속이지 말라! 그 눈빛만 봐도 다 안다"고 무조건 들이댈 수도 없는 노릇 아닌가? 곁에서 듣는 사람도 그 의도를 추적하려면 상당히 생각해봐야 한다. 바쁜 세상에 생각하며 살기가 어디 쉬운가? 하지만 단언컨대, 정치적 논리도 논리다. 그래서 하나의 논리적 명제를 쟁탈하면 그에 따른 다음 논리를 수학처럼 전개시켜 자신의 모든 주장이 정당하다고 우기게 될 것이다. 그러지 않는다면 그것이 더 이상한 일이다.

그건 그렇고, 이번엔 좀 다른 걱정을 해야 한다. 김구 등 임정세력은 왜 대한민국 정부수립에 참여하지 않았는가? 모두 알고 있듯이 분단을 전제로 하는 단독정부 수립을 반대했기 때문이다. 그리고 그것이 빌미가 돼 오늘날까지 일부 세력들로부터 폄훼를 당한다. 가정이지만, 만약 김구 등 임정세력이 분단정부 수립일지라도 기꺼이 참여했다면 오늘날 '대한민국 건국이 1919년이냐, 1948년이냐'의 문제를 놓고 이렇게까지 민감하게 다툼이 일어날까? 아마 훨씬 덜 민감해졌을 것이다. 결국 우리 현대사의 모든 다툼은 분단으로 귀결되는 특성이 있다.

우리가 우리 현대사의 근원으로 1919년의 3·1운동(혁명)을 고수하는 게 남쪽의 독립운동세력을 논리적으로 보호하는 효과는 분명히 있다. 그런데 그것이 북한(조선민주주의인민공화국)과의 통일을 위해서도 크게 도움을 줄까? 그런 차원에서는 별 도움이 될 것 같지 않다. 북한은 자신들의 근원을 오직 김일성에게만 맞추고 있기 때문이다. 북한헌법 서문은 "위대한 수령 김일성동지는 조선민주주의인민공화국의 창건자이시며 사회주의 조선의 시조이시다"고 못을 박으며, "영생불멸의 주체사상을 창시하시고 그 기치 밑에 항일혁명투쟁을 조직

령도하시여 영광스러운 혁명전통을 마련하시고 조국광복의 력사적 위업을 이룩"했다고 선언한다. 한마디로 북한은 조선민주주의인민공화국의 기원으로서 1919년의 3·1운동에 별관심이 없다.

이런 상황에서 통일국가의 근원을 어떻게 이해해야 할까? 만약 남북 어느 한쪽이 자신들 나라의 근원만을 주장하면 통일은 어느 한쪽의 흡수통일 외에는 다른 도리가 없다. 설령 그렇게 될 수 있다 해도 그 역사적 부작용을 굳이 감당하면서까지 그래야 하는지 의문이다. 가장 바람직하기로는 (북의 변화를 전제로 하는 것이기는 하지만) 남북이 분단 시절 통일을 위해 노력한 합의의 역사적 결과물들을 통일국가의 근원으로 이해하는 것이다. 그리고 그렇게 해야만 새로운 전통과 새로운 헌법제정권력으로 남과 북이 합의하여 새로운 통일국가를 출범시킬 수 있을 것이다.

역사는 살아서 움직인다. 새로운 역사는 분단 남북을 지탱했던 과거 사연들을 분단 시대의 유물로 돌릴 것이다. 그리고 그 새로운 역사와 함께 열리는 새로운 통일국가는 자신의 근원을 새로운 통일역사 속에서 찾을 것이고, 또 반드시 그렇게 해야만 할 것이다.

5

제헌, 1948년 7월 17일

우리 제헌헌법은 얼마나 오랜 시간동안 심사숙고해서 만들어졌을까? 독립의 꿈을 꾼 1919년 3월 1일부터 기산하면 제헌일이 1948년 7월 17일이니까 최대 29년 4개월 16일? 물론 이건 날짜 계산상 그렇다는 얘기다. 그렇다면 실제로 준비한 기간은 얼마나 될까?

아는 사람은 이미 다 아는 이야기지만 그래도 가능하면 널리 알려지지 않았으면 하는 주장이 한 가지 있는데…, 믿거나 말거나 우리 헌법의 골격을 정하는 데 '단 5분!'이 걸렸다는 주장이 있다. 심지어 그 주장을 한 이는 "5분도 다 못 걸렸"다고 말한다. 그냥 떠도는 옛날이야기에 MSG를 쳐 과장한? 그랬으면 좋겠지만 아니다. 난감한 건 본인이 바로 그 '5분 헌법'을 기초한 사람이라고 우긴다는 것이다. 그는 제헌의회 헌법기초위원 한민당 소속 김준연이다.

김준연의 믿기 싫은 증언[27]에 따르면, (1948년 6월 3일에 구성된) 헌법

기초위원회는 6월 21일 국회본회의에 헌법안을 제출하려 했는데 못 했다. 그래서 본회의가 끝난 뒤 오후에 위원회를 열어 헌법초안심의를 서두르기로 했는데, 그 자리에 의장 이승만이 나타난 것이다. 이승만은 다음과 같은 '신상발언'을 하고 표표히 사라진다.

> 지금 본위원회에서 심의되고 있는 것과 같은 내용의 헌법하에서는 행정부의 권한이 너무 약해서 대통령이 일을 못할 터이니 나 같은 사람은 다 그만두고 국민운동이나 하겠소!

이로 인해 회의는 중단되고 산회한다. 아니, 뜬금없이 국회의장이란 사람이 나라의 백년대계를 설계하는 헌법기초위원회 회의장에 나타나 지극히 사적인 은퇴계획에 대해 공지를 하는 이유는 뭐며, 또한 노인이 은퇴 후 국민운동을 하든, 백숙식당을 열든, 다방을 차리든 그게 지금 헌법제정과 무슨 상관이라고 헌법기초위원들은 제 할 일을 못하고 회의를 중단한단 말인가? 이런 의문을 제기하는 사람은 분명 근본주의자에 가깝다고 본다. 하지만 타협이라면 이골이 난 현실 정치인들이 듣기에는 거의 '폭탄발언'에 가까웠다. 헌법을 특정 개인을 위해 만드는 건 아니지만 현실적으로 '거의' 나라의 리더로 예정돼 있는 사람이 지금 헌법기초위원들이 마무리하고 있는 헌법이 싫다면 어찌해야 한단 말인가?

헌법기초위원회에서 논의된 헌법 초안은 양원제와 내각제를 규정한 유진오 안이었다. 이 초안의 양원제는 이미 단원제로 바뀌었지만 정부형태는 이승만을 빼고는 안팎으로 내각제가 대세였다. 그러니 묘수를 찾아야 했다. 한민당 소속 기초위원들과 당간부들이 밤에 김성수 집에 모였다. 내각제안을 본회의에 내놓고 기약 없이 설왕설래만 할 수도 없는 노릇이고, 뭔가 결정을 해야 했다. 그때 김준연이 나선 것이다. 그는 당시 상황을 이렇게 증언했다.

"내가 고치겠소! 30분 이내에 고쳐 놓겠소!" 하고 초안에다가 연필로 죽죽 줄을 그어놓고 "이만하면 되었소!" 하였다. 5분도 다 못 걸렸던 것이다.

5분 만에 정부형태의 틀이 뭔가 크게 바뀌었다. 당연히 김성수는 불안했다. 그는 "낭산(김준연의 호 – 인용자 주)이 그와 같이 해놓았지마는 기초자인 유진오 교수에게 물어보아야 하겠다!"라고 말하고 김준연에게 유진오를 데려오라고 했다. 김준연은 청량리역 앞에 사는 유진오를 데리고 왔다. 그러고는 이런 역사적인 대화가 오간다.

김성수 씨는 내가 고쳐놓은 헌법초안을 유진오 씨에게 보이면서 물었다. "낭산이 고쳤는데 어떻소?" 하였다. 유진오 씨가 그것을 한참 보더니 "저는 원칙적으로 반대올시다. 그러나 이렇게 하면 연결은 됩니다!"고 하였다. 그래서 우리는 내각책임제로 되었던 헌법초안을 단 5분 만에 대통령중심제로 개정하여 이튿날 위원회에 회부하여 3분의 2 이상의 동의를 얻어서 수정안을 번안 확정하여 철야 인쇄하여 약속대로 6

월 23일 국회 본회의에 제출 통과하여 7월 17일에 공포된 것이다.

우리는 통상 유진오를 제헌헌법의 기초자라고 말한다. 그런데 김준연의 말이 사실이라면 제헌헌법은 '5분 안'이 최종안이고 이 '5분 안'의 기초자는 유진오가 아닌 김준연이다. 군이 따지고 싶진 않지만, 김준연의 '5분 안'은 '유진오 안'의 부수적인 내용이 아닌 정부형태의 기본 골격을 수정한 것이다. 그리고 김준연의 이 '5분 안'에 대해 유진오는 "원칙적으로 반대"했다. 그렇다면 '제헌헌법에 반대한 제헌헌법 기초자'? 뭔가 심히 어색하다. 결과적으로 유진오 안의 양원제와 내각제는 단원제와 대통령제로 바뀌었는데, 기초자라는 말이 무안할 지경이다. 최소한 이승만·김준연·유진오를 공동 기초자라고 해야….

아님 말고, 이제 그 내용을 들여다보자. 이승만의 강박에 의해 김준연이 연필로 손댄 정부형태는 얼마나 이상하게 됐을까? 유진오의 말대로 연결은 된 것일까? 우리 제헌헌법의 정부형태는 정말 이상하다. 좋게 말해 독특하다. 한 가지 분명한 건 대통령제와 내각제가 그냥 뒤죽박죽 섞여 있다는 사실이다. 물론 이 뒤죽박죽은 추후 발췌개헌에서 더욱 빛을 발하게 되지만, 우리 헌법은 출발부터 이미 발췌헌법의 모습으로 탄생했다고 하는 편이 진실에 가깝다고 본다.

우리 제헌헌법은 "대통령은 행정권의 수반이며 외국에 대하여 국가를 대표한다"고 돼 있다. 그러니 일단 대통령제라고 생각할 수 있다. 한데 "대통령과 부통령은 국회에서 무기명투표로써 각각 선거한다"고 규정한다. 이건 아니다. 대통령제 국가의 대통령을 국회 간선으로 선출하는 것이 민주적 정당성을 가진 헌법인가? 길게 말할 것도 없이 이 규정으로써 제헌헌법은 이미 스스로 잠정적인 헌법임을 고백한 셈이다.

그런데 여기서 잠깐! 이승만은 나중에 발췌 개헌을 할 때는 민주적 정당성을 외치며 제헌헌법의 간선제를 그렇게 공격하더니 왜 제헌 시점 당

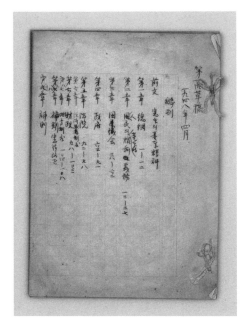

유진오의 제헌헌법 초안은 이승만의 반발과 김준연의 '5분' 수정으로 인해 뒤죽박죽 짬뽕된 모습으로 바뀌었다. 우리 헌법은 태생부터 모순을 안고 있었던 셈이다.

시에는 마치 도 닦는 스님처럼 마음이 평온했을까? 시간이 없어서? 사실 직선제 정도야 누구라도 연필만 쥐어주면 5분 아니라 1분이면 고칠 수 있다. 우리는 이승만이든 누구든 정치인들의 논리를 과대평가해서는 안 된다. 그들의 논리는 논리가 아니라 유리한 정치적 결과를 얻기 위해 시류에 따라 이런 저런 말을 하는 경우가 대부분이다. 이른바 견강부회는 정치인의 특권이다.

이승만이 제헌 당시에 대통령 의회 간선제에 침묵한 것은 5·10 선

거에 불참한 김구 측 덕분에 자신이 의회에서 대통령에 선출될 가능성이 절대적이었기 때문이고, 1952년 1차 개헌(발췌 개헌) 당시 '전시' 민의를 들먹이며 대통령 직선제만이 민주주의를 구하는 유일한 길인 양 강변한 것은 자신이 의회에서 대통령으로 선출될 가능성이 전혀 없었기 때문이다. 우리는 어떤 정치인이 이치에 맞는 말을 하더라도, 그가 어느 시점에, 어떤 이유로, 무슨 말을, 일관되게 혹은 일관되지 않게 하는지를 잘 살펴야 한다.

또 다른 문제가 계속된다. 제헌헌법상 행정부의 수반인 대통령은 국무원 제도와 결합된다. 제헌헌법은 "국무원은 대통령과 국무총리 기타의 국무위원으로 조직되는 합의체로서 대통령의 권한에 속한 중요정책을 의결한다"고 돼 있다. 의결? 도대체 어떻게 된 일인가? 대통령제 국가에서 대통령의 권한을 의결한다니? 이렇게 되면 사실상 내각제 행정부라고 할 수밖에 없다. 우리가 일반적으로 알고 있는 미국식 대통령제와는 완전 다른 체제다. 만약 대통령이 내각의 다수 의견을 지배하지 못한다면 그의 대통령제 행정부 수반으로서의 권한은 증발한다. 그럼 국무위원들을 해임하면 되지 않을까? 그럴 수는 있겠지만 그 또한 간단치가 않다.

제헌헌법은 일반 국무위원과 국무위원 중에서 임명하는 행정각부장관은 아무 다른 조건 없이 대통령이 직접 임명하도록 돼 있다. 따라서 자유롭게 해임할 수도 있다. 그런데 문제는 국무총리다. 국무총리는 "대통령을 보좌하며 국무회의의 부의장"이 되는 데다가, "대통령의 명을 승하여 행정각부장관을 통리감독하며 행정각부에 분담되지 아니한 행정사무를 담임"하는 지위에 있다. 여기서 만약 국무총리와 국무위원들이 합세해 의결권을 장악하면 대통령은 어떻게 해야 하는가? 모두 해임?

제헌헌법은 국무총리는 "대통령이 임명하고 국회의 승인을 얻어야 한다"고 규정하고 있다. 거기에 "국회의원 총선거 후 신국회가 개회되었을 때에는 국무총리 임명에 대한 승인을 다시 얻어야 한다"고까지 돼 있다. 만약 대통령의 정당이 의회 다수당이 아니어서 국무총리 승인을 쉽게 받을 수 없는 경우에는 어떻게 되는가? 국무총리 없는 행정부도 상상할 수는 있다. 총리에게 국무위원이나 장관 임명의 제청권이 없기 때문이다. 하지만 이는 헌법상 조직 규범의 명백한 위반이다. 한마디로 국무총리 임명이나 해임은 특히 여소야대 국회의 경우 간단한 사안이 아니다.

물론 제헌헌법상 의회의 국무원불신임권이나 국무원의 의회해산권이 존재하지 않으므로 이 헌법을 내각제에 가까운 헌법으로 보기는 힘들다. 더군다나 이승만은 자의적인 헌법해석을 통해 대통령제를 실현할 해결책을 갖고 있었다. 이승만은 "헌법 및 정부조직법의 정한 바에 의하야 정부의 시정은 대통령 책임하에 있는 것임으로 국무회의 시 대통령의 참석 결석을 막론하고 의결사항일지라도 전부 대통령의 재결(서명)이 유効한 후 시행하여야 효력이 발생하는 것임을 엄정히 인식할 것"[28]이라고 제멋대로 지시한다. 이승만은 국무원의 의결에 대통령의 '재결'이 필요하다고 함으로써 헌법을 간단히 무력화시킨다.

어쨌든 제헌헌법의 이런 이상한 체계는 1952년 1차 개헌에 의해 탄생한 기형적인 발췌헌법을 이미 확실하게 예정해놓고 있었다. 그리고 이후로도 우리는 이 이상한 유산을 물려받아, 오늘날 현행 헌법에 이르기까지 이런저런 형식의 국무총리제가 존속하여 기형적인 정부형태를 청산하지 못하고 있는 것이다.

제헌헌법은 권력구조가 이렇게 엉망진창인 데 반해 지금의 관점에서 보면 경제조항 등은 상당히 놀랍다. IMF시절이 입증한 '기업 이익의 사유화와 기업 손실의 사회화'를 보장하는 현 경제체제를 생각하면 아예 제헌헌법이 훨씬 더 낫다는 생각이 들 정도다. 앞서 제헌헌법이 '국유'에 경제조항 등 다소 사회주의적인 형태를 띠고 있었다는 얘기는 했다. 이외에도 잘 알고 있듯이 "농지는 농민에게 분배"한다는 사회주의적 조항이 있다. 총체적으로는 "대한민국은 정치, 경제, 사회, 문화의 모든 영역에 있어서 각인의 자유, 평등과 창의를 존중하고 보호하며 공공복리의 향상을 위하여 이를 보호하고 조정하는 의무를 진다"는 표현을 담는다.

유진오는 우리 헌법의 이런 특징에 대해 "우리나라 헌법은 다른 민주국가와 같이 정치적, 법률적으로 민주주의국가를 수립하고자 하였을 뿐만 아니라 경제적, 사회적, 실질적으로 민주주의국가를 수립하고자 한 것이다"[29]고 정리한다. 사실 헌법에 아무리 좋은 문장으로 좋은 목적을 적어놓는다 해도, 그것이 법적으로 그리고 실질적으로 어떤 경과를 거쳐 힘을 얻어가는지, 혹은 힘을 잃어가는지는 역사를 장악하는 국민들의 역량에 달린 것이다. 하지만 그렇더라도 이런 규정들은 우리 제헌헌법의 사회적 패기를 느끼게 하는 '지나간 미래'임이 틀림없다.

제헌의회가 개원하는 날 『동아일보』는 사설을 통해 "특히 헌법을 제정하는 데 있어서는 그와 같은 책임정치의 정신에 입각하여 우리 문제를 우리 자신의 책임하에서 해결할 수 있는 민족자결원칙을 확립하여야 할 것이다"[30]고 주문했다. 이 점 잘 됐던 것일까? 미군정 법률고문 퍼글러는 제헌헌법이 통과된 직후인 7월 16일 군정장관 대리에게 '한국헌법'이라는 보고서를 제출한다. 그는 거기에서 경제는 국가사회주의로 매우 경사해 있지만, 이 단계에서 미국이 할 수 있는 것은 아무것도 없다고 결론지었다.[31] 역사 경과를 보면 아마도 미국은 이 문제에 대해 자신들의 의지를 관철하기 위해서 사사오입 개헌 시까지 6년여를 더 참고 기다려야 했던 듯싶다. 6·25전쟁 발발 이후엔 한국에서 미국의 지배력과 발언권은 예전과 또 달라져 있었다. 그렇다면 거꾸로 말해 제헌 당시에 '민족자결원칙'은 어느 정도는 이뤘던 셈이다.

분단 제헌 민주헌법, 모두가 만족할 수는 없었다. 하지만 해방정국의 그 열악한 조건에서 이 정도의 미래 청사진이라도 가질 수 있게 된 건 어쨌든 나름 뿌듯해할 만한 성취라고 본다. 분단극복과 진보를 향한 미래의 큰 과제가 지금도 우리의 어깨를 짓누르고 있지만…

9장
———
제헌 전야

1

분단에 대하여

꿍 해방정국에서 한반도 분단(38선) 결정은 어떻게 이루어졌을까? 최근까지는 '30분설'이 가장 유력했다. 브루스 커밍스의 유명한 저서 『한국전쟁의 기원』에는 이런 인용문이 나온다.

1945년 8월 10일과 11일 사이의 자정쯤에 본스틸Charles H. Bonesteel 대령과 러스크Dean Rusk 소령은 (···) SWNCC(미 국무성, 육군성, 해군성 3성 조정위원회 –인용자 주)에서 기다리고 있는 이 초안을 30분 내에 완료하라는 지시를 받고 있었다. 국무성 쪽에서는 분할선을 가능한 한 북으로 올려 그을 것을 희망하였으나 미국이 상륙하기도 전에 소련이 한국 전역을 점령할 수도 있다는 것을 잘 알고 있는 군부측에서는 보다 조심성 있게 움직였다. (···) 당시 갖고 있던 지도는 벽에 거는 극동 지도뿐이었으며 마감시간은 점점 가까와 오고 있었다. 본스틸은 서울 북방으로 선이 통과하며 이것이 한국을 거의 똑같이 양분한다는 것을 발견하였다. 그는 이 점을 포착하여 그것을 분할선으로 건의하였다.[1]

미국은 만주와 한국을 점령하기 위해 치러야 할 희생을 소련에게 떠넘기는 대신 38선 이북 점령권이라는 대가를 치르기로 했다는 것이다. 미국은 불안했지만 소련군은 미군보다 한 달이나 앞서서 한국에 진주했는데도 더 이상 남하하지 않고 미국과의 약속을 지켰다. 브루스 커밍스는 "일본의 붕괴는 이렇게 하여 미군으로 하여금 불과 며칠 전 포츠담에서 소련에게 거의 완전히 넘겨주다시피 하던 나라에 진주할 수 있는 기회를 마련해 주었다"고 말한다.[2]

정말 이 '30분설'을 믿어야 할까? 근자에 이 군사적 필요에 의한 '30분설'에 치명적인 의문을 제기한 반대학설이 나왔다. 이완범은 『한반도 분할의 역사』에서 '벽에 거는 극동 지도'를 의심한다. 그는 그 지도가 '내셔널 지오그래픽 소사이어티'의 지도라고 판단하면서, "문제는 이 지도에 40도선과 35도선만 나와 있을 뿐 38도선은 명기되어 있지 않다는 점"이라고 말한다.[3] 그래서 그는 이렇게 의심한다.

그렇다면 그 지도에서 어떻게 서울과 인천이 38선 이남에 속한다는 것을 정확히 판단할 수 있었을까? 35도선과 40도선 사이에 5개의 보조선을 그었다고 해도 정확성이 떨어지므로 전문가에게 확인을 받아야만 했을 것인데 그러한 기록은 없으며 30분 안에 그런 작업을 하기에는 시간도 부족했었을 것이다. 따라서 이전에 38선을 획정했든가 혹은 서울과 인천 북쪽에 38선이 있다는 기초 자료를 획정 당시 검토했었던 것은 아닌가 하는 의문은 제기할 수 있다.[4]

이완범은 "38선이 그려진 내셔널 지오그래픽 소사이어티 지도를 사용했다는 증언은 38선이 그 이전부터 고려되었다는 사실을 은폐하기 위한 '의도된 증언'일 가능성이 높다"[5]는 것이다. 그 이전이라면 언제부터일까? 이완범은 포츠담 회담에 참여한 작전국장 중장 헐J. Hull이 "38선은 포츠담에서 마련되었다"[6]고 회고한 인터뷰 녹취록 원본을 공개했다.

이완범은 이러한 사실들을 근거로 "38선은 상당한 기간의 심사숙고와 세력권 분할론이 소련의 대일전 참전 때문에 맺은 결실"이라면서 "상부로부터 분할선을 확정하라는 지시를 받았을 때 극단론자를 제외한 당국자는 38선과 같은 양분선으로 나누는 것이 가장 무리 없는 선택이라고 생각했다"는 것이다. 그래서 "38선안은 극단적인 논의들을 무력화시키면서 트루먼은 물론 스탈린에게도 승인될 수 있었던 것"이고, "한반도를 반분하여 세력균형을 유지하려던 의식을 미·소 양국의 최고지도자들이 직접적 의견교환 여부와 상관없이 공유하고 있었던 것"이라고 주장한다.[7] 한마디로 한반도 분단은 미국이 군사적 목적으로 졸속으로 긋고 소련이 얼떨결에 동의한 것이 아니라 미·소가 정치적 목적을 가지고 신중하게 암묵적으로 합의하고 묵계했다는 것이다.

그 내막이 무엇이든 한반도는 분단됐다. 미국은 신탁통치를 통해 한반도 지배의 우위를 확보하려던 계획이 차질을 빚자 분단 한반도를 통해 소련을 봉쇄하고 세력균형을 도모했다. 이런 상황에서 우리 민족은 과연 무엇을 할 수 있었을까? 민족의 힘으로 분단을 막을 수 있었을까? 분단을 막을 수 없었기 때문에 전쟁도 막을 수 없었던 걸까?

김구는 민족의 힘으로 분단을 막을 수 있을 것이라고 생각했던 듯싶다. 아니, 어쩌면 그는 그것이 가능하든 불가능하든 선택의 여지없이 노력해야 한다고 생각했을지도 모른다. 김구는 이승만이 주도한 분단 대한민국의 건국에 임하여 심각하게 문제를 제기했다.

> 3년이 지난 오늘에 이르러 과거사를 회상한다면 우리에게는 비분과 실망이 있을 뿐이다. 그러나 우리는 이때에 실망과 한탄恨歎을 버리고 새로운 결심과 용기를 가지고 기고旗鼓를 중정重整하야 강력한 통일독립운동을 추진해야 되겠다. 우리 국토 안에는 국경 아닌 국경선이 생기게 되었다. 만일에 우리 동포들이 양극단의 길로만 돌진한다면 앞으로 남북의 동포는 국제적 압력과 도발로 인하야 본의 아닌 동족상잔의 비참한 내전이 발생할 위험이 없지 않으며 재무장한 일군은 또다시 바다를 건너서 세력을 펴게 될지도 모른다.[8]

김구는 6·25 내전을 예언하고 있다. 그의 주장에 따르면 분단은 내전으로 나아가는 지름길이다. 그는 "국제적 압력과 도발로 인하야 본의 아닌 동족상잔의 비참한 내전이 발생할 위험"이라고 했지만 그 위험의 발생은 조건이 있었다. 그것은 "만일에 우리 동포들이 양극단의 길로만 돌진한다면"이라는 조건이었다. 말하자면 그는 외세가 내전의 주요 동인이지만, 외세가 도발하는 내전도 민족의 힘으로 막을 수 있다고 본 것이다.

반면 브루스 커밍스는 외세가 분단의 원인이긴 하지만 내전의 주요 원인은 아니라고 본다. 내전은 문자 그대로 내부모순의 발현이라는 것이다.

> 내가 1990년에 쓴 책(커밍스는 『한국전쟁의 기원』 1권을 1981년에, 2권을 1990년에 펴냈다 –인용자 주)은 1950년 6월에 전쟁이 시작됐다는 기존의 관념을 허물려는 시도였다. 한국전쟁의 뿌리는 1945년 이후 발생한 일련의 일들에 있다. 미국은 일방적으로 한반도 분단을 결정했고 소련이 나중에 그것을 수용했다. 그것이 한국전쟁의 기반이 됐다. 미국과 소련이 한반도의 남과 북에 진주했고 남한에서는 이승만이, 북한에서는 김일성이 권력을 잡았다. 이 때문에 한국전쟁은 근본적으로 내전이다. 나는 북한이 남한을 6월 25일 침공한 것을 알고 있다. 문제는 그 침공이 남한의 자극에 의해 일어났는지 여부다. 1949년 8월 옹진, 개성, 철원 등지에서 남북 간 충돌이 격화됐다. 이승만이 공격을 원할 때 주한 미국대사가 반대했고, 김일성이 공격을 원할 때 주북 소련대사가 반대했다. 양측의 공격 욕구는 이렇게 억제됐다. 그리고 이듬해 봄 스탈린과 마오쩌둥毛澤東이 김일성에게 제한적인 대남 공격을 승인한 것이다.[9]

나는 기본적으로 브루스 커밍스의 관점을 지지한다. 김구는 민족모순을 외세의 도발보다는 부수적으로 우려하고 있지만, 그는 이러한 관점을 그저 당위적으로만 표현하고 있는지도 모른다. 어쩌면 그도 이미 "만일에 우리 동포들이 양극단의 길로만 돌진한다면"이라는 표현 속에서 외세와 관계없이 내전으로 돌진하고 있는 동인을 봤을지도 모를 일이다.

하지만 세상엔 당위적인 인물보다는 현실적인 인물이 활동할 수 있는 공간이 훨씬 더 크다. 이승만은 누구보다도 현실적인 인물이었다. 김구가 분단극복이라는 이상적 꿈을 꾸고 있는 동안에 이승만은 분단 반공국가라는 현실적 구상을 착착 진행하고 있었다. 1946년 6월 3일, 이승만은 정읍에서 남한만의 단독정부 수립을 주장한다.

> 이제 우리는 무기휴회된 공위共委가 재개될 기색도 보이지 않으며 통일정부를 고대하나 여의케 되지 않으니 우리는 남방南方만이라도 임시정부 혹은 위원회 같은 것을 조직하여 38이북에서 소련이 철퇴하도록 세계공론에 호소하여야 될 것이니 여러분도 결심하여야 될 것이다.[10]

1년여 뒤인 1947년 5월 20일, 이승만은 미소공동위원회 재개를 앞두고 하지 중장과 브라운 소장을 만난 뒤 다음과 같이 말했다.

> 나는 삼상결정에서 신탁조항을 삭제하고 의사표시 자유를 보장하는 동시 통일임시정부를 수립하되 여하한 형태의 민주주의임정인지 명시

하기 전에는 공위에 참가할 수 없다고 말하였다. 즉 민주주의에도 미국식 민주주의와 소련식 민주주의가 있을 것이며 이를 반반으로 한 통일임정은 수립될 수 없는 것으로 생각하는 바이며 과거 1년 반이 지난 오늘 과거를 잘 알고 있으므로 무조건으로 신임할 수는 없다. 가설 임정수립에 성공하여도 최고의 희망은 반반씩이 될 터이니 그런 정부는 성립될 수 없으며 이때에는 남조선 공산화를 방지할 수 없을 것이다.[11]

이쯤 되면 이승만의 모든 것이 드러난다. 그는 앞서가는 냉전주의자였다. 미국과 소련은 제2차 세계대전의 여운 속에서 연합군으로서의 상호신뢰를 저버리는 데 다소 시간이 필요했는지 모르겠지만 이승만은 그런 시간이 전혀 필요치 않았다. 그는 처음부터 미래를 예견하고 서두르지 않고 기다렸다. 심지어는 하지와의 심각한 불화를 견디면서까지 자신의 시간이 오기를 끈기 있게 기다렸다. 물론 필요에 따라 가끔씩은 미소공동위원회나 김구 측의 남북협상 시도를 자극하는 행동을 조금씩 취할 필요는 있었다. 그리고 드디어 그가 오매불망 기다리던 분단의 때가 찾아온다.

이승만은 타고난 권모술수의 귀재였다. 그는 미국이 한반도 일부를 필요로 하고 있다는 사실을 누구보다 잘 알았고, 또 그것을 철저히 이용할 줄 알았다. 그는 미국의 힘을 등에 업고 자신이 원하는 것을 무자비하게 얻으려 했다. 이런 면에서 이승만은 또한 호가호위의 진정한 귀재였다. 이승만은 국내 좌익세력을 섬멸하기 위해 민간인 학살도 서슴지 않았으며, 북한 공산정권에 대해서도 공세적인 태도로 전쟁을 두려워하지 않았으며, 기어이 전쟁이 일어난 후에도 휴전을 거부했으며, 평화가 다시 찾아 온 뒤에도 오직 북진통일만을 부르짖었다. 브루스 커밍스는 심지어 "애치슨이 남한을 '애치슨 라인'에서 제외한 이유는 이승만이 미국을 등에 업고 북한을 공격하는 상황을 막기 위한 것이었다"[12]고까지 주장한다.

이승만이 아니었다면, 분단과 내전으로 인한 역사가 달라졌을까? 이는 우문이다. 이승만이라는 한 개인에게, 일어날 수 없는 분단과 내전을 초래한 모든 책임을 묻는 것이나, 또는 일어날 수밖에 없는 분단과 내전을 막지 못한 모든 책임을 묻는 건 공평치 않다.

문제는 어떤 관점에서 보더라도 그가 분단과 내전을 전혀 두려워하지 않았다는 사실이다. 오히려 자신의 권력욕을 위해 그 가능성을 의도적으로 자극하고 충분히 활용했다. 그리고 악착같이 쟁취했다. 이 점은 정치인으로서의 평가에 중요한 부분이다. 우리는 그에게 나쁜 결과에 대한 무한책임이 아니라 그 나쁜 결과를 막기 위해 정치인으로서 최소한 어떤 노력을 했는가를 물어야 한다. 마키아벨리즘이란 그저 권력을 쟁취하기 위한 권모술수가 아니다. 그것은 무엇을 위해 권력을 쟁취하느냐까지를 묻는다. 그런 의미에서 이승만은 마키아벨리스트가 아니라 권력의 화신일 뿐이다. 그의 권력적 탐욕과 불필요한 잔혹함이 악화시킨 역사의 많은 부분은 결코 우리의 기억에서 지울 수가 없다. '상상된 위대한 국부'가 아닌 '교훈으로서의 이승만'이 통일된 한반도의 역사 속에서 남길 바란다.

2
헌법제정권력에 대하여

헌법학을 막 시작하는 사람들에게 헌법제정권력이란 용어는 하나의 산맥이다. 이 생경한 용어가 함축하고 있는 의미와 바로 친숙해진다면 그는 헌법학과 바로 친숙해질 수 있지만, 이 용어가 계속 생경하게 느껴진다면 헌법학과도 멀어지게 될 수밖에 없다. 그런데 이 용어가 어렵게 느껴지는 이유는 이것이 단순한 법률용어가 아니라 철학과 역사를 아우르는 '인문학'적 개념이기 때문이다. 독자도 다음 퀴즈를 이용해 이 용어에 대한 거부감 테스트를 한번 해보기 바란다.

퀴즈: 우리와 같은 공동체에서 살던 특정 지역 사람들이 어느 날 따로 모여 앞으로 우리들은 세계의 모든 나라들과 동등한 주권을 행사하는 독립적인 나라를 만들겠다고 하면 우리는 그것을 흔쾌히 인정해야 하는가? 그 독립적인 나라를 위해 헌법도 만들 텐데, 우리가

그 헌법제정에 간섭하거나 제한할 수 있는 권리가 있는가? 그들 스스로도 헌법을 만들 때 넣고 싶은 내용을 모두 집어넣으면 되는가? 만약 독립하겠다는 그 지역이 대영제국의 식민지로부터 독립하려는 미국이라면? 또 미연방을 탈퇴하고 싶어 하는 남부연합이라면? 아님 소비에트연방에서 탈퇴하고 싶은 크림반도라면? 그래도 상상이 잘 안 된다면, 그들이 한반도 북부지역에 살고 있는 우리와 같은 민족이라면?

위 퀴즈에서는 동시에 함께 문제를 삼았지만 사실 헌법제정권력이란 개념은 역사적으로 볼 때 주권이란 개념보다는 시기적으로 나중에 문제가 된 개념이다. 주권은 나라와 나라 차원의 독립성 문제다. 따라서 처음부터 그 주권자가 반드시 국민일 것을 전제로 한 개념은 아니었다. 오히려 개념적으로 군주가 주권자의 시작이었다.

그런데 역사가 진전함에 따라 국내적으로 왕의 권력이 제한되기 시작한다. 영국에서는 명예혁명(1688)을 거치면서 부르주아계급이 권력을 왕과 나눠 갖기 시작하고, 프랑스에서는 대혁명(1789)이 일어나 마침내 왕이 모든 권력을 내놓아야만 했다. 이 혁명의 시기에 나온 개념이 아베 쉬이에스Abbé Sieyès의 헌법제정권력이다.

오늘날의 관념으로만 헌법제정권력을 상상한다면 그 실체를 상상하기가 좀 어렵다. 옛날로 돌아가면, 당시 존재했던 혹은 나눠 가졌던 모든 권력들, 즉 행정권이든, 입법권이든, 사법권이든, 기타 온갖 잡다한 모든 권력이 헌법제정권력이라는 최고의 권력으로부터 나오는 것이므로 다른 권력은 모두 헌법제정권력에 복종해야 한다는 개넘은 가히 혁명적이었다. 더군다나 그 권력을 행사하는 자, 즉 헌법을 만드는 권력자는 제3계급(부르주아)이라고 선언한다면 얼마나 충격적인가?

아직 다가 아니다. 만약 헌법제정권력이 그렇게 최고의 권력이라면, 그리고 중세적 왕권신수설을 벗어나려는 의도를 가졌다면 반드시 시원적 권력이어야만 한다. 역사의 시작에 아담과 이브 그리고 여호와가 있다고 상상하듯이, 우주 역사의 시작에 빅뱅이 있다고 상상하듯이, 헌법제정권력이 한 나라 역사의 시작에 있다면 그것은 어떤 권력이나 이념적 제한도 받지 않고 헌법이 제정될 수 있다는 상상이 필요한 것이다. 하지만 이 역시 불가피한 한계(예컨대 노예제를 헌법조문에 넣을 수 있는가?)를 상상할 수밖에 없으므로 그것은 또한 철학적 상상력의 영역이기도 하다.

어쨌든 여기서는 우리와 직접 관계 있는 상상만 조금 해보기로 하자. 우리 헌정사는 우리의 영토를 줄곧 "한반도와 (그) 부속도서"로 규정해왔다. 이 의미가 무엇일까? 왜 우리는 북한 지역의 주민들이 스스로 나라를 건설할 자유가 없다고 생각하는 걸까? 그들이 자유롭지 못한 상태이기 때문에? 그렇다면 전세계의 어떤 특정 지역 주민이 자유롭지 못하면 그들은 모두 우리의 헌법에 복종해야 하는 걸까? 그건 아니다. 혹 같은 민족이므로? 그럼 같은 민족은 반드시 하나의 국가, 하나의 헌법제정권력을 창설해야 하는가? 그것도 아니다. 같은 민족인데 자유롭지 못하므로? 설령 그렇더라도 그들의 일은 그들이 알아서 해야 한다는 생각은 안 되는 걸까? 적어도 이론이 아닌 우리 역사는 '어쨌든 안 된다!'는 것이었다. 이것이 민족분단 법리의 역사였다.

동의하거나 말거나 우리 헌정사 속 지배법리는 대한민국은 자유롭게 자신들의 의사를 표현해 나라를 만들었고, 북한 지역 주민들은 그렇지 못했으므로 대한민국이 그들을 해방하거나 접수하는 것이 정의로운 일이라고 주장해왔다. 우리는 자유롭고 북한주민들은 자유롭지 못하다는 것은 단순히 프로파간다의 문제가 아니라 우리 존재, 우리 헌법의 정당성을 결정짓는 절체절명의 시금석인 것이다. 말하자면 북한 주민이 자유로워지면 그거야말로 큰일 날 판이다. 정확히 마찬가지 논리로 북한은 남한 주민이 착취의 대상이 아닌 자유로운 인민이라는 걸 인정하면 그 역시 큰일 날 판이다.

다시 묻자. 북한은 그렇다 치고, 그럼 우리가 자유롭게 헌법·정부·국가를 만들었다는 것은 어떻게 입증할 수 있을까? 주류의견은 지금까지 1948년 12월 12일의 유엔총회 결의안 제195(Ⅲ)을 전가의 보도처럼 활용해왔다. 이 결의문의 사연은 이렇다.

신탁통치를 위한 미소공동위원회가 실패로 돌아가자 미국은 유엔을 통한 해결에 나선다. 그 노력의 결과 1948년 1월초에 UN한국임시위원단이 한반도에 들어왔다. 하지만 북측은 그들의 활동을 거부한다. 어쩔 수 없이 그들은 남측에서만 5·10 선거감시 임무를 수행하게 됐다. 그 결과로 나온 것이 1948년 12월 12일의 이 결의문이다. 그중 가장 유명한 구절을 '외교통상부'의 번역(원문은 주석 참조)으로 인용하면 이렇다.

임시위원단이 감시와 협의를 할 수 있었으며 한국 국민의 절대 다수가 거주하고 있는 한국 지역에 대한 유효한 지배권과 관할권을 가진 합법 정부(대한민국 정부)가 수립되었다는 것과 동 정부는 동 지역 선거인들의 자유 의지의 정당한 표현이고 임시위원단에 의하여 감시된 선거에 기초를 둔 것이라는 것과 또한 대한민국 정부는 한국 내의 유일한 정부임을 선언하며.[13]

문제는 마지막 문장이다. 원문은 "this is the only such Government in Korea"이다. 이 문장을 외교통상부는 "대한민국 정부(this)는 한국 내(in Korea)의 유일한(only) 정부"라고 번역했다. 영문의 "such"가 빠져 있다. 왜 뺐을까? 별로 중요하지 않은 단어라? 아닌 것 같다. 내 보기엔 상당히 은밀한 의도를 가지고 빼버린 것 같다. 이런 식의 주류 번역에 이미 오래전 리영희가 이의를 제기했다. 그는 이 문장을 "이 정부가 코리어에 있어서 유일한 그러한 정부"라고 해석한다. 그리고 총체적으로 기존 해석을 다음과 같이 반박한다.

쉽게 풀이하면, 유엔 임시위원단의 감시하에서 선거가 실시된 그 지역, 즉 38도선 이남에 수립된 유일합법 정부라는 말이다. 유엔 입장에서는 38도선 이북은 '공백'으로 된 것이다. 주권의 영토적 제한적 조건이다. 즉 남한에서의 유일 합법정부라는 뜻이다.[14]

이의를 제기한 것까지는 좋았는데, 그리고 쉽게 풀이한 것까지도 좋았는데, 내 생각엔 딱히 정확한 것 같지는 않다. 나는 마지막 문장의 "in Korea"를 굳이 "남한"이라고 해석해야 할 이유는 없다고 본다. 그리고 무엇보다 '그런(such)' 이라는 뜻이 아주 중요하다고 본다. 결의문에서 '그런'이란 "동 정부는 동 지역 선거인들의 자유 의지의 정당한 표현이고 임시위원단에 의하여 감시된 선거에 기초를 둔"이란 뜻이다. 종합하면 마지막 문장은 "대한민국 정부는 한반도 내에서 유일한 '그런' 정부"라는 의미다. 나는 이 결의문을 올바로 받아들이는 일만 남았다고 생각한다.

국가의 성립 혹은 승인은 유엔의 결의 혹은 승인을 반드시 필수조건으로 하는 것이 아니다. 더군다나 '유엔 감시하의 선거'가 필수조건인 것은 더욱 아니다. 대한민국이 한반도 내에서 유일하게 '그런' 식으로 성립한 국가라고 자랑삼아 내세울 수는 있지만 그것이 다른 방식으로 성립한 또 하나의 국가를 부정할 수 있는 전가의 보도가 될 수는 없다. 한마디로 우리는 유엔총회 결의안 제195(Ⅲ)를 근거로 대한민국 정부는 성립 초기부터 국제사회에서 많은 국가들에 의해 승인받았다고 의미를 삼을 수는 있겠지만, 그것으로 북의 주민은 자신들만의 헌법제정권력이나 국가(조선민주주의인민공화국)를 가질 수 없고 한국의 헌법제정권력과 대한민국에 영구히 복속해야 한다고 주장할 수는 없는 것이다.

여기서 역사 속에 등장했던 이른바 자연법론의 의미부터 다시 되짚어보자. 자연법론은 우리가 현실적으로 경험하고 있는 국가 이전의 상태를 상상한다. 로크에 의하면 그 상태는 합리적 이성으로 상상할 수 있는 평화로운 상태(자연상태)이며, 이 상태 속에서 우리는 각자 생명·자유·재산을 지키는 권리와 권력을 갖는다. 하지만 불편 때문에 우리는 이를 현실의 입법부에 맡기고 국가권력은 우리의 자연법적 권리를 실현해간다는 것이다. 이는 현실의 국가권력, 정확히 말하면 부르주아에 의해 건설된 국가권력의 정당성을 합리화하기 위한 이론이다. 말하자면 현실의 국가권력을 정당화하기 위해 국가 이전의 상태를 상상하는 것이다.

역사 속에서 미국의 독립선언문은 국가 건설과 관련해 바로 그 자연법적 자유와 평화의 전제가 가득한 이론을 보여주는 주요 문건이다. 하지만 그것은 자신들이 영국으로부터 독립을 요구할 때까지만 필요한 이론이었다. 막상 자신들이 식민지로부터 독립한 후, 여러 사정 때문에 분열이 심해지고 남부가 (말하자면 자연법적 자유의지에 따라) 독립을 원했을 때 북부는 전쟁으로 응수했을 뿐이다. 어떤 공동체가 분열을 원할 때 (자연법론이 상상하는 대로) 그것을 간섭할 수 없는 권리로 순순히 받아들이는 기존의 공동체는 여간해서는 보기 힘들다. 그런 점에서는 우리도 당연히(?) 다르지 않다.

사실 로크의 상상이 아닌 우리가 역사 현실 속에서 알고 있는 국가 이전의 상태란 정말 까마득한 옛 얘기다. 그리고 그렇게 낭만적으로 평화스러운 상태도 아니었다. 그런 옛날이 아니고서야 어떤 인간 집단이 국가를 건설하려 할 때 기존 국가권력이 존재하지 않은 '무의 상태'에서 출발한 경우는 현실적으로는 없었다고 봐야 한다. 굳이 '무의 상태'를 가정한다면 국가권력이 교체되는 혼란한 공백기가 있을 수는 있겠다.

이런 상태에서 '자유로운 헌법제정권력의 실현'을 가정하는 것은 사실 대단히 비현실적인 상상일 뿐이다. 말하자면 부르주아적 국가 창설 이론은 자연법적 자유와 평화를 가정하고 전제하지만, 현실은 폭력적인 헌법제정권력의 경쟁과 투쟁만이 존재한다. 냉정히 말해 헌법제정권력이 시원적이라는 것은 바로 그 폭력에 대한 정당/부당성도 물을 수 없는 시원적 상황을 말하는 것이기도 하다. 말하자면 카를 슈미트적 결단만이 존재하는 상황인 것이다.

그럼에도 불구하고 우리가 지치지 않고 심지어는 상상 속의 자연법론을 동원하면서까지 국가 성립의 정통성·정당성을 따지는 이유는 뭘까? 아마도 이데올로기적 이유 때문일 것이다. 평화적이든 폭력적이든, 헌법·정부·국가의 성립이 정당했다는 것을 공유한다는 것은 생각보다 중요한 정신적 자산이다.

이런 의미에서 우리가 반드시 상상해봐야 할 역사적 가정이 있다. 그 가정은 역사 그 자체를 연구하는 데는 별 도움이 되지 않겠지만 헌법제정권력의 정당성을 확인하는 데는 아주 중요한 역할을 할 것이다. 그리고 그 확인은 우리가 살아갈 통일국가의 앞날을 밝히는 데도 중요한 도움을 줄 것이다. 그 질문은 이런 것이다.

"만약 1945년 8월 15일 이후부터 새로운 나라가 설 때까지 한반도에 우리를 간섭하는 그 어떤 외세도 없었다면 우리가 세운 나라는 과연 어떤 나라였을까? 그 상상의 나라도 둘로 쪼개진 분단국가였을까? 내전이라는 비극 없이도 그 상상의 나라를 세울 수 있었을까?"

단언컨대, 우리 현실 속의 헌법·정부·국가의 실체가 위 질문이 답하는 그 상상 속의 헌법·정부·국가와 멀어질수록 우리가 얻기를 원하는 이상적인 헌법·정부·국가의 정당성과도 멀어지는 것이다. 현실 속의 국가인 남북한 공히 마찬가지다. 아직 늦지 않았다. 우리가 이 상상을 통해 뭔가를 배울 수 있다면 헌법제정권력의 정당성이 충만한 통일국가를 세울 수 있는 기회는 아직 남아 있다.

나는 왜 '독일식 내각제' 개헌을 주장하는가?

나는 서두에서 맹자를 인용했다. 이제 그 인용구에 대한 내 생각으로 이 책을 맺고자 한다.

무릇 모든 정치가들은 사람을 위해서 정치를 한다고 주장한다. 그 사람 중엔 자신이 포함되기도 하겠지만, 굳이 정치인들을 백안시하지 않는다면 그들이 사람을 위한다는 주장을 그 자체로 폄훼할 이유는 없다. 문제는 그들이 사람을 위하는 방식이다.

정치인들이 사람을 위하는 방식이 가장 희극적으로 드러날 때는 선거철이다. 자신들이 사람을 위한다는 것을 보여주기 위해 그들이 가장 즐겨 찾는 곳이 (적어도 우리나라에서는 아직) 재래식 시장이다. 그들은 서민들의 삶이 녹아 있는 곳에서 시장음식을 먹고, 물건을 사고, 사진을 찍는다.

나는 지금 정치인들의 서민 코스프레를 폄하하기 위해 이런 말을 상투적으로 끄집어낸 게 아니다. 내가 정치인이라도 당연히 그렇게 할 것이다. 왜? 사람들이 그런 정치인들의 모습을 좋게 보기 때문이다. 최소한 표 떨어지는 반응은 없다. 심지어 출마자들은 서민의 생필품과 교통비 등을 시험 공부하듯 외우기까지 해야 한다. 기자들이 '서민을 삶을 이해하는지 시험하기 위해' 묻기 때문이다. 그걸 모르면 서민들 또한 난리가 난다. 이것이 우리들 '사람을 위한' 선거의 풍경이다. 그런데 만약 어떤 출마자가 유권자들에게 서민을 위한 정책을 심사숙고해 하루 종일 유세하고, 기자들에게 자료를 돌리고, 비용을 써가며 홍보한다고 치자. 관심이 있을까? 이런 것이 선거에 효과만점이라고 한다면 누가 그렇게 안 하겠는가? 한없이 복잡한 정책개발을 하기 위해, 능력이 되든 안 되든, 모든 정치인들이 그렇게 하려고 최소한 노력은 할 것이다. 하지만 그런 복잡한 정책은 서민들조차 관심이 없고, 관심이 있어도 이해하기 힘들며, 이해를 할 수 있어도 그 결과를 피부로 느끼려면 한참 시간이 걸린다. 그러니 사람을 위한 정치를 누가 그런 식으로 하겠는가?

더군다나 우리나라는 영남패권주의사회다. 그 패권을 유지하기 위해, 또 거기에 저항하기 위해, 출마자들의 선거운동과 상관없이 투표할 정당을 이미 정해놓은 유권자가 압도적 다수라는 얘기다. 정치인들은 단지 사람을 위한다는 하나마나 한 소리를 할 것이 아니라 바로 이 문제를 해결해야 하고, 해결할 수 있는 능력이 있어야 한다.

책 서두 인용구에서 맹자가 말한 요지는 자산의 인간적 품성을 폄훼하기 위함이 결코 아닐 것이다. 한 사람 한 사람을 따뜻한 마음으로 보듬는 것은 훌륭한 일이지만, 정치는 제도와 정책으로써 사람들이 편안하게 삶을 영위할 수 있도록 해야 한다는 충고로 봐야 한다. 심지어 맹자는 "군자가 정사를 공평히 한다면 출행할 때에 사람들을 벽제辟除(교통통제)하는 것도 가하니, 어찌 사람마다 모두 건네줄 수 있겠는가"[1]라고까지 주장했다. 정치는 시간을 허비하며 한 사람 한 사람의 개인사정을 들어주는 문제가 아니라 시간을 아끼기 위해 벽제를 하면서까지 공익을 위한 제도와 정책을 고민하는 문제인 것이다. 하지만 정치인들이나 유권자들이나, 전자보다 후자를 이해하는 것이 더 힘들고 어려운 일임에 틀림없다. 이미지 정치에 모든 것을 거는 현대 선거운동 방식이 괜히 기승을 떨치겠는가?

더불어민주당 문재인은 "지난 대선 때 대통령 집무실을 정부종합청사를 옮기고 출퇴근하는 대통령이 되겠다, 그래서 퇴근길에 남대문시장에도 불쑥 들러서 상인들과 소주도 한잔 나누면서 이야기를 듣기도 하는 대통령이 되겠다"는 공약을 했는데 여전히 유효하다고

말했다.[2] 지금 뭣이 중한가? 문재인은 '퇴근길 상인들과의 음주좌담'
은 두 번씩이나 대선공약을 할 정도로 중시하면서 개헌에 대해서는
"헌법이 무슨 죄인가? 헌법을 지키지 않아서 생긴 문제"[3]라고 일축
했다. 그가 보기에 현 아수라장의 원인은 헌법이 아니라 사람인 것이
다. 그렇다면 청와대는 뜬금없이 왜 문제인가? 청와대가 아니라 그곳
을 구중궁궐로 만드는 사람이 문제 아닌가?

나는 문재인이 지난 대선 때 내건 '사람이 먼저다'라는 슬로건을 비
아냥거리자는 게 아니다. 그가 사람을 위하는 방식이 기껏 자산처럼
자신의 수레로 물을 건너는 사람들을 태워주는 것인가 하는 의심이
들어 하는 말이다. 이는 내가 정파적인 시선으로 특별히 '인간 문재인'
만을 폄훼하기 위해 하는 말도 아니다.

내가 '독일식 정당명부 비례대표 내각제' 개헌이 필요하다고 주장
하는 이유는 지금 우리나라 정치여건상 그것만이 국민 모두가 물을
건너는 가장 효과적인, 어쩌면 거의 유일한 방법이라고 믿기 때문이
다. 그런데 지금 문재인만이 자신의 지지율에 취해 가장 완강하게 개
헌을 가로막고 있다. 나는 지금 이 결정적 시기에 당장 독일식 내각
제 개헌을 하는 것이 남대문시장에서 몇몇 서민들과 소주 담소를 나

누고, 청와대를 떠나 정부종합청사로 출퇴근을 하는 것보다 천배 만배는 더 중요하다고 생각한다. 그도 머지않아 자신의 처지와 함께 반드시 그것을 깨닫게 되리라고 믿는다.

나는 독일식 내각제 개헌을 단지 영남파시즘·영남패권주의 역사 속에서 가장 큰 피해를 당한 호남만을 위해서 주장하는 게 아니다. 지금까지 호남이 가장 큰 피해를 당했고, 가장 철저하게 저항했기 때문에 호남을 주로 언급하며 내 생각을 피력한 것뿐이다. 우리 사회에서 소수자·약자의 지위 문제는 당장 해결하지 않으면 안 되는 시급한 사안이다. 나는 독일식 정당명부 비례대표 내각제만이 오직 유일하게, 지역이든, 여성이든, 노동자든, 실업자든, 그 누구든 자신들의 의지에 따라 표를 결집하고, 경우에 따라서는 연립의 형태로 정권에 참여해 소수자·약자의 지위 문제를 해결할 수 있는 길이라고 믿기 때문에 간절히 원하는 것이다. 이것은 정략의 문제가 아니라 민주주의의 문제다.

한데 당장 개헌하는 것이 어렵기 때문에, 2018년 지방선거[4]나 2020년 국회의원 선거[5]와 때를 맞춰 개헌을 하거나 공약을 하면 어떠냐는 주장도 나오고 있다. 나는 지금 이 혁명적 분위기가 지나가면

2018년은 말할 것도 없고, 2020년에도 개헌은 어림없다고 생각한다. 역사적 경험으로 볼 때 그런 식으로 개헌이 이뤄진 사례가 없다.

하지만 그런 방안에 절대다수의 국민적 공감대가 있다면 방법이 없는 것도 아니다. '2017년에 선출되는 대통령의 임기만료 및 현행 헌법의 종료시점과 헌법개정 시점을 2018년 혹은 2020년까지로 정하는 헌법부칙 개헌'을 하면 된다. 앞서 언급한 바와 같이 문재인도 "선택받는 후보가 다음 정권초기에 개헌을 해내는 것이 가장 바람직하고 올바른 선택"이라고 주장했다. 그러므로 이 발언이 대국민 '전략적 사기극'이 아니라면* 부칙 개헌에 반대할 이유는 없을 것이다. 그런데 이 부칙 개헌조차 합의가 어려워 대선 전에 개헌할 수 없다면? 그렇다면 지금 유력 정치인들이 미래의 '완벽한' 개헌에 대해 주저리주저리 찬란한 약속을 하는 것은 모두 헛소리라고 보면 된다.

나는 이 책에서 여러 가지 주장을 했다. 하지만 그건 모두 학자로서의 소망 같은 것일 뿐이다. 개헌을 언제 할 것인가, 어떤 식으로 할

---

* 문재인의 개헌에 대한 애초 발언은 '전략적 사기극'이었던 것 같다. 놀랍지도 않지만, 문재인은 "지금 촛불 민심이 요구하는 대청산과 개혁을 해내려면 오히려 5년 임기도 짧다"고 한 달여 만에 말을 완전히 바꿨다. 「문 "대청산하려면 5년도 짧다"…'차기 임기단축론' 일축」, 《연합뉴스》, 2016년 12월 29일.

것인가 하는 것은 정치가가 결정하는 것이 아니고 결국 모두 국민이 결정한다. 국민의 뜻과 멀어지는 정치인은 국민을 대변하는 정치인의 자격을 잃고 그저 한 개인으로 돌아갈 것이다. 그런 의미에서 국민의 책임은 한없이 크다. 이 어처구니없는 '박근혜의 난'을 겪고서도 국민으로서의 책임감을 느끼지 못한다면 절망적이다. 국민들도 누구 수레에 편승해 편하게 물을 건널지만 엿보지 말고, 한겨울에도 모두가 스스로의 힘으로 물을 건널 수 있도록 언제, 어떤 다리를 놓을 것인지를 숙고해야 한다.

지금이나 나중이나, 어쩌면 우리는 역사 속에서 헌법을 둘러싼 실망스런 타협을 계속해 나갈 것이다. 아마도 그렇게 살아갈 수밖에 없을 것이다. 하지만 우리에겐 이상이 있음을 잊어서는 안 된다. 우리는 '타협 없는 이상'만을 고집할 수 없지만 '이상 없는 타협'에 빠져서는 결코 안 된다. 적어도 우리 시대 헌법적 이상의 뿌리는 민주주의다. 그러므로 민주주의는 철두철미하게 헌법을, 즉 개헌 혹은 호헌을 신문하는 근원적 기준이 돼야 한다. 현실이 아무리 부조리하더라도 그것을 기억하는 한 우리는 틀림없이 가야 할 길을 제대로 가고 있는 것이다.

1장

1 「[전문] 문재인 "대통령 명예퇴진 협력"…비상시국정치회의」, 《뉴스1》, 2016년 11월 20일.

2 「[전문] 박대통령, 3차 대국민담화…"법절차 따라 대통령직 물러나겠다"」, 《뉴스1》, 2016년 11월 29일.

3 「[종합] 탄핵·사퇴 놓고 정치권 요동…9일 운명의 시간」, 《뉴스1》, 2016년 12월 1일.

4 「문 "개헌, 퇴진운동 혼란…여 주도 제3지대 집권연장 시도"(종합)」, 《연합뉴스》, 2016년 11월 25일.

5 「문재인 "호남이 지지 거두면 정계 은퇴하고 대선불출마"」, 인터넷 『한겨레』, 2016년 4월 8일.

6 「문 "'정계 은퇴' 광주 발언은 전략적 판단…약속은 실천할 것"」, 《뉴스1》, 2016년 11월 15일.

7 「양향자 "박지원, 양손 모두 야권과 잡으란 게 호남민심"」, 《뉴스1》, 2016년 11월 25일.

8 노무현, 「지역구도 등 정치구조 개혁을 위한 제안: 당원동지 여러분께 드리는 글」, 《프레시안》, 2005년 7월 28일.

9 이에 관한 자세한 경과설명은 김욱, 『정치는 역사를 이길 수 없다』, 개마고원, 2013, 120쪽 참조.

10 「노대통령 "선거에 걸림돌 된다면 당 비판 감당"(종합)」, 《연합뉴스》, 2006년 8월 27일.

11 「文 "'정계 은퇴' 광주 발언은 전략적 판단…약속은 실천할 것"」, 《뉴스1》, 2016년 11월 15일.

12 「[월요인터뷰] 복지부 장관 취임 석 달 맞은 '정치인' 유시민」, 인터넷 『중앙일보』, 2006년 5월 14(수정6월22)일.

13 「[1987년 그뒤, 20년] 민주개혁세력 어디로 ① 최장집 교수」, 인터넷 『한겨레』, 2007년 1월 21(수정2월9)일.

14 「김진명 작가의 대선 예측 "민주당 빼고 모두 개헌 기치로 모이면…"」, 인터넷 『한국일보』, 2016년 12월 19일.

15 유시민, 「김근태 의원님, 개혁신당은 분열이 아닙니다」, 《오마이뉴스》, 2003년 5월 16일.

16 〈김어준의 파파이스 #122〉, 5분35초~5분50초, 한겨레TV, 2016년 11월 25일.

17 〈김어준의 뉴스공장〉안희정 "미래위한 시대교체 이루겠다"」, 《tbs 교통방송》, 2016년 12월 6일.

18 〈김어준의 뉴스공장〉안희정 "미래위한 시대교체 이루겠다"」, 《tbs 교통방송》, 2016년 12월 6일.

19 〈김어준의 뉴스공장〉안희정 "미래위한 시대교체 이루겠다"」, 《tbs 교통방송》, 2016년 12월 6일.

20 「국민의당 "정치가 문재인 중심으로 돌아간다는 꿈에서 깨라"」, 《뉴스1》, 2016년 12월 6일.

21 「조국 "국민의당, 억울한 점 있어… 비방 자제"」, 《오마이뉴스》, 2016년 12월 4일.

22 김욱, 「새 헌정체제 수립과 호남의 역할」, 『자구구국포럼 운영위원 워크숍: 격변의 정국!! 2017 새로운 국가를 위한 비전 모색』, 2016년 11월 27일.

23 김대중, 「[김대중 칼럼] '훌륭한 야당'으로 가는 길」, 《chosun.com》, 2016년 12월 6일.

24 「문병호 "영남 패권주의 기생, 문재인 심판"」, 『신문고뉴스』, 2016년 12월 22일.

2장

1 「〈탄핵정국〉 개헌파 vs 호헌파… '포스트 탄핵' 기싸움」, 인터넷 『문화일보』, 2016년 11월 29일.

2 「반기문, 최근 與 의원들 만나 "개헌에 적극 찬성" 피력」, 《뉴스1》, 2016년 12월 27일.

3 「임재민·김정우의 '유쾌한 직설' ⑥'완벽'과 '극단'의 사이, 국민사위 함익병」, 인터넷 『월간조선』, 2014년 3월호.

4 「임재민·김정우의 '유쾌한 직설' ⑥'완벽'과 '극단'의 사이, 국민사위 함익병」, 인터넷 『월간조선』, 2014년 3월호.

5 「[사설] 전문성 없는 나눠먹기로 선진의정 되겠나」, 인터넷 『서울신문』, 2012년 7월 9일.

6 「문희상 "나는 원조 친노…친노는 강경노선 아냐"」, 《뉴스1》, 2014년 11월 18일.

7 「민주 탈당의원 교섭단체 추진」, 인터넷 『한겨레』, 2002년 11월 4일.

8 「정 "권력분할 생각 없다"」, 《연합뉴스》, 2002년 11월 27일.

9 http://world.moleg.go.kr/World/WesternEurope/DE/priority/37924.

10 참고로 주요 문헌을 열거하면 다음과 같다. 김욱, 「왜 내각제인가?」, 『민주법학』, 통권14호(1998년 5월), 287~298쪽; 김욱, 「지역과 계층, 이중 모순을 인정하자」, 『인물과 사상 28』, 개마고원, 2003, 148쪽 이하; 김욱, 「개혁은 곧 분열이다」, 『인물과 사상 29』, 개마고원, 2004, 180쪽; 김욱, 「게임의 규칙」, 인터넷 『한겨레』, 2004년 4월 27일; 김욱, 『김대중의 끝나지 않은 이야기』, 인물과사상사, 2005, 293~295쪽; 김욱, 「그 순간 대한민국이 바뀌었다』, 개마고원, 2005, 232~245쪽; 김욱, 「4년 연임제 개헌, 꿩 대신 닭인가」, 《오마이뉴스》, 2007년 1월 10일; 김욱, 『아주 낯선 상식』, 개마고원, 2015, 298~308쪽; 김욱, 『아주 낯선 선택』, 개마고원, 2016, 243~244, 310, 315쪽.

11 「천정배 국민의당 의원 "국민적 저항은 시민혁명…대답은 대통령 퇴진"」, 인터넷 『전남매일』, 2016년 11월 28일.

12 「北 붕괴하면 中 개입 요청…제2 휴전선도 필요'(랜드연구소 제공 자료사진)」, 《노컷뉴스》, 2013년 9월 24일.

13 「北 붕괴하면 中 개입 요청…제2 휴전선도 필요'」, 《노컷뉴스》, 2013년 9월 24일.

14 「미-중, 북한 붕괴 대비 책임구역 미리 정해야」, 《연합뉴스》, 2013년 9월 23일.

3장

1 「〈여 친이계, 자원외교 국조에 "정치 보복" 발끈〉」, 《연합뉴스》, 2014년 12월 11일.

2 「김대중총재 '국민대화합촉진 특별법' 제시」, 《연합뉴스》, 1997년 9월 9일.

3 「이총재 '정치보복금지법' 제정 촉구」, 《연합뉴스》, 2001년 1월 30일.

4 「대통령과 국회 충돌…'경제 블랙홀'인가 '제2 민주화'인가」, 인터넷 『중앙일보』, 2014년 10월 11일.

5 「"'대통령 박근혜'에 대한 공포감에 조기 개헌 추진"」, 《프레시안》, 2009년 7월 16일.

6 「유시민 "친이계-민주당, 개헌 밀실 협상" 주장 파문」, 《프레시안》, 2010년 10월 26일.

7 「손학규 "자신은 무소불위면서 다음 대통령은 분산시켜라 한다"」, 인터넷 『헤럴드경제』, 2010년 10월 26일.

8 김당, 「[정치 톺아보기 116] "내가 정권을 재창출해야 될 의무가 있습니까?"」, 《오마이뉴스》, 2006년 1월 18일.

9 「[월요인터뷰] 복지부 장관 취임 석 달 맞은 '정치인' 유시민」, 인터넷 『중앙일보』, 2006년 5월 15일.

10 「[단독] "노 전 대통령, 돈문제 대신 인정하려 했다"」, 인터넷 『한겨레』, 2009년 6월 2일.

11 「노 전 대통령 "삶과 죽음 하나" 유서」, 인터넷 『한겨레』, 2009년 5월 23일.

12 「"민주주의-진보-정의 말할 자격 이미 잃었다, 헤어날 수 없는 수렁… 여러분은 저를 버려야"」, 《오마이뉴스》, 2009년 4월 22(최종23)일.

13 노무현, 「제헌절에 즈음해 국민여러분께 드리는 글」, 『청와대브리핑』, 제685호, 2007년 7월 18일.

14 「"대선? 그때 가서 결정" 출마가능성 배제 안 해」, 인터넷 『서울신문』, 2011년 6월 16일.

15 노무현, 「제헌절에 즈음해 국민여러분께 드리는 글」, 『청와대브리핑』, 제685호, 2007년 7월 18일.

16 「노 "한나라 주도하는 대연정에 대통령 권력 이양"」, 《프레시안》, 2005년 7월 28일.

17 「노대통령 "권력 통째로 내놓는 것도 검토"(종합)」, 《연합뉴스》, 2005년 8월 25일.

18 「(대선후보 초청 네티즌토론회) 노 "집권하면 초당적 정계개편"」, 인터넷 『문화일보』, 2002년 11월 15일.

19 「노대통령 "선거에 걸림돌 된다면 당 비판 감당"(종합)」, 《연합뉴스》, 2006년 8월 27일.

20 「노무현 대통령 대국민담화문 전문」, 『뉴시스』, 2007년 1월 9일.

21 노무현, 「제헌절에 즈음해 국민여러분께 드리는 글」, 『청와대브리핑』, 제685호, 2007년 7월 18일.

22 「노무현후보 "다수당에 총리 지명권"」, 인터넷 『경향신문』, 2002년 10월 7일.

23 카알 폰 클라우제비츠, 김만수 옮김, 『전쟁론 제1권』, 갈무리, 2005, 77쪽.

24 미셀 푸코, 김상운 옮김, 『"사회를 보호해야 한다" 콜레주드프랑스 강의 1975~76년』, 난장, 2015, 35쪽.

25 조갑제(해설), 『노태우 육성 회고록』, 조갑제닷컴, 2007, 160쪽.

26 헌재 1998. 7. 14. 98헌라1 결정.

27 「내란음모…대법원 '이석기 무죄' vs 헌법재판소 '진보당 해산' 시끌 왜?」, 《로이슈》, 2015년 1월 24일.

28 헌재 1990. 10. 15. 89헌마178 결정.

29 「배상-보상 구분 못한 대법원…헌법재판소 때문?」, 《오마이뉴스》, 2015년 1월 23일.

30 「[취중토크②] 지나 "화생방 훈련 때 교관에게 영어 욕까지 했어요"」, 인터넷 『일간스포츠』, 2014년 9월 19일.

31 「창」, 『동아일보』, 1986년 5월 1일.

32 「휴지통」, 『동아일보』, 1986년 5월 21일.

33 「휴지통」, 『동아일보』, 1987년 6월 13일.

34 「[표지이야기] 개헌, 분권형 대통령제가 대세인가」, 인터넷 『주간경향』, 제1099호, 2014년 11월 4일.

35 통계청 e-나라지표, http://www.index.go.kr/potal/stts/idxMain/selectPoSttsIdxSearch.do?idx_cd=2736&clas_div=C&idx_sys_cd=526&idx_clas_cd=1; 통계청 e-나라지표, http://www.index.go.kr/potal/stts/idxMain/selectPoSttsIdxMainPrint.do?idx_cd=1613&board_cd=INDX_001.

36 서중석, 『6월항쟁』, 돌베개, 2011, 549쪽 이하.

37 조갑제(해설), 『노태우 육성회고록』, 조갑제닷컴, 2007, 161쪽.

38 「〈폴리뉴스〉 창간9주년 특별기획 〈한국정당실록 60년〉 한화갑(1)」, 《폴리뉴스》, 2009년 8월 14일.

39 함규진, 「1987년 YS·DJ 후보 단일화가 됐다면」, 인터넷 『한겨레21』, 제804호, 2010년 4월 1일.

4장

1 김철수 외, 『주석헌법 (전) 헌법 §§ 1~130』, 개정판, 법원사, 1995, 386쪽.

2 김성익, 『전두환 육성증언』, 조선일보사, 1992, 448쪽.

3 김성익, 『전두환 육성증언』, 조선일보사, 1992, 448쪽.

4 김성익, 『전두환 육성증언』, 조선일보사, 1992, 436쪽.

5 김성익, 『전두환 육성증언』, 조선일보사, 1992, 411쪽.

6 「댓글 부장판사 "박통·전통 때 물고문했던 게 좋았던 듯"」, 인터넷 『경향신문』, 2015년 2월 12일.

7 이하 본문의 관련 내용은 셜리 잭슨, 김시현 옮김, 『제비뽑기』, 엘릭시르, 2014, 389쪽 이하에서 모두 인용.

8 서태영, 『피고인에게 술을 먹여라』, 모멘토, 2007, 197~198쪽.

9 「황석영 "이대통령은 중도…큰 틀에서 도울 생각"」, 인터넷 『한겨레』, 2009년 5월 13(수정14)일.

10 「서울시립대박물관 4·19혁명 특별전」, 《연합뉴스》, 2010년 4월 16일.

11 「4·19혁명의 도화선, 3·15의거와 김주열 열사」, 《연합뉴스》, 2010년 4월 17일.

12 「[전문] "막힌 남북관계 풀려는 뜻…나는 변하지 않았다"」, 인터넷 『한겨레』, 2009. 5월 15일.

5장

1 「전 정보부장 김재규 은연 중 계획한 범행」, 『동아일보』, 1979년 10월 28일.

2 김재홍, 『박정희 살해사건 비공개진술 전녹음 최초정리 (상)』, 동아일보사, 1994, 159쪽.

3 「[실록 박정희시대] 28. 박정희 죽음과 핵무기」, 인터넷 『중앙일보』, 1997년 10월 27일.

4 〈안기부남산34년〉4. 8代부장 김재규」, 인터넷 『중앙일보』, 1995년 9월 30일.

5 김재홍, 『박정희 살해사건 비공개진술 전녹음 최초정리 (상)』, 동아일보사, 1994, 154쪽.

6 김택근, 『새벽 김대중 평전』, 사계절, 2012, 138~139쪽.

7 「국제시장 안 본 '박 감상평'에 비판 '쇄도'」, 《노컷뉴스》, 2014년 12월 30일.

8 「진중권 허지웅 정유민의 '2014 욕 나오는 사건사고 총정리'」, 인터넷 『한겨레』, 2014년 12월 24(수정26)일.

9 「허지웅 '국제시장' 평가 발언 해명…영화 비판한 이유는?」, 《뉴스1》, 2014년 12월 29일.

10 류짜이푸, 린강, 오윤숙 옮김, 『전통과 중국인』, 플래닛, 2007, 317쪽.

11 「윤제균 "논란 가슴 아팠다…의도와 해석 다를 수 있어"」, 《연합뉴스》, 2015년 1월 11일.

12 권영성, 『헌법학원론』, 법문사, 2009, 6쪽.

13 나종일 편역·해설, 「인간과 시민의 권리선언」, 『자유와 평등의 인권선언 문서집』, 한울, 2012, 285쪽.

14 「박근혜 "5·16, 유신, 인혁당 사건이 헌법가치 훼손했다"」, 《chosun.com》, 2012년 9월 24(수정 11월 8)일.

6장

1 「정동영 의장 '노년층 비하' 논란」, 《YTN뉴스》, 2004년 4월 1일.

2 「박정희 "대통령 더 하면 내 성을 갈겠다"」, 인터넷 『시사저널』, 1200호, 2012년 10월 16일.

3 「[뉴스 플러스] 원희복 기자의 타임캡슐⑨ 앗! 김영삼 대통령이 국회에서 잠옷차림으로…」, 인터넷 『경향신문』, 2013년 3월 15(수정4월 5)일.

4 "Washington's Farewell Address 1796", http://avalon.law.yale.edu/18th_century/washing.asp.

5 「[유신 40년] 1972년 10월 17일, 3선의 박정희 '초헌법적 영구집권' 체제 구축」, 인터넷 『경향신문』, 2012년 10월 16일.

6 박정희, 『국가와 혁명과 나』, 지구촌, 1997, 275쪽.

7 정운현, 『실록 군인 박정희』, 개마고원, 2004년.

8 「박정희 만주군에 혈서지원'…옛 신문기사」, 《연합뉴스》, 2009년 11월 5(수정6)일.

9 박정희, 『국가와 혁명과 나』, 지구촌, 1997, 35쪽.

10 「역사학자들 대중화 작업 안 나서는 건 해봐야 학계서 좋은 소리 못 듣기 때문"」, 《오마이뉴스》, 2004년 10월 13일.

11 슈테판 츠바이크, 강희영 옮김, 『어느 정치적 인간의 초상』, 리브로 1998.

12 슈테판 츠바이크, 강희영 옮김, 『어느 정치적 인간의 초상』, 리브로, 1998, 287쪽.

13 황태연, 「격돌하는 좌우 보수세력」, 『조선일보』, 2004년 10월 5일.

14 윤보선, 『윤보선 회고록: 외로운 선택의 나날』, 동아일보사, 1991, 14쪽.

15 윤보선, 『윤보선 회고록: 외로운 선택의 나날』, 동아일보사, 1991, 14쪽.

16 윤보선, 『윤보선 회고록: 외로운 선택의 나날』, 동아일보사, 1991, 20쪽.

17 윤보선, 『윤보선 회고록: 외로운 선택의 나날』, 동아일보사, 1991, 20쪽.

18 윤보선, 『윤보선 회고록: 외로운 선택의 나날』, 동아일보사, 1991, 29쪽.

19 윤보선, 『윤보선 회고록: 외로운 선택의 나날』, 동아일보사, 1991, 30쪽.

20 윤보선, 『윤보선 회고록: 외로운 선택의 나날』, 동아일보사, 1991, 31쪽.

21 「박정희 좌익 의혹 씻기 위해… 5·16 반공 국시, 내가 넣었다」, 인터넷 『중앙일보』, 2015년 3월 2(수정21)일.

22 「[김종필 증언록 '소이부답'] (1) '5·16 혁명공약'의 탄생: 반공 국시 처음 본 박정희 "이거 나 때문에 썼겠구 먼…"」, 인터넷 『중앙일보』, 2015년 3월 3(수정21)일.

23 김재홍, 「김재홍의 '박정희 권력의 DNA' 17」, 《프레시안》, 2012년 9월 5일.

24 박정희, 『국가와 혁명과 나』, 지구촌, 1997, 79쪽.

7장

1   이영미, 「영화로 확인되는 4·19와 5·16의 연속성」, 『월간 인물과 사상』, 통권204호(2015, 4), 167~168쪽.

2   이영미, 「영화로 확인되는 4·19와 5·16의 연속성」, 『월간 인물과 사상』, 통권204호(2015, 4), 169쪽.

3   김수영, 「김일성 만세」; 한만수, 『잠시 검열이 있겠습니다』, 개마고원, 2012, 101쪽에서 재인용.

4   한만수, 『잠시 검열이 있겠습니다』, 개마고원, 2012, 103~104쪽.

5   헌재 2004. 8. 26. 2003헌바85·102(병합) 결정.

6   헌재 2004. 8. 26. 2003헌바85·102(병합) 결정.

7   「청, 경제위기 전면대응체제 구축하나」, 《연합뉴스》, 2008년 12월 8일.

8   「구미 시장 "박정희 전 대통령은 반신반인"」, 인터넷 『경향신문』, 2006년 11월 14일.

9   「4·19 19돌」, 『동아일보』, 1979년 4월 19일.

10 학민사 편집부 편, 『4월 혁명 자료집: 혁명재판』, 학민사, 1985, 127~129쪽.

11 「『유신』 전면 부정의 급속 민주화 없다」, 『경향신문』, 1980년 3월 11일.

12 「신현확씨 전·노 석방 다시 거론」, 『한겨레신문』, 1996년 7월 2일.

13 「원흉처단 중대한 난관에 봉착?」, 『경향신문』, 1960년 7월 22일.

14 「사설」, 『경향신문』, 1960년 7월 23일.

15 「6대 사건 판결 이유(완)」, 『경향신문』, 1960년 10월 13일.

16 「모두 만족한듯이 미소」, 『동아일보』, 1960년 10월 9일.

17 「6대 사건 판결에 불만의 데모」, 동아일보, 1960년 10월 9일.

18 「장준택 판사 피신」, 동아일보, 1960년 10월 9일.

19 「6대 사건 판결 이유(완)」, 『경향신문』, 1960년 10월 13일.

20 「서울시립대 박물관 4·19혁명 특별전」, 《연합뉴스》, 2010년 4월 16일.

21 「4·19혁명의 도화선, 3·15의거와 김주열 열사」, 《연합뉴스》, 2010년 4월 17일.

22 「원인·책임 물을 때 아니다」, 『동아일보』, 1960년 4월 21일.

23 「공개된 외교문서 내용 (요약) ①」, 『한겨레신문』, 1995년 1월 16일.

24 「이대통령 하야 결의」, 『동아일보』, 1960년 4월 27일.

25 이상 김욱, 『정치는 역사를 이길 수 없다』, 개마고원, 2013, 78~80쪽에서 수정인용.

26 정헌주, 『제35회 국회임시회의속기록』, 제33호, 국회사무처. 8쪽.

27 「여적」, 『경향신문』, 1959년 2월 4일.

28 「사설」, 『경향신문』, 1958년 11월 30일.

29 김수영, 「어느 날 고궁을 나오면서」, 『거대한 뿌리』, 민음사, 1974, 124쪽.

8장

1 국회사무처, 『제19회 국회임시회의속기록』, 제90호, 56쪽.

2 「개헌안부결!」, 『동아일보』, 1954년 11월 29일.

3 「비화 제일공화국 181: 제7화 '사사오입'개헌 20」, 『동아일보』, 1974년 1월 14일;

4 국회사무처, 『제19회 국회임시회의속기록』, 제91호, 1쪽.

5 국회사무처, 『제19회 국회임시회의속기록』, 제91호, 11쪽.

6 박명림, 「헌법, 국가의제, 그리고 대통령 리더십: '건국헌법'과 '전후헌법'의 경제조항 비교를 중심으로」, 『국제
　　정치논총』 제48집1호(2008), 434, 448쪽.

7 「"미디어법 표결, 사사오입 개헌 능가"」, 인터넷 『기자협회보』, 2009년 7월 23일.

8 헌재 1992. 12. 24. 92헌가8 결정; (동지) 헌재 2014. 8. 28. 2012헌바433 결정.

9 「존 바에즈 이라크 위문공연 취소」, 인터넷 『경향신문』, 2007년 5월 3일.

10 「국회해산령 잠시 보류」, 『동아일보』, 1952년 6월 5일.

11 「조문 중에 모순점」, 『동아일보』, 1952년 7월 6일.

12 「우남 이승만 4」, 『동아일보』, 1965년 7월 23일.

13 찰스 패너티, 김영신 옮김, 『소중한 사람에게 드리는 지혜의 말』, 컬처라인, 2000, 152쪽.

14 이승만, 『일민주의 개술』, 일민주의보급회, 1949, 4쪽.

15 「대통령 회견담」, 『동아일보』, 1949년 1월 29일.

16 이승만, 『일민주의 개술』, 일민주의보급회, 1949, 10쪽.

17 후지이 다케시, 『파시즘과 제3세계주의 사이에서』, 역사비평사, 2012, 18쪽.

18 김기협, 「"100% 대한민국", 가능하다! 파시즘이라면」, 《프레시안》, 2013년 1월 25일; 민족문제연구소, 『이승만,
　　그는 과연 진정한 독립운동가였나』, 민족문제연구소, 2013, 110~111쪽 참조.

19 유진오, 『헌법해의』, 명세당, 1949, 52쪽.

20 국회속기록, 『제1회 제24호(1948년 7월 3일)』, 국회사무처, 10쪽.

21 칼 슈미트, 김효전 옮김, 『정치적인 것의 개념』, 법문사, 1995, 38쪽.

22 「정운찬 "동반성장 대기업, 세제혜택 부여"(상보)」, 인터넷 『머니투데이』, 2011년 2월 23일.

23 「이건희 "이익공유제란 말 들어보지도 못해"」, 《연합뉴스》, 2011년 3월 10일.

24 「이대통령 식사」, 『경향신문』, 1948년 8월 16일.

25 이영훈, 「우리도 건국절을 만들자」, 인터넷 『동아일보』, 2006년 7월 31일. 이하 관련 부분은 이 글에서 인용.

26 김영수, 『한국헌법사』, 학문사, 2000, 405쪽.

27 김준연, 「나의 편력 7(김준연 16) 둔갑한 헌법초안」, 『매일경제신문』, 1969년 4월 29일. 이하 관련 부분은 이
　　글에서 인용.

28 「제37회 국무회의록(1949년 3월 31일)」; 후지이 다케시, 『파시즘과 제3세계주의 사이에서』, 역사비평사, 2012,
　　253쪽에서 재인용.

29 유진오, 『헌법해의』, 명세당, 1949, 10쪽.

30 「사설」, 『동아일보』, 1948년 6월 1일.

31 신용옥, 「제헌헌법의 사회·경제질서 구성 이념」, 『한국사연구(144)』, 32쪽 참조.

9장

1   J. Lawton Collins, 『War in Peacetime: The History and Lessons of Korea』, Boston: Houghton Mifflin Co., 1969, pp. 25~26n.; 브루스 커밍스, 김자동 옮김, 『한국전쟁의 기원』, 일월서각, 1986, 168쪽에서 재인용.

2   브루스 커밍스, 김자동 옮김, 『한국전쟁의 기원』, 일월서각, 1986, 166~170.

3   이완범, 『한반도 분할의 역사』, 한국학중앙연구원출판부, 2013, 331, 338쪽.

4   이완범, 『한반도 분할의 역사』, 한국학중앙연구원출판부, 2013, 338쪽.

5   이완범, 『한반도 분할의 역사』, 한국학중앙연구원출판부, 2013, 339쪽.

6   이완범, 『한반도 분할의 역사』, 한국학중앙연구원출판부, 2013, 248쪽.

7   이완범, 『한반도 분할의 역사』, 한국학중앙연구원출판부, 2013, 357쪽.

8   「김구씨 통일운동 추진」, 『동아일보』, 1948년 8월 15일.

9   [정전협정 60년] 브루스 커밍스 미 시카고대 석좌교수가 말하는 '한국전쟁', 인터넷 『서울신문』, 2013년 6월 24일.

10   『서울신문』, 1946년 06월 04일, 국사편찬위원회, http://db.history.go.kr/item/level.do?itemId=dh&setId=117081&position=0.

11   『조선일보』, 1947년 05월 21일, 국사편찬위원회, http://db.history.go.kr/item/level.do?itemId=dh&setId=118624&position=1.

12   「브루스 커밍스 미 시카고대 석좌교수가 말하는 '한국전쟁'」, 인터넷 『서울신문』, 2013년 6월 24일.

13   외교부통상부, 『한국외교 60년: 1948~2008(부록)』, 외교통상부, 2009, 368~369쪽. Declares that there has been established a lawful government(The Government of the Republic of Korea) having effective control and jurisdiction over that part of Korea where the Temporary Commission was able to observe and consult and in which the great majority of the people of all Korea reside; that this Government is based on elections which were a valid expression of the free will of the electorate of that part of Korea and which were observed by the Temporary Commission; and that this is the only such Government in Korea'.

14   이영희, 「북괴, 북한, 그리고 조선민주주의…」, 『한겨레신문』, 1988년 7월 31일.

맺음말

1   맹자, 성백효 역주, 『현토완역 맹자집주』, 전통문화연구회, 2011, 328쪽.

2   「문 "대통령 집무실, 정부청사로 옮기고 출퇴근하겠다"」, 《연합뉴스》, 2016년 12월 20일.

3   「[도올이 묻고 문재인이 답하다] "사드는 차기 정권 넘기고, 개성공단 즉각 재개해야"」, 인터넷 『중앙일보』, 2016년 12월 16일.

4   「국민의당, 개헌 즉각 추진…"대선前 어렵다면 2018년 국민투표"(종합)」, 《연합뉴스》, 2016년 12월 23일.

5   「박원순 "차기 대통령 임기 3년으로 줄여 2020년 개헌하자"」, 《뉴스1》, 2016년 12월 23일.

| 찾아보기 |